KB112625

한 권으로 끝내는 영어

한 권으로 끝내는 영어

발행일 2019년 6월 12일

지은이 이호철, 이기나
펴낸이 손형국
펴낸곳 (주)북랩
편집인 선일영 편집 오경진, 강대건, 최승헌, 최예은, 김경무
디자인 이현수, 김민하, 한수희, 김윤주, 허지혜 제작 박기성, 황동현, 구성우, 장홍석
마케팅 김회란, 박진관, 조하라
출판등록 2004. 12. 1(제2012-000051호)
주소 서울시 금천구 가산디지털 1로 168, 우림라이온스밸리 B동 B113, 114호
홈페이지 www.book.co.kr
전화번호 (02)2026-5777 팩스 (02)2026-5747

ISBN 979-11-6299-717-8 13740 (종이책) 979-11-6299-718-5 15740 (전자책)

이 도서의 국립중앙도서관 출판예정도서목록(CIP)은 서지정보유통지원시스템 홈페이지(http://seoji.nl.go.kr)와 국가자료공동목록시스템(http://www.nl.go.kr/kolisnet)에서 이용하실 수 있습니다.
(CIP제어번호: CIP2019022693)

한 권으로 끝내는 영어

이호철 · 이기나 지음

북랩 book Lab

여전히 구태의연한 모습을 벗어나지 못하는 한국에서의 영어교육의 자화상

조그마한 섬나라 영국의 언어에 불과했던 영어는 반세기란 짧은 기간에 '글로비시(Globish)'라고 일컬을 만큼 세계어가 되어버렸어요. 한 언어가 정치, 사회, 경제, 문화, 예술 등 모든 생활부문을 세계적으로 장악한 경우는 영어를 제외하고는 역사적으로 전례 없는 일이에요. 200여 개 국가 중에서 영어를 모국어, 공용어, 제1 외국어, 공식어 등으로 쓰는 국가들은 약 85개국 이상에 이르고 있죠. 이런 영어의 사용자들은 25억여 명에 육박하고 있지요. 더욱이 세계화와 정보화 시대에 컴퓨터의 일상적인 활용과 인터넷의 급격한 확산으로 인해 의사소통과 정보 교환의 매체로서의 영어의 중요성은 점점 커지고 있어요.

실용영어를 잘하고 싶은 바람과 욕구는 꾸준히 증가해 왔어요. 따라서 실용영어교육은 지속해서 강조되어 오고 있어요. 이로 인해 중고교 영어 교과서에서 실용영어를 써야 하는 서술형 문제의 비중도 높아졌어요. 또한, 한때는 학교나 학원에서 영어회화를 가르치는 영어 원어민 교사들이 꾸준하게 증가세를 보이기도 했어요. 몇 년 전에 소개된 간단한 회화 위주의 영어학습법이 20대와 30대를 중심으로 한 성인들에게 폭발적인 인기를 끌은 적이 있지요. 이러한 현상들은 실용영어 지향적인 영어교육의 변화에 대한 시대적 요구를 잘 반영하고 있는 것이 아니겠어요?

하지만 한국인의 영어 실력의 현주소는 어떠한가요? 수능영어와 토익과 같은 영어 시험에서 고득점을 맞아도 영어로 말 한마디 못하거나 간단한 영어 쓰기도 제대로 못 하는 사람들이 수두룩해요. 이러한 영어교육 문제점의 주요 요인은 여전히 수십 년 전과 거의 변함이 없이 상급학교 진학과 관련된 입시를 위한 평가 위주 때문 아니겠어요? 대학입시수

단이나 취업을 위한 각종 영어 시험을 위한 준비가 영어교육의 주요 목표가 되어버렸어요. 따라서 대학입시를 위한 영어 시험의 유형에 맞추어서 중고등학교의 실제 영어교육의 현장에서는 내신이나 수능을 위한 영어 시험 문제풀이능력에 초점을 맞추는 독해 영역을 중심으로 이루어지고 있어요. 고등학교를 졸업한 후의 공무원 영어 시험이나 토익이나 텝스 등의 취업을 위한 자격 영어 시험 등도 수능영어의 문제 유형을 크게 벗어나지 않아요.

이러다 보니 실용영어에 역행하는, 시험문제 풀이 중심의 문법과 단어에 치중하는 암기식 영어교육이 현장에서 행해질 수밖에 없는 현실이에요. 시험 위주의 영어교육은 어휘력과 영어의 8 품사의 기능 분석에만 집중하는 영문법 학습법, 그리고 독해력 위주의 교육제도를 고착화해왔어요. 중고교의 영어 시험들뿐만 아니라 공무원 영어, 그리고 TOEIC과 같은 대표적인 공인 영어구사력 평가용 등의 모든 영어 시험이 단지 어휘력과 문법을 바탕으로 한 독해력에 치중하게 되었지요. 이러다 보니 말하기와 쓰기 능력 배양이 제거된 영어교육체계의 낮은 수준에 머무는 안타까운 상황이에요. EPI(English Efficiency Index: 세계 70개국의 영어 능력지수)에 관한 2015년 보고서의 내용은 이러한 서글픈 한국의 영어교육 자화상을 잘 보여주고 있어요. 이 보고서에 따르면 한국이 수학, 과학 분야에서는 다른 어떤 아시아 국가보다도 우수함을 보여주고 있어요. 반면 영어교육에 상당한 비용을 투자하고 있음에도 불구하고 아시아국가들 중에서 한국은 여전히 영어구사력 평가에서는 하위권에 머물고 있음이 놀라울 따름이에요.

초등학교 시절에 ABC 알파벳 노래와 같은 영어 동요와 간단한 생활영어 표현으로 재미있게 접했던 영어를 기억하죠? 그런데 중학교 1학년이 되는 순간 국제적 소통 수단으로써의 영어의 역할은 사라지고 문제풀이 영어라는 문법과 독해 위주로 입시체제로 갑자기 바뀌어 버렸어요. 즉 영어 교과서에 의존된 방식으로 문법, 암기, 반복, 번역에 그치는 중고등학교 영어교육 방식으로 인해서 흥미를 잃어버리고 소홀히 하게 되고 있죠. 더욱이 고등학교부터 더욱 어려워지는 영어를 급기야 아예 포기해버리는 영포자(영어를 포기한 사람)를 양산하는 심각한 문제들도 초래하고 말았죠. 수년 전에 대학입시를 위한 수능영어가 상대평가에서 절대평가로의 변환이 이러한 문제점들을 잘 입증하고 있어요. 상대평가의 공정성을 위해서는 평가 점수의 분포가 중간층이 두꺼운 정상분포의 전제조건을 가져야 해요. 그런데 영포자가 늘어나면서 영어 중급 이상의 수는 감소하고 영어 하급의 수가 급격하게 증가하는 비정상 분포로 인해서 영어의 상대평가 객관성과 공정성을 잃게 되었어요. 이러한 이유로 인해 영어가 절대평가로 바뀌게 된 것도 주요 이유 중의 하나라고 할 수 있어요.

고등학교의 영포자들 대부분이 영어가 크게 관련이 없는 전공을 찾아 대학교에 가려고 하는 경향이 있어요. 하지만 취직을 위한 자격영어 시험으로 영어를 다시 공부해야 할 필요성으로 인해서 영어와의 악연을 끊기가 쉽지 않아요. 설사 영어를 전혀 필요로 하지 않는 분야에서 일하게 되더라도 가끔은 괜히 영어 컴플렉스와 영어 울렁증에 시달리는 사람들이 적지 않음을 우리는 주변에서 볼 수 있어요. 이러한 문제점은 한국인은 나이가 들수록 EPI(영어능력지수)가 떨어진다는 보고서에서 알 수 있죠. 25세 이후부터 EPI가 급격히 떨어져서 30대 중반 이후는 아시아 평균 EPI보다 낮은 것으로 나타나서 나이가 들수록 영어 실력이 향상되는 글로벌 추세와는 역행하는 결과를 초래하고 있어요. 이러다 보니 일반적으로 수능영어공부를 열심히 했던 고등학교 졸업생 시기에는 그나마 영어 실력이 가장 좋았다가 나이가 들수록 영어 실력이 떨어지는 현상이 일반화되어 버렸어요. 더군다나 여기서 언급한 영어 실력은 단어만 많이 알고 있고 읽기 능력만 있고 영어로 제대로 말하거나 쓰지 못함을 의미함을 우리는 너무나 잘 알고 있어요.

인공지능으로 인한 미래 영어공부의 변화에 대한 비현실적인 우려는 그만두자!

4차산업 혁명이라는 거대한 제4의 물결이 쓰나미처럼 다가오고 있는 시대를 맞이하여 기존의 영어교육의 큰 지각변동이 있을 것이라는 두려움과 기대감이 우리를 엄습하고 있어요. 제 1의 물결(1차 산업의 기계화 혁명)과 2 물결(2차 산업의 대량생산혁명)을 거치면서 영국과 미국의 언어인 영어는 국제어로 발돋움하였지요. 1970년대의 컴퓨터를 기반으로 한 제3 물결(삼차 산업의 지식 정보혁명) 속에서 세계어로서 뿌리를 내린 영어를 공부해야 함은 이제 선택이 아닌 필수사항이 되었지요. 그런데 갈수록 첨단화되어가는 인공지능의 발달은 영어교육에 지각변동을 일으키는 엄청난 영향을 끼치게 될 것이라는 우려 섞인 기대감이 커지고 있어요.

제1외국어로서의 영어공부는 시험을 위한 학습의 단계와 활용을 위한 연습의 단계의 2가지로 나누어져 시행돼 오고 있어요. 영어학습 단계의 목적은 학교에서 치르는 영어 시험, 대학진학을 위한 수능영어 시험, 공인자격시험인 공무원 영어 시험, 토익, 텝스, 토플 등의 시험을 잘 치르기 위함이죠. 학습 내용은 어휘, 문법, 독해 등이에요. 영어 연습 단계의 목적은 일상회화, 비즈니스 협상 영어 능력을 향상하게 시키기 위한 것이에요. 연습 내용은 말하기와 쓰기 위주이죠. 인공지능은 이러한 영어학습 단계와 연습 단계 과정에 기본적인 공부법의 영역에도 뛰어들었어요. 대표적인 사례가 구글 번역기이에요. 자동으로 영어 단어의 뜻을 알려주고 영어문장까지 해석해 주는 구글 번역기 덕택에 영어 어휘의 의미를 찾기 위해 사전을 뒤적이거나 각각의 영어문장을 분석하면서 해석해야 하는 수고로움이 이제는 필요 없게 되었어요. 나아가서 해외여행을 할 때 한국어로 말하면 자동으로 영어 문장으로 표현되는 스마트폰을 활용하여 외국인과 간단한 대화도 가능하게 되었지요. 십여 년 전만 해도 상상할 수도 없었던 영어공부에 대한 큰 변화라고 할 수 있어요.

그러면 미래에는 한층 발달한 인공지능을 활용한 동시통역을 해주는 인공지능으로 인해서 영어공부를 해야 하는 수고스러움은 없어지게 될 것인가요? 결론부터 말하면 '아니오'예요. 단순한 상황별 영어회화 표현은 인공지능이 대신해 줄 수는 있겠죠. 하지만 인간이 영어로 대화하는 표현들 속에는 복잡한 요소들이 포함되어 있어요. 서로 간의 주관적인 경험들 그리고 각 상황에 대한 감정이 실린 영어 표현들을 인공지능이 파악해서 대신해주는 능력은 한계가 있을 수밖에 없어요. 이는 영어학습 단계에서도 마찬가지예요. 가령, 미국과 일본의 인공지능(AI)업체에서 영어 입시 시험을 인공지능이 문제를 푸는 시도를 여러 번 해본 적이 있어요. 예를 들어 영어는 미국 앨런 AI 연구소가 개발한 앨런엔일피(AllenNLP)은 영어 시험에 관련된 수천만 문장의 데이터를 바탕으로 학습하여 영어 시험 문제를 풀게 했어요. 독해문제 유형에서 주제나 요지, 목적을 찾는 간단한 유형들은 쉽게 풀었지만, 논리력이나 추론을 요구하는 문제 유형들은 거의 풀지를 못했어요. 물론 영어문제풀이를 위한 인공지능의 계속된 개발로 인해서 인공지능이 영어문제풀이에서 정답과 맞출 가능성은 커질 수는 있어요. 하지만 언제 현실화될지는 아무도 장담할 수 없어요.

이러한 모든 상황으로 볼 때 현재의 영어 시험방식이나 영어학습법이 인공지능의 영어교육 개입으로 인해서 갑자기 큰 변화가 있을 것이라고는 생각지 않아요. 물론 서서히 영어교육에 대한 방향이나 과정에 대한 변화는 예상할 수 있어요. 하지만 인공지능의 발달로 인한 기존의 영어 시험의 유형이나 학습법 또는 평가방식에 대한 급진적인 변화는 없을 것을 우리는 잘 알고 있죠. 왜냐하면, 이러한 변화를 감당해야 하는 경제적이고 교육적인 비용과 부담으로 인해 발생하는 문제점들에 대해서 우려할 수밖에 없기 때문이죠. 따라서 현재의 영어공부에 대한 최선의 교수법과 학습법을 제안하고자 함이 본서의 집필 목표예요.

시험을 위한 영어교육이 최우선인 현실을 직시하고 가장 효율적인 영어학습법을 끌어내자!

영어 말하기 중심교육으로 개혁하자는 외침은 어제오늘의 일이 아니에요. 이러한 취지로 적지 않은 영어교육자와 학자들이 실용영어교육을 위해 여러 가지 좋은 방안들을 제시하고 시도해 왔어요. 예를 들면 영어교사의 영어 말하기 연수교육의 강화, 다양한 매체를 활용한 시청각 수업의 활성화, 영어로만 가르치는 영어수업의 점차적인 확대, 영어체험시설의 최대한 활용 등을 들 수 있어요. 하지만 영어교육에 대한 근본적이고 전반적인 구조적인 개혁 없이는 기존의 어휘력과 독해력 위주의 영어교육에서 벗어나기는 거의 불가능함을 우리는 너무나 잘 알고 있어요. 특히 말하기 위주의 영어교육개혁은 엄청난 예산과 비용이 드는 사실을 무시할 수 없는 현실을 우리는 너무나 잘 알고 있으면서도 간과하는 경향이 있어요.

예컨대, 전국의 중고교의 각 교실에 책상을 한두 개만 더 구매하는 일도 많은 돈이 들어요. 하물며 실용영어를 위한 개혁은 영어교재의 출판, 말하기 수업에 관련된 시청각교육을 위한 장비들의 설치, 원어민 영어 강사의 고용, 기존 영어 선생님들의 말하기 교육 비용 등에는 엄청난 예산이 필요하지요. 이런 경제적인 문제뿐만 아니라 영어교육의 부실 문제를 전반적으로 해결하기 위해서는 교사들의 영어 능력향상과 영어수업방법에 관한 영어교육의 전체적인 체계들을 검토하고 개선해 나가는 장기간의 구조개혁이 필요함을 우리는 너무 잘 알고 있죠. 따라서 우리는 모두 문제풀이 방식의 영어 시험의 문제점을 비판하고 개선해야 한다는 필요성을 절실히 인식하고 있어요. 그러나 인정해야 할 사실은 현재의 영어 시험 평가방식이 객관성, 공정성, 편의성 등에 있어서 논란의 여지가 거의 없는 장점으로 인해서 사라질 기미는 전혀 보이지 않고 있는 현실이에요.

그런데 중고등학교 시절에 학습한 어휘, 문법, 그리고 독해 위주의 영어공부가 주는 긍정적인 영향도 있어요. 본서의 3장 독해 부분에서 비교분석을 했듯이 대학입시의 수능영어 시험, 공무원영어 시험, 토익이나 텝스와 같은 국가공인 영어 자격시험들의 문제 유형들은 거의 유사하죠. 따라서 중고등학교의 영어 실력이 이러한 영어 시험들의 합격 여부에 결정적인 영향을 끼치는 것이 현실이에요. 또한, 영어권 국가에서 한국유학생들이 고등학교 시절에 열심히 공부해서 쌓은 어휘력과 독해력 덕분에 많은 서적과 학술지를 읽고 학문적인 영어를 쓰는데 단기간에 적응할 수 있다는 것도 공공연한 사실이고요. 게다가 탄탄한 문법 실력으로 인해서 일반 회화뿐만 아니라 영어로 발표하거나 강의할 때 또는 비즈니스 미팅을 할 때도 정확한 영어를 구사하는 능력이 빨리 향상했다는 사실들을 우리는 주변에서 심심찮게 들을 수 있어요.

기존의 영어교육에 대한 비판만 일삼고 현실 가능성 없는 실용영어 위주의 대안들만 반복하면 무슨 소용이 있겠어요? 오히려 영어 시험 위주의 영어교육 체제에서 말하기 중심의 영어교육은 독해능력과 쓰기 능력이 현저하게 떨어지는 부작용을 양산하는 문제점이 제기되고 있어요. 즉 간단한 일상적인 영어회화 실력은 어느 정도 향상됐지만 읽기를 통한 이해력과 표현을 위한 작문 실력은 급격하게 떨어지는 문제점이 발생하고 있어요. 정보화 시대를 맞이하여 홍수처럼 쏟아지는 영어로 된 정보들을 소화해서 적용하기 위해서는 영어 읽기와 쓰기 능력은 어느 때보다는 중요성이 커지고 있는데도 말이죠. 이런 상황을 고려해 보면 영어 독해력과 작문 능력의 중요성을 소홀히 할 수가 없는 현실이에요. 따라서 현 상황에서 공교육이든 사교육이든 현장에서 영어를 지도하고 학습하는 교사들이나 학생들에게 시험 위주의 영어공부를 어떻게 하면 더 효율적으로 하는 방안에 대해서 고민하며 최대한 효과적인 학습방법을 마련하는 편이 낫지 않겠어요?

이러한 취지로 본서는 영어 시험을 잘 치르기 위해 영어 단어, 영문법, 영어독해 등 부문별로 효율적인 학습법과 효과적인 공부 방향에 대해서 구체적으로 단계별로 제시해 보았어요. 1장 영어 단어 편에서는 영어 단어의 사전적 의미와 문맥적 의미의 공부법에 대한 상세히 설명을 통해 영어 시험을 위한 효과적인 영어 단어 학습법에 관해 설명하였어요. 2장 영어 문법 편에서는 효율적인 영문법 학습법으로 영문법 시험문제를 맞히기 위한 영문법 학습법, 영어 시험의 독해력을 위한 영문법 활용법, 그리고 올바른 영작을 위한 영문법 적용법들을 현장감 있게 상세하게 다루었어요. 3장 영어독해 편에서는 영어 시험에 나오는 영어지문을 효율적으로 읽는 방법들과 기술들과 독해전략, 영어 독해문제의 평가방식, 그리고 영어독해문제들의 유형별로 분석하여 풀이하는 기법을 적절한 예문 풀이를 통해 세부적으로 기술하였어요. 또한, 본서의 내용은 오랫동안 영어를 지도해 온 필자의 경험을 바탕으로 영어를 공부하는 학생들뿐만 아니라 영어를 가르치는 선생님들에게도 효율적인 지도에 도움이 될 수 있는 유익한 내용, 즉 한글과 영어의 차이점, 영어독해 문항 분석을 위한 독해과정 모형들, 영어 독해능력의 평가 방법 등에 관해서도 구체적으로 서술하였어요.

Chapter 2. 영문법은 어떻게 공부해야 하나요?

Chapter 3. 영어 독해

ENGLISH

Chapter 1.

현실적으로 한국에서 영어공부 비중의 70% 이상은 영어 단어에 있어요. 어휘력은 각종 영어 시험의 합격 여부를 결정하는 절대적인 요인이 되었어요. 영어 시험에서 얼마나 많은 어휘를 알고 있는지가 영어 실력의 잣대가 되는 현실은 수십 년이 지난 지금도 변함이 없어 보여요. 하지만 모국어와 같이 자연스러운 언어습득의 과정을 거치지 않는 상황에서 외국어 습득을 위해서는 단어 위주의 교육이 당연하다고 우리는 인식하고 있어요.

어떤 언어이든 태어나서 부모로부터 모국어를 배우는 과정은 '듣기-> 말하기->읽기->쓰기'의 같은 과정을 거치게 돼요. 태어나면서 부모의 말을 먼저 듣게 되죠. 그다음에 부모의 간단한 말을 따라 하며 말하기를 배워요. 그런 다음 글자를 익히며 읽기 시작하고 쓰기를 배워가죠. 우리는 이러한 과정을 통해 모국어인 한글을 자연스럽게 습득해 왔어요. 그런데 우리는 영어는 어떻게 배우고 있죠? 일반적으로 공교육의 초등학교 3학년부터 시작하는 영어는 '읽기->듣기-> 쓰기-> 말하기'의 변형된 과정으로 배우고 있어요. 이는 자연스러운 생활영어 구사력이 되지 않는 부모님과 학교나 학원 선생님에게만 영어를 배워야 하는 상황에서는 당연한 현상이라 할 수 있어요. 그런데 이러한 비정상적인 외국어 학습 과정에서 읽기부터 시작하다 보니 듣기와 말하기에서 자연스럽게 습득되어야 할 영어 단어들을 사전식 외우기로 해야 하는 문제가 발생할 수밖에 없음이 안타깝지만 엄연한 현실이죠.

1. 영어 단어의 사전적 의미와 문맥적 의미

영어 단어의 의미는 "사전적 의미와 문맥적 어미"라는 두 가지 패턴으로 구분될 수 있어요. 사전적 의미는 한 단어가 지니는 우선적인 의미예요. 가령 go는 가다, run은 달리다, win은 이기다 등의 사전적인 의미를 지니고 있어요. 반면 영어 단어의 문맥적 의미는 문장의 문맥에 따라 한 단어의 의미가 달라지죠. 따라서 영어 단어의 문맥적 의미는 한 영어 단어를 접했을 때 자연스럽게 떠오르는 사전식 의미와는 달라요. 문맥에 따라 그 의미를 직감적으로 느끼며 그 단어의 적절한 의미를 자연스럽게 읽어내야 하기 때문이에요. 이를테면 'I go(run) angry.' "나는 화가 나서 가다"라는 뜻이 아니라 "나는 화가 나다"는 의미예요. 여기에서 go와 run은 '되다'는 뜻을 가지죠. 그러면 '영어는 왜 문맥적 의미가 중요한가요?'에 대한 질문에 대한 답은 간단해요. 영어 단어는 다의어(여러 가지 뜻을 지닌 한 단어)의 비중이 커서 문장의 문맥에 따라 뜻이 달라지기 때문이지요.

사실, 한국어는 다의어가 많지 않고 단일어(한 가지 뜻을 가진 한 단어)가 대부분이에요. 가령, 한국말도 다의어가 있긴 해요. 가령 '말'의 의미는 '말'을 하다, '말' 한 마리, 쌀 한 '말' 등의 세 가지 의미를 지니죠. 그런데 이런 다의어의 특징을 지닌 한국말은 그리 많지가 않아요. 설사 있다고 하더라도 그 뜻이 보통 두세 가지에 지나지 않아요. 반면 다의어를 지닌 영어 단어는 적지가 않아요. 예를 들어 win이란 단어를 볼까요? 시합이나 게임을 하고 나서 승리감에 도취하여 "I won you."(나는 너를 이겼다)라고 큰 소리로 말한다면 상대방은 비웃을 수 있어요. 왜냐하면, 이 경우에는 나는 너를 얻었다는 뜻이 되거든요. win이 '이기다'라는 사전적 의미가 있으려면 시합이나 게임을 목적어로 두어야 해요. win의 다양한 문맥적 의미는 다음과 같아요.

win + 시합, 경기 => 이기다 : They will in the soccer game. (그들은 축구 시합에서 이길 것이다)
win + 사람 => 얻다 : We win you. (우리는 너를 얻었다)
win + 상장, 메달 => 받다 : He won the gold medal (그는 금메달을 받았다)
win + 복권 => 당첨되다 : She won the lottery. (그녀는 로또에 당첨되었다)

한국 영어교육의 현실은 예나 지금이나 영어 단어의 사전적 의미의 암기에 치중하고 있어요. 우리가 학교라는 단어를 익힐 때 "학생들이 공부하는 건물"이라고 반복해서 외우지는 않잖아요? 그냥 읽기와 말하기를 통해서 자연스럽게 학교라는 의미를 알게 되지요. 그런데 영어에서는 이러한 사전식 설명이 된 어휘의 뜻을 외우는 단어 공부법이 주를 이루고 있어요. 이와 같은 문제를 극복하기 위한 '영어 어휘'에 관한 책들이 매년 쏟아져 나오지만 영어 학습현장에서는 사전외우기식의 영어 암기법이 여전히 기승을 부리고 있는 현실이에요. 그렇지 않으면 단기간 안에 많은 단어들을 습득할 방법이 없기 때문이죠. 읽기 위주의 영어교육 시스템에서는 불가피한 현상이라 할 수 있어요.

중고등학교의 내신 영어 시험, 대학입시의 수능 영어 시험, 공무원 영어 시험, 또는 토익이나 토플과 같은 국가 공인 시험들에 있어서 어휘력과 독해력이 합격여부의 당락을 결정한다 해도 과언이 아니에요. 가능한 많은 단어의 사전적 의미를 알고 있는 어휘력이 곧 영어실력이 되어버렸지요. 그런데, 문제는 영어 시험에서 요구하는 영어 어휘의 수준이 모국어가 영어인 미국이나 영국의 고등교육에서 필요한 어휘력 수준에 이른다는 사실이에요. 이런 상황에서 외국어인 영어 문장들을 읽으면서 습득되는 문맥적 의미의 영어 어휘력을 키우는 노력을 병행함은 현실적으로 너무 힘들지 않겠어요?

2. 영어 단어를 어떻게 하면 잘 외울 수 있나요?

적지 않은 중고등학생들이 영어어휘력의 부족으로 학년이 올라갈수록 어려워지는 영어를 포기하는 사람 즉 영포자가 되고 있어요. 이들이 왜 영어공부에 손을 놓은 이유에 대한 대답은 거의 한결같아요. 영어 단어를 모르니 아무리 공부를 열심히 하려고 해도 도저히 불가능하다는 것이죠. 영포자들이 마음을 먹고 다시 영어 학원을 다니며 공부를 시작하려고 해도 너무 많은 영어 단어를 외워야 하는 힘든 과정을 감당하지 못하고 곧 영어공부에 대한 흥미를 잃어버리고 다시 포기하고 결국 졸업 후에도 평생 영어공부에 대한 기회를 거의 놓쳐버리는 악순환이 오늘날의 성인 영어의 슬픈 자화상이에요.

영어공부로 인해 고민하는 학습자들이 영어교육자들에게 가장 많이 하는 공통적인 질문은 '저는 영어 단어가 너무 약해요. 그런데 아무리 노력해도 잘 외워지지 않아요! 어떻게 하면 영어 단어를 잘 외울 수 있나요? 무슨 비법이 없나요?' 등이에요. 많은 단어를 단기간에 잘 외우는 무슨 특별한 비법을 알려고 하는 간절함에 대해서는 충분히 이해할 수 있어요. 그러나 영어 단어를 반복 암기하는데 시간과 노력을 투자하는 이외에는 특별한 비법이 없음을 우리는 잘 알고 있지요. 그래서 우선적으로 영어 단어 학습법에 대한 기존의 방법들에 대해서 다음과 같이 알아보기로 해요.

1) 어휘 단순반복 암기법

단기간에 많은 어휘를 외울 수 있는 장점으로 인해서 영어의 단순반복 암기법이 가장 보편적으로 사용되고 있어요. 단순 반복적 단어 외우기는 기본단어를 최대한 많이 익히는 효과적인 방법이기 때문이에요. 하지만 단어의 수가 늘어나면서 암기해야 할 내용이 많아지면 반복해서 외우는 일은 지루함과 피곤함으로 인해 지속력이 떨어지는 문제를 우리는 너무나 잘 알고 있어요. 그래도 단기간에 최대의 효과가 있기에 이 방법이 많이 활용되고 있어요. 그런데 단기간 내에 너무 많은 단어만을 암기하면 책을 읽거나 문제를 풀 때 잘 기억나지 않거나 스펠링이 유사한 단어와 헷갈리는 문제가 발생하죠. 그럼에도 불구하고 이 방법을 계속 사용하는 이유는 단기간에 많은 단어의 사전적 의미의 습득하는데 가장 효과적이라고 생각하기 때문이죠.

2) 영어 단어장 만들어서 외우기

독해문제를 풀면서 모르는 단어를 자기 나름대로의 방식으로 단어장에 정리하면서 어휘력을 늘리는 방법이 있어요. 그런데 유의해야 할 점은 기본 단어가 너무 취약한 상태에서 단어장을 만들면 작성시간도 많이 걸리고 독해를 할 때 흐름이 계속 끊기는 문제로 인해 오히려 비효과적이에요. 다만 독해 문제를 다 풀고 나서 몰랐던 단어를 동사, 명사, 형용사, 품사별로 또는 동의어나 반의어를 정리해 가면서 단어장을 만들어 학습하면 효과적일 수 있어요. 하지만 요즘에는 영어 단어를 아주 체계적으로 잘 분류해서 정리해 놓은 좋은 책들이 많이 나온 관계로 단어장 작성을 통한 영어 단어 학습법은 갈수록 인기가 없어지는 것 같아요.

3) 단어는 접두어, 접미어, 어근 또는 비슷한말과 반대말 등을 패턴화해서 외우기

영어는 세계어가 되는 과정에서 다른 나라의 언어들을 수용하고 동화시키면서 지속적으로 어휘의 수를 증가시켜 왔어요. 이를테면, 기본단어 2,000여개의 거의 반, 800여개의 필수 영어 어휘, 전문분야별 용어 2,000 단어, 그리고 사용빈도가 낮은 영어 단어들의 약 3분의 2가 그리스어, 라틴어, 그리고 불어에서 유래되었다고 영어 접사에 관한 연구에서 밝혀졌어요. 이러한 다른 언어들의 동화 과정에서 영어 단어는 단어의 뜻을 결정하는 중심이 되는 어근의 앞뒤에 접두사와 접미사를 결합하여 만들어진 합성어들이 많이 생겨났어요. 영어 단어에서 어근과, 접두사, 접미사들이 어떠한 의미를 지니며 단어의 뜻과 품사를 형성하는지를 알기 위해 아래와 같이 정리해 보았으니 독자들의 영어 단어 공부에 도움이 되었으면 해요.

a. 어근에 의한 분류

(1) act=행동하다, 작용하다, 조치하다

- react: 반응하다, 반적용하다
- interact: 상호작용하다, 소통하다
- transact: 거래하다, 처리하다
- enact: 법을 제정하다
- counteract: 반작용하다, 대응하다, 방해하다

(2) ceed, cess, cede=가다(go)

- succeed: 성공하다, 뒤를 잇다, 계승하다
- success: 성공
- succession: 계승, 상속
- successful: 성공한, 성공적인
- successive: 계승한, 연속적인
- successor: 계승자, 후임자
- predecessor: 전임자, 선임자
- exceed: 초과하다, 넘어가다
- proceed: 나아가다, 진행하다
- precede: --에 앞서다, 선행하다
- recede: 물러나다, 멀어지다
- concede: 인정하다, 시인하다

(3) claim=(주장)하다

- claim: 주장하다, (목숨을) 빼앗다, 주장, 요구
- exclaim: 외치다, 소리치다
- proclaim: 선언하다, 선포하다
- acclaim: 찬성하다, 박수갈채를 보내다, 찬사

(4) clude=닫다(close, shut)

- include: 포함하다
- exclude: 제외하다, 배제하다

- seclude: 격리시키다, 고립시키다
- preclude: 막다, 방해하다
- conclude: 결론짓다, 끝내다

(5) com, con =함께(together), 서로

- company: 동료, 회사
- confront: 직면하다, 맞서다
- compile: 편집하다, 엮다
- companion: 동료, 동행, 친구
- compromise: 타협하다, 타협
- compose: 구성하다, 작곡하다

(6) ficient=만들다 (make)

- sufficient: 충분한, 만족스러운
- proficient: 능숙한, 숙련된, 익숙한
- efficient: 효율적인, 효과적인
- deficient: 불충분한, 부족한
- effective: 효과적인, 유효한

(7) fact, fect, fict =사실, 일, 행동, 행위, 만들다(make)

- fact: 사실, 일, 정보, 사건
- defect: 결점, 결함
- effect: 영향, 효과, 결과
- affectation: 가장, 허세
- fiction: 소설, 허구
- affect: 영향을 미치다, 애착을 갖다
- affection: 애착, 애정
- infect: 감염시키다, 오염시키다, 옮기다

(8) en=-하게 하다, -화하다, -로 만들다

- enslave: 노예화하다
- darken: 어둡게 하다
- lessen: 적게 하다, 줄이다
- enclose: 둘러싸다, 동봉하다
- enlarge: 확대하다, 크게 하다
- shorten: 짧게 하다, 줄이다
- enrich: 부유하게 하다, 풍요롭게 하다
- enforce: 시행하다, 집행하다

(9) fer=말하다, 옮기다

- refer: 언급하다, 참조하다
- infer: 추론하다, 암시하다
- prefer: 선호하다
- differ: 다르다, 의견을 달리하다
- confer: 회의하다, 수여하다
- defer: 미루다, 연기하다,
- offer: 제공하다, 제안하다

(10) form=형태, 형식, 모양, 양식, 형성하다

- form: 형태, 형성하다
- formal: 형식의, 공식적인
- informal: 비형식적인, 비공식적인
- formation: 형성, 구조
- reform: 개혁하다, 개선하다, 개혁, 교정
- reformer: 개혁가
- conform: 순응하다, 순종하다
- transform: 변형하다, 변형시키다
- deform: 변형하다, 기형으로 만들다
- preform: 미리 형성하다, 미완성품
- postform: 2차 형성하다, 후에 만들다
- inform: 알리다, 통지하다
- information: 정보

(11) gress=가다(go)

- gress: (진보)하다, (전진)하다
- regress: (퇴보)하다
- congress: 회의, 국회, 회합하다
- aggress: 공격하다, 침입하다
- ingress: 진입, 입장(권)

(12) habit, hibit=습관, 거주하다

- habit: 습관, 거주하다
- exhibit: 전시하다, 드러내다
- inhibit: 금지하다, 억제하다, -을 못하게 하다
- prohibit: 금하다, 방해하다

(13) hale=(구멍을 통해서) 호흡하다

- inhale: 숨을 들이쉬다, 흡입
- exhale: (숨을) 내쉬다

(14) mit, mis(s)=보내다(send)

- mission: 임무, 선교, 사명
- remit: 송금하다, 보내다
- admit: 인정하다, 허용하다
- permit: 허락하다, 허가증
- commit: 위임하다, 위탁하다, 범죄를 저지르다
- submit: 제출하다, 복종하다
- transmit: 전송하다, 옮기다
- omit: 생략하다, 빠뜨리다
- emit: 방출하다, 배출하다

(15) ply=fold, move, do, play

- reply: 대답하다, 응답하다
- imply: 의미하다, 내포하다, 함축하다
- apply: 지원하다, 적용하다
- comply: 따르다, 응하다

(16) port =항구, 옮기다, 나르다(carry)

- transport: 수송하다, 이동시키다
- import: 수입하다, 수입
- portable: 옮길 수 있는 , 휴대용의=handy
- export: 수출하다, 수출
- deport: (강제로) 추방하다

(17) press=압력, 누르다

- press: 압력, 누르다, 압력을 가하다
- pressure: 압박, 압력, 압력을 가하다, 강제하다
- suppress: 진압하다, 억제하다, 억압하다
- depress: 낙담시키다, 실망시키다
- compress: 압축하다, 압박붕대
- the press: 언론
- oppress: 억압하다, 진압하다
- repress: 억압하다, 진압하다
- impress: 인상을 주다, 감동을 주다
- express: 표현하다, 나타내다, 급행의

(18) rupt =깨다(break)

- bankrupt: 파산한
- disrupt: 깨뜨리다, 방해하다
- corrupt: (부패)시키다, (타락)시키다
- erupt: 분출하다
- interrupt: 방해하다, 가로막다
- abrupt: 갑작스러운, 급작스러운

(19) spect=보다, 조사하다

- respect: 회상, 회고, 추억
- inspect: 조사하다, 점검하다
- retrospect: 회상, 회고, 회고하다
- suspect: 의심하다, 용의자
- introspect: 성찰하다, 자기 반성하다
- prospect: 예상, 전망, 조사하다, 답사하다

(20) scribe=쓰다(write)

- describe: 묘사하다, 기술하다
- subscribe: 가입하다, 정기구독하다
- inscribe: 새기다, 명심하다, 기입하다
- prescribe: (약을) 처방하다, 규정하다
- transcribe: 필사하다, 베끼다, 기록하다
- ascribe: -의 탓으로 돌리다

(21) sist, st=서다(stand), 세우다

- sister: 여자형제, 자매, 누이
- consist: -로 이루어져 있다. 존재하다, 일치하다
- resist: 저항하다, 반대하다
- exist: 존재하다
- assist: 보조하다, 도와주다, 보조, 도움
- insist: 주장하다, 고집하다
- persist: 고집하다, 지속하다
- subsist: 생존하다, (근근이) 살아가다

(22) spirit, spire=정신, 영혼, 호흡

- spirit: 정신, 영혼
- inspire: 영감을 불어넣다, 고무하다
- aspire: 열망하다
- respire: 호흡하다
- expire: (기간, 임기가) 만료되다, 끝나다

(23) sting=찌르다

- distinguish: 구별하다, 분간하다
- extinguish: (불을) 끄다, 소멸시키다

(24) struct=서다(stand), 세우다(build), 쌓다(pile)

- construct: 건설하다, 세우다
- instruct: 교육하다, 지시하다
- constitute: 구성하다, 설립하다
- institute: 설립하다, 도입하다
- institution: 설립, 제도, 단체
- install: 설치하다
- substitute: 대신하다, 대체하다, 대체물(사람)

(25) sume(r) =문명, 가상, 가정

- assume: 가정하다, 추정하다
- presume: 추정하다, 가정하다
- resume: 재개하다, 다시 차지하다
- consume: 소비하다, 섭취하다

(26) tract=끌다, 끌어내다(draw)

- attract: 끌어 당기다, 유혹하다
- subtract: 빼다, 공제하다
- extract: 추출하다
- contract: 계약하다, 수축시키다
- distract: 흩뜨리다, 산만하게 하다

(27) train=소유, 가지다, 담다

- contain: 담다, 포함하다
- sustain: 지탱하다, 지지하다, 지속하다
- maintain: 유지하다, 주장하다
- detain: 가두다, 억류하다
- obtain: 얻다, 달성하다
- attain: 얻다, 달성하다, 도달하다
- retain: 보유하다, 간직하다

(28) tri=3, 기독교의 신-> 삼위일체(성부, 성지, 성령)

- contribute: 공헌하다, 기여하다
- distribute: 분배하다, 나누어 주다
- attribute: -의 탓으로 돌리다, 속성
- retribution: 천벌, 응징, 징벌, 보복

(29) use=사용하다, 사용

- reuse: (재사용)하다
- misuse: (오용)하다, (악용)하다
- abuse: (남용)하다, (학대)하다
- overuse: (과용)하다, (남용)하다
- disuse: 사용않함, 폐기, 사용을 그만두다

(30) volve=구르다(roll) 의 의미

- involve: 포함하다, 수반하다
- evolve: 진화하다, 전개하다
- revolve:회전하다, 돌다

b. 접두어에 의한 분류

영어 단어의 접두어는 일반적으로 대략 60여 종류가 있어요. 접두사가 붙음으로서 그 단어의 의미상에 있어서 많은 영향을 끼치죠. 접두사는 단어의 의미를 확장, 축소, 분할하는 등 시간과 공간 개념의 영역에서 다양하게 변화시키죠. 또한 접두사는 부정과 결여, 시간과 순서, 수, 장소, 경멸, 지위와 등급, 태도를 나타내는 의미로 크게 나누어지기도 해요.

(31) 접두어 a='강조'와 '부정, 반대'의 의미

- asymmetry: 비대칭. 어울리지 않음
- apathy: 냉담, 무관심
- atheist: 무신론자
- amoral: 도덕적인

(32) 접두어 ab=off, away, from과 같이 '분리'의 뜻

- abroad: 해외로
- abstract: 추상적인
- abbreviate: 축약하다, 줄여 쓰다

(33) 접두어 ante=ante는 before의 뜻으로 시간적, 위치적으로 앞의 의미. 종종 ante가 anti로 변형되어 사용.

- antenna: 더듬이, 안테나
- antecedent: 선행사건
- anticipate: 예상하다

(34) 접두어 anti=anti는 before의 의미 외에 반대(against)의 뜻도 있다. 단, 어근의 첫 글자가 모음일 때는 ant로 변형.

- antipathy: 반감
- antibiotic: 항생제
- antarctic: 남극의
- antagonist: 자서전

(35) 접두어 auto = '독자의, 자기 자신의, 저절로'

- automatic: 자동의
- autonomous: 자주적인
- autobiography: 자서전

(36) 접두어 bene, beni = '좋은, 선한'

- benefit: 혜택, 이득
- benevolent: 자비로운
- benignant: 인자한, 상냥한

(37) 접두어 be = 동사, 명사, 형용사 등의 앞에 붙어 (타)동사의 의미 등을 만드는 방법으로 쓰임

- benumb: 감각을 잃게 하다, 얼얼하게 하다
- befriend: 돕다, -의 편이 되다
- belittle: 보다, 작게 하다
- bespeak: 미리 구하다, 보여주다
- bewilder: 어리둥절하게 하다
- beset: 괴롭히다, 막다
- behold: 보다
- besprinkle: 흩뿌리다, 살포하다

(38) 접두어 bi = '2개의, 2회의, 양쪽의'

- bimetal: 바이메탈
- biannual: 연 2회의
- bisexual: 양성애의
- bilingual: 2개의 언어를 할 줄 아는

(39) 접두어 circu, circum = '빙 둘러, 둘레에, 둘러싸인'

- circumference: 둘레
- circular: 원형의
- circuit: 순환, 순회
- circumscribe: 제한하다, 억제하다
- circumstance: 상황, 환경

(40) 접두어 col, com, con, co, cor, coun = '같이, 다함께'

- collage: 콜라주
- collaborate: 협동하다
- collect: 모으다
- college: 대학교

- colleague: 동료
- company: 회사
- communicate: 의사소통하다
- co-education: 남녀 공학
- co-ordinate: 조직화하다, 공동의
- corrector: 정정자, 교정자
- correspond: 일치하다, 부합하다
- council: 의회
- combine: 결합하다
- community: 공동체
- comprehensive: 포괄적인
- co-exist: 공존하다
- co-sign: 공동서명하다
- correlate: 산관관계를 보여주다
- counselor: 상담역, 고문

(41) 접두어 contra, counter = '반대, 반박, 반항, 적대, 대응'

- contradict: 반박하다, 부인하다
- contrary: 반대의
- contract: 수축하다

(42) 접두어 de = '제거, 분리' & '역, 뒤바꿈, 취소'

- detach: 떼다
- detress: -의 중압을 없애다
- dethrone: 퇴위시키다
- definite: 확실한, 뚜렷한
- detract: 주의를 딴 데로 돌리다
- decriminalize: 처벌 대상에서 제외시키다

(43) 접두어 dis = '부정, 반대'

- disarm: 무장 해제시키다
- discord: 불화, 다툼
- disagree: 의견이 다르다
- disorder: 엉망, 어수선함

(44) 접두어 ec, e, ef = '밖으로, --에서 저쪽으로'

- eclipse: 일시, 월식
- ectopic: 이소성의
- effuse: 발산시키다
- eccentric: 괴짜인, 별난
- evoke: 떠올려 주다
- effluent: 폐수, 오수

(45) 접두어 en = '같이, 다함께', 어근이 r로 시작할 때 쓰임

- enable: 가능하게 하다.
- encompass: 포함하다, 망라하다
- empower: 권한을 주다

(46) 접두어 en = 명사와 동사 앞에 붙어 '--속에 넣다'

- encase: 감싸하다, 들러싸다
- entomb: 파묻다, 안치하다
- enthrone: 왕좌에 앉히다
- ensure: 보장하다
- enwrap: 싸다, 휘말다
- enclose: 두르다, 둘러싸다.

(47) 16. 접두어 equi = '함께'

- equilibrate: 평형시키다
- equivalent: 동등한
- equivocate: 얼버부리다

(48) 접두어 es, exo, ex, extra = '밖으로, 바깥쪽, -에서 저쪽으로, 넘어서'

- escape: 탈출하다
- escalate: 증가되다
- exotic: 이국적인
- exothermic: 발열성의
- exocentric: 외심적인
- export: 수출하다
- expand: 팽창하다
- expose: 노출시키다
- extraordinary: 기이한, 놀라운
- extracurricular: 정식학과 이외의
- extraterrestrial: 지구 밖의, 외계의

(49) 접두어 geo = '땅, 지구'

- geology: 지질학
- geography: 지리학
- geometry: 기하학

(50) 접두어 hemi = half인 '반'

- hemisect: 반으로 자르다
- hemisphere:반구
- hemicycle: 반원(형)

(51) 접두어 homo = '같은, 동등한'

- homogeneous: 동종의, 동질의
- homosexual: 동성애자
- homologous: 상응하는, 상동의

(52) 접두어 im, in = '안에, 가운데'

- immigrate: 이민 오다
- implant: 심다

- imprison: 투옥하다
- income: 수입
- indoor: 실내의
- input: 투입

(53) 접두어 in = '부정, 반대', 뒤에 붙는 어근의 첫소리와 동화되어, il, im, ir 등으로 변함.

- infinite: 무한한
- illegal: 불법의
- immoral: 비도덕적인
- irresponsible: 무책임한

(54) 접두어 in, im = 명사나 형용사 앞에 붙어 타동사 됨

- indicate: 나타내다
- inspect: 점검하다
- intermediate: 수반하다
- implement: 시행하다

(55) 접두어 inter = '사이에, 상호간에'

- interact: 상호작용하다
- intercept: 가로채다
- intermediate: 중재하다

(56) 접두어 intro = '안에, -안으로'

- introduce: 소개하다
- introspect: 자기 반성하다
- introvert: 내성적인 사람

(57) 접두어 mid = '-의 중간에'

- midwinter: 한겨울
- midterm: 중간의
- middleman: 중개인
- midstream: 중류

(58) 접두어 mis = '나쁜, 그릇된'

- misbelief: 그릇된 확신
- misdeed: 비행, 악행
- mislead: 오도하다
- misaplly: 악용하다

(59) 접두어 mono = '단일의, 하나의'

- monopoly: 독점
- monodrama: 일인극
- monologue: 독백

(60) 접두어 multi = '많은, 다수의'

- multicultural: 다문화의
- multiply: 크게 증가시키다
- multitude: 다수

(61) 접두어 non = '--이 아닌, --이 없는'의 부정적인 뜻

- nonalcohol: 알콜 없는
- nonallergic: 비알레르기성의
- nonfiction: 논픽션의

(62) 접두어 omni = '모든 방식으로, 모든 곳에'

- omnibus: 옴니버스
- omnipresent: 어디에나 있는
- omniscient: 전지의

(63) 접두어 out = '밖에', '--보다'

- outbuilding: 별채
- outdo: 능가하다
- outdate: 낡게 하다
- outlet: 배출 수단
- outstanding: 뛰어난

(64) 접두어 peri = '--주위에, --가까이'

- perigee: 근지점
- perimeter: 주변, 둘레
- peripatetic: 이동해 다니는
- periscope: 잠망경

(65) 접두어 post = '후에, 뒤에'

- postaudit: 사후 감사
- postphone: 연기하다
- psotsript: 추신, 후기

(66) 접두어 pre = '--앞에, --전에'

- precaution: 예방책
- precede: 선행하다
- predict: 예언하다
- pregnant: 임신한

(67) 36. 접두어 pro = '앞, 공적으로, --를 대신하여'

- propose: 제안하다
- prospect: 전망

- proceed: 나아가다
- professional: 전문적인
- pronoun: 대명사
- proconsul: 지방총독
- profess: 공언하다
- prosper: 번영하다
- procurator: 대리인

(68) 접두어 re = '다시' & '반대로, 뒤로'

- recycle: 재활용하다
- regain: 되찾다
- recompense: 보상
- recede: 후퇴하다
- refined: 정제된
- review: 검토
- repellent: 역겨운

(69) 접두어 retro = '뒤로, 거꾸로'

- retro style: 복고풍
- retrogress: 되돌아가다
- retrograde: 역행하는
- retrospect: 회상

(70) 접두어 semi = half, '반'

- semicolon: 세미콜론
- semicircle: 반원
- semiconductor: 반도체

(71) 접두어 se, di = '분리, 이탈'

- seclude: 은둔하다
- select: 선택하다
- segregate: 차별하다
- seduce: 유혹하다
- separate: 분리된

(72) 접두어 sept = '숫자 7'의 의미

- September: 9월
- septennial: 7년마다의
- septangle: 7각형

(73) 접두어 subter = '--아래에, --이하의' & '비밀리에'

- subterranean: 지하의
- subterfuge: 속임수
- subterminal: 끝에 가까운
- subternatural: 조금 부자연스러운

(74) 접두어 sub = '아래에', suc, sug, sup, sus(c, p, t로 시작하는 어근과 주로 결합)과 같이 변형되어 사용

- subconscious: 잠재의식적인
- submarine: 잠수함
- succeed: 성공하다
- suggest: 제안하다
- support: 지지하다
- sustain: 지탱하다
- suspire: 한숨 짓다
- submit: 제출하다
- succumb: 굴복하다
- succor: 구조, 원조
- suppress: 억압하다
- supplement: 보충
- suspend: 중단하다

(75) 접두어 super = '--위에, --이상의, 초월' sur로 변형되어 사용

- supervise: 감독하다
- superman: 슈퍼맨
- surpass: 능가하다
- superficial: 피상적인
- surmount: 극복하다
- surreal: 비현실적인

(76) 접두어 syn = '같은, 동시에', 어근의 첫 글자가 m, p, b일 때는 sym, l일때는 syl-로 변형

- synchronize: 동시에 발생하다
- sympathy: 동정
- syllable: 음절
- synergy: 시너지 효과
- symphony: 교향곡

(77) 접두어 tele = '먼, 가로질러'

- telephone: 전화기
- telescope: 망원경
- television: 텔레비젼
- telegram: 전보, 전문

(78) 접두어 tri, tre = '숫자 3'을 뜻함

- trio: 3인조
- treble: 세 배가 되다
- tricycle: 세발자전거
- trefoil: 삼엽형 식물

(79) 접두어 uni = '하나의'

- unify: 통합하다
- universe: 우주
- union: 조합
- unicorn: 일각수

(80) 접두어 un = 주로 명사, 형용사, 부사 앞에 결합되어 '부정'의 뜻, 동사앞에 결합되어 '반대의 동작, 분리된 행위'의 뜻

- unrest: 불안
- uneasy: 불안한
- unfortunately: 불행하게도
- unearth: 파내다
- unlock: 열다
- unfriend: 친구가 아닌 관계
- uncommon: 흔하지 않은
- unintentionally: 고의 아니게
- unfold: 펴다

(81) 접두어 vice = '대리의, 부의'

- vice-president: 부통령
- vice-principal: 교감
- vice-chairman: 부회장

(82) 접두어 wel = '좋은'

- welfare: 행복
- weld: 용접하다
- welcome: 환영하다

(83) 접두어 with = '반대, 저항'

- withdraw: 철수하다
- withstand: 견디어내다
- withhold: 주지 않다

c. 접미사의 분류

접미사는 대략 70여 종류가 있으며 의미의 변화에 접두사처럼 다양하게 영향을 미치지는 않아요. 단지 접미사는 단어의 기본 개념을 유지하면서 주로 품사의 변화를 가져오는 특징이 있어요. 접미사가 첨가되어 파생된 어휘는 형용사, 명사, 동사 혹은 부사 등의 품사에 따라 분류될 수 있어요. 특히 명사화 또는 형용사화 접미사가 동사화 또는 부사화 접미사보다 그 수가 많은 점이 특징이에요.

(84) 접미어 able = '--할 수 있는, --될 수 있는'

- available: 이용할 수 있는, 시간적 여유가 있는
- eatable: 먹을 수 있는
- favorable: 호의적인, 호감을 갖게 하는
- lovable: 사랑스러운

(85) 접미어 age = '사회적인 지위 또는 관계 양, 요금, 동작, 과정'

- bondage: 구속
- marriage: 결혼
- shortage: 부족
- coverage:보도(방송), 범위
- courage: 용기
- voyage: 여행, 항해
- breakage: 파손

(86) 접미어 ain = an의 옛 형태로 '사람'의 뜻

- captain: 선장
- villian: 악당
- swain: 사랑에 빠진 청년
- boatswain: 갑판장

(87) 접미어 aire, ar, eer = '사람' 명사화

- millionaire: 백만정자
- registar: 호적 담당자
- liar: 거짓말쟁이
- volunteer: 자원봉사자

(88) 접미어 al = '--와 같은' 명사 뒤에서는 형용사화 동사 뒤에서는 명사화.

- essential: 필수적인
- magical: 마력이 있는, 황홀한
- critical: 비판적인
- approval: 인정, 승인
- proposal: 제안
- survival: 생존

(89) 접미어 an = '사람', '--에 속한, --의 성질을 갖는, --에 사는 사람'

- artisan: 장인
- Christian: 기독교인
- historian: 역사가, 사학자
- civilian: 민간의
- melanian: 흑색의
- republican: 공화국의, 공화주의의
- American: 미국인, 미국의
- African: 아프리카인, 아프리카의
- Asian: 아시아인, 아시아의

(90) 접미어 ance = ance를 붙여서 추상명사화

- attendance: 출석, 참석
- entrance: 입장
- insurance: 보험

(91) 접미어 ancy = '상태, 성질', ant로 끝나는 형용사나 동사 뒤에서 명사화

- ascendancy: 지배력을 행할 수 있는 지위
- attractancy: 유인성
- compliancy: 준수
- extravagancy: 낭비

(92) 접미어 ant = 동사 뒤에 붙어 사람명사화. 형용사 어미로도 쓰임

- accountant: 회계사
- servant: 하인
- inhabitant: 주민
- constant: 끊임없는
- important: 중요한
- vacant: 비어있는

(93) 접미어 ate = '행동의 대상이 되는 사람, 물건' 또는 '사람의 자격, 직무, 직위' 등을 의미

- appreciate: 진가를 알아보다, 고마워하다
- calculate: 계산하다
- illuminate: (불을) 비추다, 분명히 하다

(94) 접미어 ator = '--하는 사람, 물건'

- indicator: 지표
- senator: 상원의원
- refrigerator: 냉장고
- operator: 조작(운전)하는 사람, 전화 교환원

(95) 접미어 ble = '배, 갑절'의 의미

- double: 2배의
- treble: 제일 높은 소리, 3 연승

(96) 접미어 ble = -ible, -able의 변형으로 '-할 수 있는, -될 수 있는'

- soluble: 녹는, 용해성이 있는
- voluble: 열변을 토하는, 입심 좋은
- resoluble: 분해할 수 있는
- dissoluble: 분해할 수 있는, 용해성의

(97) 접미어 ce = 추상적 의미의 단어 뒤에 붙어 명사화

- silence: 침묵
- experience: 경험
- importance: 중요성

(98) 접미어 cle = '작은 것'이란 의미로 명사화

- article: 기사, 조항
- particle: 입자
- cubicle: 좁은 방

(99) 접미어 craft = 어떤 전문 분야의 '기술, 일'

- aircraft: 항공기
- bookcraft: 글솜씨, 저술업
- handicraft: 수공예

(100) 접미어 ed = 동사에 붙어 '-되는', 명사에 붙어 '-을 갖는' 뜻

- blue-eyed: 푸른 눈을 가진
- soft-hearted: 마음이 약한 (상냥한)
- cold-blooded: 냉혹한

(101) 접미어 ee, er = ee는 '-하여지는 사람', er은 '-하는 사람'

- employee: 고용인 -employer: 고용주
- interviewee: 면접 대상자 -interviewer: 면접관
- trainee: 훈련인 -trainer: 조교
- examinee: 피검자, 수험생
- examiner: 심사위원, 채점관

(102) 접미어 en = 명사나 형용사 뒤에 붙어 동사화 '의 성질을 가진, -로 만들어진' 뜻의 형용사화, 명사 뒤에 붙어 '같은 복수형'을 나타냄

- brighten: 밝아지다, 밝게 하다
- fasten: 매다, 채워지다
- weaken: 약화시키다, 약화되다
- golden: 금으로 만든
- earthen: 흙으로 만든
- wooden: 나무로 만든
- oxen:황소들
- foxen: 여우들
- children: 어린이들

(103) 접미어 ency = '성질, 상태'의 뜻의 명사화

- deficiency: 결핍
- fluency: 유창성
- sequency: 순서, 연속

(104) 접미어 ent = '-하는 사람, -하는 사물' 또는 형용사 어미

- agent: 대리인, 중개상
- opponent: 상대, 반대자
- detergent: 세제
- confident: 자신감 있는
- different: 다른
- equivalent: 동등한

(105) 접미어 er = 동사형 어미로 쓰임

- answer: 대답하다
- differ: 다르다
- murder: 살해하다
- remember: 기억하다

(106) 접미어 ern = '방향'의 뜻, 형용사화

- eastern: 동쪽의
- western: 서쪽의
- southern: 남쪽의
- northern: 북쪽의

(107) 접미어 esque = 어떤 '양식, 태도' 또는 구분 '특징'

- arabesque: 아라베스크 무늬, 아라비아풍
- Romanesque: 로마네스크 양식의
- statuesque: 조각상 같은

(108) 접미어 ess = 여성명사 접미사

- hostess: 안주인
- goddess: 여신
- princess: 공주
- waitress: (호텔, 음식점의) 직원, 급사

(109) 접미어 et = '작은'

- cabinet: (정부)의 내각, 보관장
- closet: 벽장
- gadget: (작고 유용한) 도구
- packet: 소포, 꾸러미

(110) 접미어 ette = '더욱 작은'

- cigarette: 담배
- diskette: 디스켓
- kitchenette: 작은 부엌

(111) 접미어 eur = '사람'

- amateur: 비전문가
- entrepreneur: 사업가
- provocateur: 선동가

(112) 접미어 fic = 형용사를 만드는 접미어

- benefic: 인정 많은, 좋은 영향을 주는
- horrific: 끔찍한, 무시무시한
- specific: 구체적인, 명확한
- prolific: 다작하는, 다산하는

(113) 접미어 ful = '-한 성질을 있는, -하기 쉬운', '-에 가득찬, -만큼의 양이 있는'

- careful: 조심스러운
- hopeful: 기대하는
- powerful: 영향력 있는
- handful: 한 줌의
- mouhful: 한 입 가득한
- poketful: 호주머니 하나 가득한

(114) 접미어 fry = '-화하다, -화되다'

- simplify: 단순화하다
- classify: 분류하다, 구분하다
- satisfy: 만족시키다
- magnify: 확대하다

(115) 접미어 hood = '신분, 지위', '성격, 성질', '연, 단, 사회'와 같은 집합적인 의미를 가짐

- statehood: 국가의 지위
- childhood: 어린 시절
- motherhood: 어머니인 상태
- neighborhood: 이웃
- parenthood: 부모님
- sainthood: 성인들

(116) 접미어 ible = able와 같은 뜻. '-할 수 있는, -될 수 있는'

- convertible: 전환 가능한
- possible: 가능한
- visible: 알아 볼 수 있는

(117) 접미어 ice = 추상명사를 만드는 접미어

- advice: 조언, 충고
- choice: 선택
- justice: 정의
- service: 서비스, 근무, 봉사

(118) 접미어 ics = 주로 형용사 뒤에 붙어 '학문'의 뜻

- ethics: 윤리학
- physics:물리학
- politics: 정치(학)

(119) 접미어 ine = '여성'

- chorine: 합창단원, 코러스 걸
- heroine: (여자) 영웅, 여자 주인공
- margravine: (로마 제국의) 후작의 부인

(120) 접미어 ion = -tion, -sion처럼 사용되어 명사화

- donation: 기부
- consideration: 사려, 숙고
- information: 정보
- immersion: 몰입
- extension: 확대

(121) 접미어 ique = 형용사 또는 명사를 만드는 접미어

- antique: 골동품인, 골동품
- unique: 독특한, 특별한
- technique: 기법, 기술
- mystique: 신비로움

(122) 접미어 ish = 동사화 하는 접미사 또는 '적인, -와 같은'

- abolish: 폐지하다
- nourish: 영양분을 공급하다
- cherish: 소중히 여기다
- establish: 설립하다
- selfish: 이기적인
- childish: 어린애 같은
- foolish: 어리석은

(123) 접미어 ism = '행위, 성질, 상태' & '-주의'의 명사화

- criticism: 비판
- egotism: 이기주의
- nihilism: 허무주의

(124) 접미어 ist = '-하는 사람, -주의자'

- artist: 예술가
- violinist: 바이올린 연주자
- fatalist: 운명론자
- journalist: 기자

(125) 접미어 ite = 동사, 형용사 또는 명사를 만드는 접미사

- excite: 흥분시키다
- incite: 선동하다
- unite: 연합하다
- finite: 한정된
- polite: 예의 바른
- erudite: 박식한

- favorite: 매우 좋아하는 것
- composite: 합성물
- opposite: 반대, 반의어

(126) 접미어 ive = '-한 성질을 갖는, -한 경향이 있는'

- positive: 긍정적인
- seclusive: 은둔적인
- instinctive: 본능적인
- creative: 창의력이 있는
- attractive: 매력적인
- impressive: 인상적인

(127) 접미어 ise, ize = '-화하다, -화되다'로 동사화 (영국은 ise사용)

- characterize: 특징이 되다
- theorize: 이론을 제시하다
- realize: 실현하다, 현실이 되다
- dramatise: 각색하다, 극적으로 보이게 하다
- equalise: 동등하게 하다
- apologise: 사과하다

(128) 접미어 less = '-이 없는'

- countless: 무수한
- priceless: 대단히 귀중한
- worthless: 가치없는

(129) 접미어 let = '작은'

- leafet: 전단지
- hamlet: 아주 작은 마을
- islet: 작은 섬

(130) 접미어 like = '-와 같은'

- warlike: 호전적인
- childlike: 아이같은, 순진한
- earthlike: 지구와 같은

(131) 접미어 ly = 형용사 뒤에 붙어 부사화 또는 명사 뒤에서 형용사화

- carefully: 조심스럽게
- kindly: 친절하게
- perfectly: 완벽하게
- friendly: 친절한
- lovely: 사랑스러운
- costly: 비싼, 대가가 큰

(132) 접미어 man = '사람'

- cameraman: 촬영기사
- fisherman: 어부
- sportsman: 운동선수

(133) 접미어 monger = 어떤 물건을 파는, 퍼뜨리는 '사람, 상점'

- fishmonger: 생선 파는 사람
- rumormonger: 소문을 퍼뜨리는 사람
- warmonger: 전쟁 도발자

(134) 접미어 ness = 형용사 뒤에 붙어서 '사람 또는 사물'의 명사화

- happiness: 행복
- tenderness: 유연함, 친절
- attractiveness: 끌어 당기는 힘, 애교

(135) 접미어 or = 동사 뒤에 붙어서 '사람 또는 사물' 명사화

- actor: (남자) 배우
- director: 임원, 감독
- instructor: 강사
- elevator: 승강기

(136) 접미어 ous = '-한 특성이 있는, -로 가득찬'

- dangerous: 위험한
- spacious: (방, 건물이) 널찍한
- generous: 너그러운

(137) 접미어 ry = a. '제품의 종류, 집단'

- accessory: 액세서리, 장신구
- citizenry: 시민들
- machinery: 기계(류)

(138) 접미어 ry = b. '신분, 상태'

- rivalry: 경쟁
- slvaery: 노예
- ministry: (정부의) 각 부처
- missionary: 선교사

(139) 접미어 ry = c. '직업이나 행위'

- cookery: 요리
- dentistry: 치과 치료
- robbery: 강도
- surgery: 수술

(140) 접미어 ship = a. 형용사나 명사 뒤에 붙어 추상명사화

- hardship: 어려움
- leadership: 지도력, 통솔력
- friendship: 우정

(141) 접미어 ship = b. 명사 뒤에 붙어 '신분, 자격'

- citizenship: 시민권
- ownership: 소유권
- partnership: 동업자 관계

(142) 접미어 some = '-하기 쉬운, -하는 경향'

- awesome: 경탄할 만한
- tiresome: 성가신, 짜증스러운
- quarrelsome: 싸우려 드는, 다투기 좋아하는

(143) 접미어 th = a. 형용사나 동사 뒤에 붙어 추상명사화

- depth: 깊이
- truth: 사실
- strength: 힘

(144) 접미어 th = b. 숫자 4 이상의 서수 또는 분수의 분모

- fourth: 네 번째의
- fifth: 다섯 번째의
- three-fourth: 4분의 3

(145) 접미어 tude = '상태'의 추상명사화

- attitude: 태도
- gratitude: 감사, 고마움
- multitude: 다수

(146) 접미어 ty = '성질, 상태' 뜻으로 형용사를 추상명사화

- activity: 움직임
- capability: 능력
- durability: 내구성

(147) 접미어 ure = 추상명사화

- adventure: 모험
- closure: 폐쇄
- failure: 실패
- texture:감촉, 질감

(148) 접미어 ward = '-쪽으로'

- forward: 앞으로
- toward: -쪽으로, -을 향하여
- afterward: 나중에, 후에

(149) 접미어 way(s) = '위치, 방향, 방식, 태도'

- always: 항상
- sideways: 옆에서
- halfways: 중간에

(150) 접미어 wise = '위치, 방향' 또는 '방식, 태도'

- likewise: 똑같이, 비슷하게
- clockwise: 시계 방향으로
- otherwise: 그렇지 않으면

(151) 접미어 wright = 특히 목재 관련한 제조업의 '장인'

- shipwright: 선장
- millwright: 물방아 목수
- wheelwright: 수레 목수

(152) 접미어 y = a. '-로 된, -로 가득찬'

- lucky: 운이 좋은
- tasty: 맛있는
- noisy: 시끄러운
- pricy: 값비싼

(153) 접미어 y = b. '-로 된, -로 가득찬'

- doggy: 멍멍이
- bunny: 토끼
- poppy: 강아지

(154) 접미어 y = c. '-의 성질을 갖는, -하는, -로 된

- cloudy: 흐린, 구름이 낀
- hairy: 털이 많은
- noisy: 시끄러운
- watery: 물기가 많은, 희미한

4) 스토리텔링식으로 패턴화시켜 외우기

스토리텔링식 단어공부법은 이야기(스토리)식으로 단어들을 연결시켜 외우는 방법이에요.

영어 단어를 단편적으로 외우기보다는 동화나 소설 등을 활용해서 쉽게 외우고 오래 기억할 수 있는 방법이에요. 스토리텔링 단어학습법은 다음과 같이 세 종류가 있어요.

a. 단어와 단어를 연결하는 연관성이 있는 스토리텔링 문장

(1) ear은 귀(청각, 청력), (곡식의)이삭, 옥수수알 등의 다양한 뜻을 지닌다.

예 얼굴의 앞부분에서 뒷부분으로 이어(ear)지는 곳에 귀(ear)가 붙어있다.
보리 이삭(ear)이나 옥수수 알(ear)도 서로 이어(ear)져 있다.

(2) earnest = 열심인, 진지한, 성실한;

예 중국인들은 돈을 벌고(earn) 명성을 얻는(earn)일에 가장(est) 진지하고(earnest) 열심이다(earnest).

(3) yearn=동경하다: 그리워하다, 몹시 ~하고 싶어 하다:

예 이민자들은 매년 돈 벌기(earn)를 동경하며(yearn) 그리워한다(yearn).

b. 한글에 의한 스토리텔링 문장

한글로 개인의 생활 스토리를 문장으로 만들어 영어 단어들을 대입하는 방법이죠.
예를 들면

- 여자 친구와 관계 양상(phase, facet, stage)이 점점 어두워지고 있다
- 여자 친구는 헌혈 기증자(benefactor)이고 나는 수혜자(beneficiary)이다.
- 그녀가 관대(beneficent)해서 나의 병이 나았다."

c. 영작에 의한 스토리텔링 문장

스토리텔링식의 구어체 영어 문장을 만들면서 단어들을 익히는 방법이에요.
예를 들면

- It is not easy to soothe my girl friend because she is a little hysteric.
  (나의 여자 친구를 달래기가 쉽지 않다. 왜냐하면 그녀는 약간 히스테리가 있기 때문이다)
- My girl friend is a benefactor of blood donation. (여자 친구는 헌혈 기증자이다)
- I am her beneficiary. (나는 그녀의 수혜자이다)
- She is beneficent, so I recovered in a short time. (그녀가 관대해서 나의 병이 짧은 기간 안에 나았다)

단어의 의미를 쉽게 오랫동안 기억하는 방법으로 영어 단어를 한글 문장에 병용해서 쓰는 영어 단어 응용을 통한 기억법들이 소개되지만 크게 효과가 있다고 할 수는 없어요. 영어권 국가에서 공부를 하고 있는 학생들은 위에 언급한 영어 단어 응용법이 적지 않은 도움이 될 수는 있어요. 예를 들어 '부모님이 나의 미래의 직업에 대한 기대감이 높으시지만 사실 나는 자신이 없다'라는 표현을 'Parents(패어런츠)가 마이 퓨철 잡(my future job)에 대한 익스펙테이션(expectation)이 하이(high) 하지만 나는 컨피턴스(confidence)가 없다'라는 스토리텔링을 통해 익스펙테이션(기대감)이나 컨피던스(자신감)과 같은 단어들을 익히는데 도움이 되지요. 하지만 한국에서 이런 식으로 대화를 하면 남들의 의식에 민감한 우리의 문화권에서는 질책과 오해의 대상이 되기 쉽죠. 그래서 자주 사용하기가 어려운 한계점이 있어요

3. 현실적이고 효과적인 영어 단어공부는 이렇게 해보기!

다시 강조하지만 중고등학생들의 내신을 위한 학교 영어와 대학입시 수능영어, 그리고 공무원 영어 시험 및 토익이나 텝스와 같은 공인 영어 시험에 있어서는 사전적 의미의 영어 단어의 암기 공부법이 필수적인 현실이에요. 이러다 보니 단어의 뜻을 무작정 많이 외우는 것 자체가 단어 학습의 최종 목표가 되어버렸어요. 이러한 상황으로 인해 영어 단어를 강압적으로 하루에 200개에서 300개씩 암기하게 하는 스파르타 지도법을 가진 영어학원이 인기 학원으로 평가되기도 했지요. 게다가 영어 단어를 잘 외워지게 한다는 기계의 광고 또는 '마술의 영단어 연상법'이라고 하는 암기훈련이 상업적인 성공을 거두는 웃지 못할 해프닝이 생겨나는 현상이 서글픈 한국 영어교육의 현주소라고 필자는 생각해요.

올바른 영어 단어 공부법에 대한 정보는 인터넷이나 매년 쏟아지는 영어 관련 책들을 통해 우리는 언제든지 접할 수 있어요. 일반적으로 영어교육 전문가들이 공통적으로 말하는 한국의 영어 단어 학습법에 대해서는 다음과 같이 요약할 수 있지요.

"단어공부의 목적은 단어 실력을 과시하기 위함이 아니다. 읽기, 쓰기, 말하기, 듣기 기능에 어휘력은 기본적이며 필수적이기 때문이다. 문장을 통해서 단어들의 문맥적 의미들을 감각적으로 익히는 것이 바람직하다. 따라서 동사 관련된 예문들을 반복해서 빠른 속도로 읽으면서 외움이 가장 효과적이라 할 수 있다."

그런데 위에 언급한 방법대로 영어 단어를 공부할 수 있는 환경이 조성되지 못했기에 여전히 강압식 단순 암기식을 학생들에게 강요할 수밖에 없는 현실이에요. 다른 과목들도 영어로 공부하는 영어 몰입교육의 환경에서는 문장을 통한 문맥적 의미의 단어 학습법의 효과를 극대화 할 수 있어요. 하지만 하루 24시간 중에서 한두 시간만 영어책을 접하는 현실에서 독해를 위해 많은 단어수를 외워야 하는 것이 우리의 현실이죠. 이러한 상황에서 단순하게 각 단어의 사전적 의미를 단순하게 암기하는 방법이외에는 다른 대안이 없다고 우리는 생각하죠. 따라서 중고등학생의 내신영어와 수능영어, 또는 공무원 시험이나 토익이나 토플과 같은 영어공인시험을 준비하는 학습자들에게 영어 단어의 사전적 의미의 단순 암기법은 여전히 주요한 공부법일수 밖에 없어요. 다만 방법론적인 측면에서 효과적인 단순암기법을 여기에서 제시하고자 해요. 게다가 영어회화나 영어 쓰기를 위한 영어 단어의 문맥적 의미의 효율적인 학습법도 제시해 보았어요.

1) 사전적 의미의 영어 단어 공부법

영어 단어의 올바른 학습법은 단어의 단순한 의미를 외우는 것이 아니라 그 단어를 자연스럽게 사용할 줄도 알아야 한다는 것을 뜻함을 부정하는 이는 거의 없어요. 하지만 읽기 시험 위주의 영어교육에서는 최대한 많은 단어들을 기억하는 어휘력이 본질적인 조건임을 부인할 수도 없지요. 한 단어의 1차적 의미만을 암기하는 즉 사전적 의미의 영어 단어 공부법을 무시할 수가 없다는 현실을 받아들여야 함이죠. 어차피 사전식 의미의 영어 단어를 최대한 많이 외워야 하는 현실적인 상황이라면 그 중에서도 효율적인 영어 단어 학습법을 선택하여 어휘력 실력의 최대한의 효과를 내는 공부법을 찾는 것이 현명할 수도 있어요. 이러한 측면에서 본서에서는 하기와 같은 세 가지 방안을 제시해 보았어요.

첫째, 영어 동사부터 알아갑시다.
둘째, 자기만의 영어 단어 목록을 작성해봅시다.
셋째, 외우기보다는 자주 봐야 합니다.

a. 영어 동사부터 알아가기

영어와 한글의 가장 뚜렷한 차이점은 동사의 위치에 있다 할 수 있어요. 가령, I go to school(나는 학교에 간다)에서 보듯이 영어문장은 주어 다음에 바로 동사를 먼저 언급해요. 하지만 한글은 동사를 제일 마지막에 언급하지요. 물론 말을 할 때도 마찬가지예요. 이러한 이유로 한국말은 끝까지 들어봐야 한다는 영어권 사람들의 의견은 이를 잘 반영한다고 할 수 있어요. 그런데 영어는 목적어나 보어보다 동사를 먼저 표현하죠. 따라서 영어를 들을 때뿐만 아니라 영어 문장을 읽고 이해할 때 우리가 명심해야 할 사실이 있어요. 그것은 동사의 뜻을 모르면 그 동사가 포함된 문장이나 영어 표현을 거의 이해할 수 없다는 사실이에요. 즉 문장을 읽을 때 그 문장의 동사의 의미를 파악하면 최소한 50% 이상은 그 문장의 의미를 추정할 수 있어요. 이러한 맥락에서 암기해야 할 영어 단어들 대부분이 동사를 기본으로 하고 있음을 우리는 인식할 필요가 있어요.

(1) 핵심동사부터 외우기

기본적인 핵심동사들의 의미부터 차근차근 익혀야 해요. 그리고 난 다음 서서히 영어동사들의 수를 늘려가는 것이 중요하죠. 일반적으로 영어동사는 사용빈도수와 중요성의 기능에 따라 기본동사, 핵심동사, 필수동사로 분류해요. 본서에서는 이 세 가지 모두를 영어 시험에 관련된 '핵심동사'로 규정했어요. 핵심동사들은 부사 또는 전치사와 결합하여 다양한 문맥적 의미를 지녀요. 최근 들어서 영어지문에서 스펠링이 어렵거나 복잡한 단어 대신에 이런 단어들과 유사한 뜻을 지닌 핵심동사로 간단하게 표현하는 비중이 점점 증가하고 있어요. 이는 영어 시험의 지문에서 핵심동사의 활용의 비중이 점점 커지고 있음을 의미해요. 대표적인 핵심동사들은 break, bring, come, cut, fall, get, give, go, grow, have, help, hold, look, keep, make, run, put, show, stick, work 등이 있어요.

핵심동사의 어휘력이 늘면 그 단어를 포함한 문장의 의미가 대략 무엇인지를 알게 되요. 그뿐만 아니라 문장들 사이의 관련성도 파악이 가능해져요. 가령 "Surprisingly, he turned up at the moment."이란 문장에서 'turned up'의 의미를 모른다면 surprisingly(놀랍게도), at the moment(그 순간에)의 두 단어의 뜻을 알더라도 문장 전체를 모르는 것과 같아요. 반대로 turned up(나타났다)만 알고 surprisingly와 at the moment를 모른다고 하더라도 그가 '나타났다'라는 의미를 알기에 이 문장을 거의 이해한다고 할 수 있어요. 독해를 위해 필히 알아야 할 대표적인 20개의 핵심단어들의 다양한 문맥적 의미들을 알파벳 순서에 의해서 다음과 같이 정리해 보았어요.

〈핵심동사의 사전적 의미와 문맥적 의미〉

* 아래의 각 핵심동사는 사전적 의미이외에 전치사와 결합된 문맥적 의미를 같이 가지고 있어요.

① break

- break apart: 흩어지다. 갈라놓다.
  Nothing can break them apart. (어떤 것도 그들을 갈라놓을 수 없다)
- break away: 떨어져 나가다, 벗어나다.
  Is there a way to break away from sadness? (슬픔에서 벗어나는 방법이 있을까요?)
- break down: 고장 나다, 울며 주저앉다, 분류하다.
  He broke down in tears. (그는 울면서 주저앉았다)
- break in: 침입하다, 방해하다.
  He broke in on them while they were fighting. (그는 그들이 싸우고 있을 때 방해했다)
- break into: 부수고 들어가다, 끼어들다, 갑자기 ~하기 시작하다.
  I wanted to break into his car. (나는 그의 차를 부수고 들어가고 싶었다)
- break off: 떨어져 나가다, 중단하다.
  He was having an affair, but he broke it off. (그는 바람을 피고 있었지만 그만 두었다)
- break out: 탈출하다. (전쟁이나 화재가) 발생하다.
  Finally, the Second World War broke out.(2차 세계대전은 결국 발발했다)
- break through: 어려움을 돌파하여 헤쳐 나가다. 난관을 극복하다.
  She broke through the hardship and completed her mission. (그녀는 그 고난을 극복하고 그녀의 임무를 완수했다)
- break up: 인간관계가 깨지다, 남녀가 헤어지다.
  They broke up.(그들은 헤어졌다)

② bring

- bring around: ~의 주위로 데려가다, 찬성하게 하다.
  I don't want to bring my son around people like you. (나는 내 아들을 너 같은 사람들 근처로 데려오고 싶지 않다)
- bring back: 도로 가져오다, 생각나게 하다, 살려내다.
  This picture brings back memories. (이 그림은 추억을 생각나게 한다)
- bring down: 우울하게 하다, 끌어내리다.
  He brings me down. (그는 나를 우울하게 해)
- bring in: 가지고 들어오다, 데려오다.
  I'm going to bring my best friend to my party. (나는 내 파티에 가장 친한 친구를 데려올 거야)
- bring on: 불러오다, 가져오다, 일으키다.
  Bring on the next participant. (다음 참가자를 불러와)
- bring out: 선보이다, 돋보이게 해 주다.
  This will bring out your nose. (이것이 네 코를 돋보이게 할 거야)
- bring up: (화제를) 꺼내다, (아이를) 키우다.
  They brought up the issue of environment. (그는 환경 문제를 꺼냈다)
- bring to: ~하게 되다, ~에 이르게 하다.
  It's time to bring this problem to an end. (이 문제를 끝낼 시간이다)

③ come

- come along: 잘 진행되다, 따라오다.
  My project is not coming along well. (내 프로젝트가 잘 진행되고 있지 않다)
- come by: 잠깐 들르다, 구하다, 압수하다.
  Concert tickets are not easy to come by. 콘서트 티켓은 구하기 쉽지 않다)
- come down: 내려오다, (병에) 걸리다, (값을) 깎다.
  Tell him to come down. (그에게 내려오라고 말해)
- come in: 들어오다, (~색으로) 나오다.
  Can I come in? (들어가도 되나요?)
- come off: 떨어지다, 벗겨지다.
  Does this hood come off? (이 모자를 뗄 수 있나요?)

- come out: 나오다, 발매되다, 빠지다.
  Her new song came out yesterday. (그녀의 새 노래는 어제 발매되었다)
- come over: 다가오다, 방문하다, (기분이) 들다.
  Come over and play with me. (이리 와서 나랑 놀자)
- come up: (일이) 생기다, (행사가) 다가오다.
  The contest is coming up. (대회가 다가오고 있다)
- come to: ~로 오다, ~이 되다, ~에 이르다.
  She came to my house. (그녀가 내 집으로 왔다)
- come together: 모이다, 완성되다, 정리되다.
  Everyone came together. (모두가 모였다)
- come through: 뚫고 지나가다, 끝까지 해내다.
  We finally came through. (우리는 드디어 해냈어)
- come with: 함께 오다, 따라오다, (나쁜 행동을 해서) 받다.
  The magazine comes with a lipstick. (잡지를 사면 립스틱이 딸려 온다)

④ cut

- cut away: 잘라내다.
  I cut off all the fat. (나는 비계는 다 잘라냈다)
- cut back: 줄이다.
  She needs to cut back on salty foods. (그녀는 짠 음식을 줄일 필요가 있다)
- cut down: 베어서 넘어뜨리다, (가격) 내리다.
  They've cut down the price. (그들은 가격을 내렸다)
- cut out: ~에서 빼버리다, ~가 될 자질이 있다.
  She cut John out of her life. (그녀는 존을 그녀의 인생에서 빼버렸다)
- cut up: 자르다, 토막 내다.
  I don't know how to cut up the chicken. (나는 닭을 토막 내는 법을 모른다)

⑤ fall

- fall apart: 부서지다, 정신적으로 무너지다.
  Don't fall apart over this. (이런 일로 무너지지마)

- fall behind: 뒤처지다.
  I don't want to fall behind. (나는 뒤처지고 싶지 않다)
- fall down: 떨어지다, 쓰러지다.
  Jessie fell down the stairs. (제시가 계단 아래로 떨어졌다)
- fall for: 반하다, 속다.
  I felt for her beauty. (나는 그녀의 아름다움에 반했다)
- fall in(to): 빠지다, 실수하다.
  Who did you fall in love with? (넌 누구와 사랑에 빠졌니?)
- fall off: ~에서 떨어지다.
  She fell off the chair. (그녀는 의자에서 떨어졌다)
- fall on: 넘어지다, (충고) 무시되다.
  Did you see her fall on the floor? (그녀가 바닥에 넘어지는 것 봤어?)
- fall through: 떨어지다, 실패로 끝나다.
  The project fell through. (그 프로젝트는 실패했다)

⑥ get

- get across: ~를 가로지르다, 전달하다.
  He got across the road. (그는 도로를 건넜다)
- get ahead: 앞서가다.
  She got ahead of everyone in the test. (그녀는 시험에서 앞서 갔다)
- get along: 나아가다, 지내가다, 사람들과 잘 지내다.
  I'm getting along well with my friends. (나는 내 친구들과 잘 지내고 있다)
- get away: 도망가다, 멀리 떠나다, 무사히 넘어가다.
  I want to get away from her. (나는 그녀로부터 도망가고 싶다)
- get back: 돌려놓다.
  He wanted to get his daughter back. (그는 그의 딸을 되찾고 싶었다)
- get behind: 뒤처지다, 지원하다.
  He got behind everyone in the contest. (그는 대회에서 뒤처졌다)
- get by: 통과하다, 그럭저럭 지내다.
  They're getting by. (그들은 그럭저럭 지내)

- get in(to): 안으로 들어가다, 합격하다.
  Get in the bus. (버스에 타)
- get off: 내리다, 퇴근하다, 그만하다, 빼다.
  He couldn't get the bracelet off his wrist. (그는 손목에서 팔찌를 뺄 수 없었다)
- get out: -에서 나가다, 얼룩을 빼다, 새어나가다.
  I will get out of your life. (네 인생에서 나가줄게)
- get over: 극복하다, 넘다.
  I got over the shock of his death. (나는 그가 죽은 충격을 극복했다)
- get to: -까지 가다, 출근하다, ~하게 되다.
  I got to know him yesterday. (나는 어제 그를 알게 되었다)
- get up: 일어나다, 깨우다, 올리다.
  My mom got me up at 6 in the morning. (엄마가 나를 아침 6시에 깨웠다)

⑦ give

- give away: 거져 주다, 누설하다.
  Why don't you give away your old clothes to the poor? (가난한 사람들한테 네 오래된 옷들을 주는 게 어때?)
- give back: 돌려주다, 회복시키다.
  Give Jessica back her bag. (제시카의 가방을 돌려줘)
- give in: 넘어가다, 굴복하다.
  I give in. (내가 졌다)
- give off: (냄새가) 나다, 방출하다, (분위기를) 풍기다.
  You're giving off the feeling that you like him. (너는 그를 좋아하는 낌새를 풍기고 있다)
- give out: 나눠주다, 유출하다, 바닥나다.
  Lisa gave out socks for the poor. (리사는 가난한 사람들에게 양말을 나눠주었다)
- give up: 포기하다, 양보하다.
  You should give up your seat to a pregnant woman. (너는 임산부에게 자리를 양보해야 한다)

⑧ go

- go against: 어기다, ~에서 맞서다.
  Don't go against the law. (법을 어기지 마)
- go down: 떨어지다, 내려가다, 가라앉다.
  The plane went down in the air. (비행기가 착륙했다)
- go for: 고르다, ~을 얻으려 노력하다.
  I'm going for that one. (나는 저걸 고를 거야)
- go into: 들어가다, 시작하다, 뛰어들다.
  I told you go get into your room. (네 방으로 들어가라고 말했잖아)
- go over: 넘어가다, 건너가다, 검토하다.
  I didn't go over my homework. (나는 내 숙제를 검토하지 않았다)
- go under: 밑으로 가다, 가라앉다.
  The submarine went under. (잠수함이 가라앉았다)
- go up: 올라가다, 오르다.
  The price went up. (가격이 올랐다)
- go with: 같이 가다, 어울리다.
  She went with her father. (그녀는 아빠와 같이 갔다)
- go without: -없이 가다, -하지 않고 견디다.
  You can't go without her. (너는 그녀 없인 못 간다)

⑨ grow

- grow into: ~으로 자라다, ~가 되다.
  He has grown into a handsome man. (그는 잘생긴 청년으로 자랐다)
- grow on: ~에게 점점 끌리다.
  Your friend has grown on me. (나는 네 친구에게 점점 끌린다)
- grow out: 자라게 두다, 자라서 못 입게 되다.
  I've grown out of this shirt. (나는 자라서 이 셔츠가 맞지 않는다)

⑩ **have**

- have against: 기대어 놓다, 안 좋은 감정을 품다.
  She had a closet against the wall. (그는 옷장을 벽에 기대어 놓았다)
- have back: 돌려받다.
  How can I have it back? (어떻게 하면 그것을 돌려받을 수 있나요?)
- have down: 내리다, 초대하다, ~로 여기다.
  Have your cousins down for the week. (이번 주에 사촌들을 초대하렴)
- have in: 부르다, 나쁜 감정을 품다, ~이 있다.
  She had pain in her right leg. (그녀는 오른쪽 발이 아팠다)
- have on: 작동 중인, 입고 있다.
  Why do you have your phone on every day? (너는 왜 항상 폰을 켜놓니)
- have out: 꺼내다, 결판을 내다.
  You should have it out with her. (너는 그녀와 결판을 내야 해)
- have up: 걸다, 올리다, 기소하다.
  Alice had the album up on the wall. (앨리스는 벽에 앨범을 걸어 놓았다)

⑪ **help**

- help into: 태워주다, 부축해 주다.
  Can you help her into the house? (그녀가 집으로 들어가도록 도와줄 수 있니?)
- help off: 부축해서 내리게 해주다, 벗는 것을 돕다.
  Help her off the bus. (그녀가 버스에서 내리도록 도와줘)
- help on: 착용을 도와주다, 타는 것을 돕다.
  He helped me on with my shoes. (그가 내가 신발을 신는 것을 도와주었다)
- help out: 도와서 나가게 하다, 도와주다.
  I can't help you out. (나는 너를 도울 수가 없다)
- help to: 도와서 얻게 하다, 마음껏 취하다.
  Help yourself to these books. (이 책들 마음껏 가져가세요)
- help through: ~을 이겨내도록 도와주다.
  I will help you through your anxiety. (내가 네 불안함을 이겨내도록 도와줄게)

- help up: 부축해서 일으키다, 올라가는 것을 돕다.
  Please help my daughter up the chair. (내 딸이 의자에 올라갈 수 있도록 도와주세요)

⑫ hold

- hold back: 참다, 숨기다.
  Don't hold back your tears. (눈물을 참지 마)
- hold down: 제압하다, 유지하다.
  You must hold them down. (너는 그들을 제압해야 해)
- hold off: 연기하다, 늦추다.
  I want to hold off my period. (나는 생리를 늦추고 싶다)
- hold in: 집어넣다, 참다.
  I know ways to hold in anxiety. (나는 불안함을 참는 법을 안다)
- hold on: 고정시키다, 기다리다.
  Hold on a second. (잠깐만 기다려)
- hold out: 내밀다, 버티다.
  How long can their love hold out? (그들의 사랑은 얼마나 오래 갈까?)
- hold up: 들고 있다, 버티다, 정체시키다.
  He held up his hands and sat down. (그는 손을 들고 앉았다)

⑬ look

- look around: ~의 주위를 보다.
  He looked around the studio. (그는 스튜디오 주위를 둘러보았다)
- look back: 뒤돌아보다, 과거를 돌아보다.
  Why did you look back? (왜 뒤를 돌아봤니?)
- look down: 아래를 보다, ~을 무시하다.
  Why didn't you look down? (왜 아래를 보지 않았니?)
- look for: 찾다.
  She's looking for her bag. (그녀는 그녀의 가방을 찾고 있다)
- look into: ~안을 들여다보다, 조사하다.
  He looked into room. (그는 방을 들여다보았다)

- look out: 조심하다, 밖을 쳐다보다.
  Look out for the monsters. (괴물들을 조심해)
- look over: 훑어보다, 검사하다.
  She looked over the essay. (그녀는 에세이를 훑어보았다)
- look up: 찾아보다, 호전되다, ~을 존경하다.
  We look up to our parents. (우리는 부모님을 존경한다)
- look through: ~을 통해 보다, ~을 뒤져보다.
  Did you look through my bag? (내 가방을 뒤졌니?)

⑭ keep

- keep away: 멀리 두다, 쫓다.
  Keep sharp objects away from her. (그녀로부터 날카로운 물건들을 멀리 두라)
- keep down: 삼키다, 낮추다, 줄이다.
  Keep down the volume. (소리 줄여)
- keep from: 못하게 하다, 억제하다.
  His low self-esteem kept him from recognizing that he was right. (그는 낮은 자존감 때문에 맞다는 걸 인정하지 않았다)
- keep in: 나가지 않도록 하다, 명심하다.
  Close the doors to keep the coolness in. (시원한 느낌이 나가지 않도록 문을 닫아)
- keep off: 가까이 못 오게 하다, 피하다.
  Keep the cat off him. (고양이가 그에게 가까이 못 오게 해)
- keep on: 떼지 않다, 계속-하다.
  Keep your old shoes on. (오래된 신발 신고 있어)
- keep out: 들어오지 못하게 하다.
  Keep the rabbit out. (토끼는 밖에 내놔)
- keep to: ~에 계속해 있다, 고수하다.
  The professor tried to keep to the point. (교수는 요점을 말하기 위해 노력했다)
- keep together: 한데 모으다, 유지하다.
  What happens if I keep these hamsters together? (만약 햄스터를 한 데 모으면 어떻게 되나요?)
- keep up: 유지하다, 밤 잠을 못 자게 하다.
  The nose kept her up all night.(그 소음 때문에 한 번도 못 잤다)

⑮ make

- make for: 향하다.
  I made for the window. (나는 창문으로 향했다)
- make into: ~으로 만들다.
  Let's make this into a big problem. (이것을 큰 문제로 만들자)
- make off: 급히 떠나다, 훔쳐가다.
  I think someone made off with my wallet. (내 생각엔 누군가가 내 지갑을 가져간 것 같아)
- make out: 해 내가다, 알아보다.
  She couldn't make out my signature. (그녀는 내 서명을 알아보지 못했다)
- make up: 꾸며내다, 화장하다, 결정하다.
  Did you make up your mind? (마음을 결정했니?)

⑯ run

- run around: 뛰어 돌아다니다, 설치고 다니다.
  Children are running around. (아이들이 뛰고 있다)
- run away: 달아나다, 피하다.
  She ran away from me. (그녀가 나에게서 도망갔다)
- run down: 흘러내리다, 차로 치다.
  They were run down by a taxi. (그들은 택시에 치였다)
- run into: 부딪히다, 우연히 만나다.
  He ran into his teacher. (그는 선생님과 우연히 만났다)
- run off: 도망가다, 흘러서 떨어지다.
  She ran off with my money. (그녀가 내 돈을 갖고 도망갔다)
- run out: 바닥나다, 떠나다.
  I ran out of water. (나는 물이 바닥났다)
- run over: 넘치다, 치다, 훑어보다.
  He ran over a deer. (그가 차로 사슴을 쳤다)
- run to: ~에게 뛰어가다, ~에 이르다.
  He ran to her. (그가 그녀에게 뛰어갔다)

- run through: ~을 무시하고 달리다, 대충 훑어보다.
  Why don't we run through the plan? (계획을 훑어보는 게 어때?)
- run up: 뛰어 올라가다, 늘리다.
  I ran up the stairs quickly. (나는 빨리 계단을 뛰어 올라갔다)

⑰ **put**

- put around: 매다, 두르다, 바르다.
  I put a muffler around my neck. (나는 목에 목도리를 둘렀다)
- put aside: 저축하다, 그만두다.
  I want to put aside my job. (나는 일을 관두고 싶다)
- put away: 치우다, 저축하다.
  She put away the spoon. (그녀가 숟가락을 치웠다)
- put before: 우선시하다.
  Don't put money before your family. (돈보다 가족을 우선시해라)
- put behind: 뒤로 놓다, 잊다.
  Put the past behind and keep going. (과거는 잊고 계속해라)
- put down: 내려놓다, 지급하다, 죽이다.
  He decided to put down the wounded dog. (그는 다친 개를 죽이기로 결정했다)
- put in: ~을 넣다, ~에 들여보내다.
  She wanted to put her children in kindergarten. (그녀는 그녀의 아이들을 유치원에 맡기고 싶었다)
- put into: 들이다, 빠뜨리다, 번역하다.
  He put Chinese into Korean. (그는 중국어를 한국말로 번역했다)
- put off: ~하지 않게 하다, 미루다.
  He put off going to the trip. (그는 여행 가는 것을 미뤘다)
- put on: (전화) 바꿔주다, (자물쇠를) 달다.
  I want to put a lock on my door. (나는 내 문에 자물쇠를 달고 싶다)
- put out: 밖에 내놓다, 꺼내 오다.
  I told her to put out some alcohol. (나는 그녀에게 술을 꺼내 오라고 말했다)
- put over: 덮어주다, 가리다, 쓰다.
  She put her hands over her face. (그녀가 얼굴을 손으로 가렸다)

- put to: 재우다, ~을 시키다, ~을 하다.
  He put me to do work. (그가 나에게 일을 시켰다)
- put together: 조립하다, 맞춰 입다, 의논하다.
  Can you help me put this together? (이것 좀 조립하는 것 좀 도와주겠니?)
- put through: ~을 경험하게 하다, 전화 등을 연결하다.
  Can I be put through to the office of Dr. Lee? (이 박사님 연구실에 연결 좀 해주시겠어요?)
- put up: 올리다, 재워주다.
  You look better with your hair up. (너는 머리 올린 게 더 나아 보인다)

⑱ show

- show off: 자랑하다, 과시하다.
  Don't show off too much. (너무 자랑하지는 마)
- show through: 비치다, 드러나다.
  His underwear is showing through. (그의 속옷이 비친다)
- show up: 두드러져 보이다, 나타나다.
  Did you show up yesterday? (어제 나왔니?)

⑲ take

- take along: 데려가다, 가져가다.
  Take me along with you. (나를 데리고 가)
- take apart: 분리하다, 혼내 주다.
  She failed to put it apart. (그녀는 그것을 분해하는데 실패했다)
- take back: 되찾아 오다, 반품하다.
  I want to take this product back to the supermarket. (나는 이 제품을 슈퍼마켓에 반품하고 싶다)
- take in: 숙박시키다, 이해하다.
  Let me take you in. (내가 널 집에서 지내게 해줄게)
- take off: 열다, 떼어 내다, 쉬다.
  You can take a month off. (너는 한달 쉬어도 돼)
- take on: 태우다, 고용하다, 맡다.
  The bus took on many passengers. (버스는 많은 승객들을 태웠다)

- take out: 데리고 나가다, 버리다, 화내다.
  Take out the trash. (쓰레기 버려라)
- take over: 인수하다, 차지하다, 떠맡다.
  I'll take over from now on. (지금부터 내가 할게)
- take to: ~로 데리고 가다.
  I took the box to the room. (나는 방으로 상자들을 가지고 갔다)
- take up: 시작하다, (시간, 공간) 차지하다.
  The work took up all of Sunday. (그 일로 일요일 하루가 걸렸다)

⑳ work

- work off: ~을 잊다, 풀다, 살을 빼다.
  She tried to work off weight. (그녀는 체중을 빼려고 노력했다)
- work on: ~작업을 하다, 노력을 기울이다.
  Are you working on it? (작업 중이니?)
- work under: ~밑에서 일하다, ~상황에서 일하다.
  Are you working under him? (그의 밑에서 일하니?)

(2) 문장형식별로 동사를 알면 유익!

한글에는 없는 5형식의 문장이 영어에 필요한 이유는 영어는 어순(단어의 순서나 배열)이 중요하기 때문이에요. 영어의 5가지 문장형식은 읽고 말하고 쓰기 위해서는 기본적으로 꼭 알아야 할 내용이에요. 영어 문장의 형식에 따르지 않는 단어 배열은 콩글리쉬가 되어 버리기 때문이죠. 가령, 한글은 단어의 순서가 바뀌어도 문법적으로나 의미적으로 전혀 변화 없이 같은 의미를 전달하죠. '내가 간다, 학교에 공부하러 매일, 간다, 나는 학교에 매일 공부하러' 등 단어의 순서가 관계없이 의미 전달이 가능해요. 반면에 영어는 단어의 순서는 올바른 표현을 하는 데 필수적이에요. 예를 들어 'I go to the school to study every day'라는 영어문장을 'Go to I school--, To school I go to--, To study school go to,'와 같이 단어의 순서를 바꾸면 문장이 성립되지 않아요. 영어는 이러한 규칙적인 단어순서와 배열의 중요성 때문에 한글에는 없는 다음과 같은 5가지의 문장형식을 가지고 있음을 명심해야 해요.

1형식=주어 + 완전자동사

2형식=주어 + 불완전자동사 + 주격보어

3형식=주어 + 완전타동사 + 목적어

4형식=주어 + 수여동사 + 간접목적어 + 직접목적어

5형식=주어 + 불완전타동사 + 목적어 + 목적격보어

문장의 형식에 따라 쓰이는 동사들을 효율적으로 익히면 두 가지의 이점이 있어요. 첫째, 각 동사의 의미들을 패턴화해서 익힐 수가 있죠. 게다가 그 동사가 속한 문장형식을 쉽게 파악하는 구문력이 향상되기도 해요. 예를 들어 2형식동사의 패턴은 지각동사(look, sound, smell, taste, feel), 상태동사(be/become, get, grow, turn, come, keep, remain, stay, stand, appear, seem, prove), 그리고 판명동사(turn out)이기에 이 동사들 뒤에는 형용사(부사는 못 씀) 보어가 뒤따름을 자연스럽게 알 수 있게 되요. 또는 envy, save, forgive, cost, take, strike, kiss등은 수여동사로서 간접목적어와 간접 목적어를 취하는 4형식문장에 따라 해석하는 구문력도 향상되는 효과가 있어요. 영어의 5가지 형식에 따른 동사들은 다음과 같이 정리해 보았어요.

① 1형식 동사들

1형식 동사는 보어나 목적어가 없어도 문장이 성립되는 완전자동사예요. 그런데 전치사와 함께 쓰이면 전치사의 목적어가 생겨 타동사화 되기도 해요.

- 빈도수가 높은 1형식 동사들

apologize	arrive	arise	be	become	come	count	count	differ	disappear	do
사과하다	도착하다	일어나다	이다 있다	되다	속하다	오다	수를 세다	다르다	사라지다	하다

exist	evolve	fall	function	go	leave	lie	live	laugh	miss	move	matter
존재하다	진화하다	떨어지다	기능하다	가다	떠나다	거짓말 하다	살다	웃다	사라지다	움직이다	중요하다

originate	occur	pay	remain	result	recur	rise	run	retire	stand	stay	sleep
비롯되다	일어나다	수익을 내다	남아있다	발생하다	되돌아가다	오르다	달리다	은퇴하다	일어서다	머물다	자다

smile	sit	stem	take place	travel	wait	walk	work	yawn
미소 짓다	앉다	유래하다	일어나다	이동하다	미뤄지다	걷다	일하다	하품하다

- 유의해야 할 문맥적 의미를 지닌 1형식 동사

- do: (will, won't와 함께) 충분하다, 만족스럽다, 행동하다, 처신하다.
  예 That room will do to them nicely. (그 방이면 그들에게 충분할 것이다)
- last: 지속하다.
  예 This hard time won't last for a long time. (이런 힘든 시간은 오랫동안 지속하지 않을 것이다)
- matter: 중요하다.
  예 What you make such a decision matters. (네가 그런 결정을 한 것은 중요하다)
- pay: 수지가 맞다, 보람있다, 지불하다.
  예 This kind of job pays well. (이런 종류의 직업은 매우 수지가 맞다)
- talk: 말하다, 상의하다.
  예 Truth talks. (진실이 모든 것을 말한다)
- tell: 효과가 있다 / tell on -에 영향을 미치다.
  예 His age is telling on his work. (그의 나이가 그의 일에 영향을 끼치고 있다)
- work: 일하다, 작동하다, 효과가 있다.
  예 The toy works by electricity. (그 장난감은 전기로 작동한다)
  That computer does not work. (저 컴퓨터는 작동하지 않는다)

- 자동사 + 전치사(= 타동사)

자동사 + to

- agree to-: -에 동의(찬성)하다.
- apologize to-: -에 사죄를 드리다
- attend to-: -에 주의나 관심을 기울이다
- belong to-: -에 소속해 있다
- conform to-: -에 순응하거나 따르다
- consent to-: -에 동의하거나 찬성하다
- lead to-: -의 (결론)에 이르다, -로 이끌다
- listen to-: -을 주의 깊게 듣다
- object to-: -에 반대하다. -에 이의를 제기하다
- react to-: -에 반응하다. -에 대응하다
- refer to-: -을 참조하다, -을 뜻하다, -을 언급하다
- reply to-: -에 응답하다
- respond to-: -에 반응하다
- return to-: -로 돌아오다
- speak to-: -에게 말하다, -에게 말을 걸다

- turn to-: -에 의존하다, -에 달려있다
- adjust to-: -에 적응하다
- complain to-: -에 불평하다, -에 불만을 터뜨리다

자동사 + with

- agree with: -에게 동의하다
- comply with: -을 따르다
- consist with: -와 일치하다
- contend with: -와 싸우다
- cooperate with: -와 협력하다
- deal with: -을 다루다
- experiment with: -을 실험하다
- interfere with: -을 방해하다
- sympathize with: -를 동정하다

자동사 + for

- account for: -을 설명하다
- ask for: -을 요청하다
- wait for: -을 기다리다

자동사 + from

- graduate from: -를 졸업하다
- suffer from: -으로부터 고통을 받다

자동사 + in(into)

- confide in: -을 신뢰하다
- consist in: -에 있다
- differ in: -에 있어서 다르다
- engage in: -에 종사하다
- look into: -을 조사하다
- result in: -을 초래하다
- participate in: -에 참여하다
- succeed in: -에 성공하다

자동사 + as

- serve as: -로서 근무하다

자동사 + of

- approve of: -을 인정하다
- be made up of: -으로 구성되다
- beware of: -을 주의하다
- dispose of: -을 처분하다
- think of: -을 생각하다
- be made up of: -으로 구성되다
- consist of: -be composed of: ~로 구성되다

자동사 + on(over)

- concentrate on: -에 집중하다
- focus on: -에 집중하다
- count on: -에 의존하다
- depend on: -에 의존하다, -에 달려있다
- rely on: -에 의존하다

자동사 + through

- get through: -을 끝내다, -을 통과하다
- go through: -을 겪다, -을 살펴보다

전치사에 따라 뜻이 달라지는 자동사

- agree with + 사람: -에게 동의하다
- agree on + 안건/조건: -에 합의하다
- consist in: -에 있다
- differ from: -와 다르다
- look at: -을 (응시하여) 보다
- look over: -을 검토하다
- succeed in: -에 성공하다
- result from + 원인: -으로부터 기인하다
- agree to + 의견: -에 동의하다
- consist of: -으로 구성되다
- consist with: -와 일치하다
- differ in: -에 있어서 다르다
- look for: -을 찾다
- look into: -을 조사하다
- succeed to: -을 계승하다
- result in + 결과: -을 초래하다

② 2형식 동사들(보어를 필요로 하는 동사들)

- 지각동사

look, sound, smell, taste, feel + 형용사 (또는 like 명사)

- 상태동사

be/become + 명사/형용사

get, grow, turn, come…. + 형용사

keep, remain, stay, stand….. + 형용사

appear, seem, prove… + (to be +) 형용사(명사)

- 판명동사

turn out to 동사 / turn out (to be) + 형용사: -라고 판명되다

prove to 동사 / prove (to be) + 형용사: -라고 증명되다

- **2형식 동사의 관용어구**

become, come, get, run, turn, go, grow, make, fall 등은 모두 --이 되다의 뜻으로 해석

- come true: 실현되다
- go bad: 상하다
- fall asleep: 잠이 들다
- make blind: 눈이 멀다
- get angry: 화나다
- make sure: 확실히 하다
- get married: 결혼하다
- grow wild: 야생으로 자라다
- make sure: 확실히 하다
- go mad: 미치다(화가 나다)
- make friends: 친구가 되다
- go background: 파산하다
- run dry: 고갈되다
- grow old: 나이가 들다
- run low: 떨어지다
- run high: 오르다
- run short: 부족하다
- run red(yellow): 빨갛게(노랗게) 되다

- **자동사와 타동사 구별에 유의해야 할 동사**

- lie -lay - lain: (자) 눕다, 놓여있다
- lie -lied - lied: (자) 거짓말하다
- lay -laid -laid (타): -을 놓다, 알을 낳다
- seat -seated -seated (타): -을 앉히다
- rise -rose - risen: (자) 오르다
- rise -rose - risen: (자) 오르다
- raise-raised - raised: (타)-을 올리다
- sit -sat - sat: (자) 앉다
- set -set - set: (타)-을 놓다, 설치하다

③ 3형식 동사(목적어가 필요한 동사)

- **출제 빈도가 높은 3형식 동사**

- accompany (동반하다)
- answer(대답하다)
- attack(공격하다)
- call(부르다)
- disclose(폐쇄하다)
- exceed(초과하다)
- influence(영향을 주다)
- address(연설하다)
- appreciate(감사히 여기다)
- attend(참석하다)
- contact(연락하다)
- discuss(토론하다)
- follow(따르다)
- inhabit(거주하다)
- affect(영향을 끼치다)
- approach(접근하다)
- await(기다리다)
- damage(손상을 입히다)
- enter(들어가다)
- indicate(지적하다)
- implement(시행하다)

- inspect(조사하다)
- mention(언급하다)
- oppose(반대하다)
- resemble(닮다)
- prove(증명하다)
- join(합류하다)
- overcome(극복하다)
- reach(이르다)
- survive(생존하다)
- postpone(연기하다)
- marry(결혼하다)
- obey(순종하다)
- reveal(폭로하다)
- visit(방문하다)

- 유의해야 할 3형식 동사

- attend: 참석하다, --에 다니다
  attend on: 시중들다, 간호하다(= wait on)
  attend to: 주의를 기울이다.
- call on + 사람: -을 방문하다
  call at +장소: -에 방문하다
- enter: 들어가다
  enter into: 시작하다, 등록하다, 입력하다

- with, of, from, for, to 등의 전치사구를 취하는 3형식 동사

- 공급 / 제공 동사 + X + with + Y: X에게 Y를 제공하다
  =공급 / 제공 동사 + Y + for(to) + X: X에게 Y를 제공하다
  : prevent, furnish, present, supply, equip, endow, entrust
- 제거/박탈 동사 + X + of + Y: X에게서 Y를 빼앗다.
  : deprive, rid, clear, empty, relieve, defraud, free, cheat
- 공지/알림 동사 + X + of + Y: X에게서 Y를 생각나게 하다
  : remind, inform, convince, warn, assure, notify, advise
- 금지/방해 동사 + X +from + Y(-ing): X를 Y로부터 막다, 금지하다
  : keep, stop, deter, discourage, disable, dissuade, prevent, prohibit, bar, ban, hinder, hamper, restrain
- 칭찬/감사/비난/용서 동사 + X + for + Y: X를 Y에 대해 칭찬, 감사, 용서, 비난
  : praise, reward, thank, applaud, commend, blame, scold, punish, criticize, denounce, reproach, reprove, rebuke
- 설명/제안 동사 + X + to + Y: Y에게 X를 설명하다
  : explain, announce, confess, propose, suggest, repeat, describe, describe, impart, mention, prove, introduce

④ 4형식 동사(수여동사=두 개의 목적어를 지니는 동사)

- 4형식 동사

envy, save, forgive, cost, take, strike, kiss

예 I will forgive you your sin(o)

I will forgive your sin for you(x)

I envy you your success(o)

I envy your success for you(x)

- 3형식 동사인데 4형식으로 여기기 쉬운 타동사

explain, describe, introduce, propose, suggest, say, announce, repeat, mention, impart, prove, confess

The man **explained me** how to use this machine. (x)

→ **explained to me**

He **introduced his wife me**.(x)

→ **introduced me to his wife**.

- 유의해야 할 4형식 동사

4형식 문장은 다음과 같이 전치사를 활용하여 3형식으로 전환이 가능하다.

4형식 구문: 주어 + 동사 + 간접목적어 + 직접목적어

→ 3형식 구문: 주어 + 동사 + **직접목적어 + 전치사 + 간접목적어**

- to를 사용하는 동사: give, bring, send, pass, lend, owe, teach
  They sent me the notebook. → They send the notebook **to** me.
- for를 사용하는 동사: make, buy, get, choose, order, cook
  We bought him many presents.→ We bought many books **for** him.
- of를 사용하는 동사: ask, beg, demand, require
  Tom asked him some questions. → Tom asked some questions **of** him.

- **간접목적어를 목적어로 취하는 동사: envy, cost, forgive, charge**

→ 3형식으로의 전환이 불가능한 동사

She forgave him his sin.

: She forgave his sin for him.(x) → She forgave him for his sin.(o)

⑤ 5형식 동사(목적어와 목적보어가 필요한 동사)

- **to 부정사를 목적보어로 취하는 5형식 동사**

: ask, advise, allow, cause, enable, encourage, expect, forbid, force, get, invite, order, permit, persuade, prepare, remind, require, tell, urge, want

예 Ms. Lee encouraged us to study hard.
Their briefing enabled her to know today's meeting theme.

- **분사를 목적보어에 사용하는 5형식 동사:**

: find, keep, leave, make, consider, see, watch, feel, hear, listen to, notice

예 They found the content easy.
He must not leave the matter unsettled.

- **사역동사(시키는 동사) + 목적어 + 동사원형:**

- make, have, let + 목적어 + 동사원형:
  예 They made us particular in the competition.
- help +목적어 + (to) + 동사원형:
  예 She got us to wait in the train station.
- get + 목적어 + to 부정사:
  예 You helped me (to) find the book.

- **지각동사 + 목적어 + 동사원형 또는 동사-ing**

: see, watch, look at, hear, listen to, feel, notice

예 They saw me get out of here.
The student hear a baby cry.

He saw Jane crossing this street.

*동작을 강조할 때는 현재분사형을 쓴다

- 〈as +보어〉를 목적보어로 사용하는 5형식 동사 -as 명사 / 형용사 가능

: consider, regard, describe, see, view, look upon, refer to, think of

예 We thought him of her as a killer.

They considered me (as) kind.

- 명사(동격어구)만을 목적보어로 사용하는 5형식 동사

: appoint, call, name

예 We called her Jane.

b. 자기만의 영어 단어 목록 작성하기

영어 단어를 본격적으로 공부하기 위해 우리가 우선적으로 하는 첫 단계는 자신에게 가장 적합한 영어 단어 책을 선택하는 것이에요. 물론 영어 교과서를 잘 해석해 놓은 영어 참고서나 영어학원에서 제공하는 단어 책으로 단어공부를 하는 경우가 대부분이지만요. 자습용을 위해 대형 서점이나 인터넷을 통해서 다양한 양질의 영어 단어 책을 고를 수 있는 편한 세상에 우리는 살고 있어요. 심지어 인터넷을 통해 반복학습의 효율적인 단어학습 프로그램도 다양화되고 있지요.

그런데 이렇게 어휘력 향상을 위한 좋은 학습 환경이 주어짐에도 불구하고 요즘 학생들의 영어 어휘력은 수십 년 전에 교과서 한 권과 영어사전으로만 공부했던 선배들보다 왜 어휘력은 더 줄고 있을까요? 그 이유는 2 가지로 나눌 수 있어요. 첫째, 좋다고 생각하는 단어 책들만 계속 구입하고 한 책의 단어를 꾸준하게 외우지 않는다는 것이 문제이지요. 이런 이유로 새로 산 단어 책 앞부분만 보다가 작심삼일로 그만두었다가 다시 단어 공부를 할 때는 이전의 책을 보지는 않고 더 효율적인 책을 찾고자 하는 욕심으로 다른 책을 사기도 하죠. 하지만 그 책도 공부하다가 그만두고 또 다른 책을 구입하는 악순환을 반복하는 경험을 하곤 하죠. 어찌 보면 너무 맛있는 음식들 속에서 진정한 각 음식의 맛을 잃어버리는 이치와 같은 것이 아닐까요?

둘째, 자신이 직접 힘들게 단어정리를 한 것이 아니라 남이 해 놓은 단어 책들로 단어를 공부하다보면 금방 싫증이 나기 쉬워요. 이런 문제를 해결하기 위해 자신이 직접 단어장을 만들어 보면 어떨까요? 자신이 어휘와 독해, 그리고 문법 공부를 하면서 체계적으로 단어들을 정리하고 동의어와 반의어를 계속 적어나가며 자기만의 단어장을 성심껏 만들어 가면 지속적인 성취감으로 단어 공부를 더 효율적으로 할 수 있어요. 특히 요즘과 같은 정보화 시대에서는 단순히 공책에 직접 필기를 할 뿐만 아니라 추가나 삭제 등의 편집 기능이 가능한 컴퓨터나 노트북을 통해 효율적인 자기만의 단어장을 만들 수도 있어요. 단어장의 형식은 개인의 학습스타일이나 성향에 따라 각자만의 스타일로 작성하면 되요. 여기서는 영어 시험을 위한 어휘력 향상에 도움이 되는 가나다순으로 정리한 동의어 리스트(A)와 품사별 단어 목록의 패턴화의 샘플(B)을 아래와 같이 정리해보았어요. 특히 동의어 리스트는 수능이나 공무원 영어 시험을 준비하고 있는 학생들이 짧은 기간 안에 많은 단어를 익혀야 할 때 유용하게 쓰일 수 있어요.

(1) 동의어 리스트

〈ㄱ〉

- 가능성 있는: potential, latent, dormant, plausible, feasible, prospective, promising, practicable
- 가치, 지위를 떨어뜨리다: degrade, devalue, depreciate, demote, abase, debase, relegate
- 가까운, 근접한, 친한: near, adjoining, neighboring, proximate, adjacent, familiar, close, intimate
- 가난한, 빈곤한, 궁핍한: poor, penniless, needy, necessitous, destitute, impoverished
- 간결한, 간명한: short, brief, compact, concise, curt, terse, succinct
- 간섭하다, 참견하다: interfere, intrude, meddle, officious
- 간청하다, 애청하다, 탄원하다: solicit, implore, plead, petition, entreat
- 간헐적인, 산발적인: intermittent, sporadic
- 감독하다, 지시하다, 관리하다: direct, instruct, supervise, superintend, surveil, administer
- 감동을 주다: moving, touching, impressive, impassion

- 감사하다, 고마워하다: thank, appreciate, grateful, appreciative
- 강요하다, 강제하다: force, constrain, oblige, compel, impel, coerce, intrude
- 강제적인, 의무적인, 필수적인: inevitable, essential, compulsive, compulsory, coercive, mandatory, obligatory, binding, requisite, indispensable, imperative
- 강한, 센, 확고한: mighty, firm, solid, steely, steadfast, emphatic, robust, masculine, muscular, stout, staunch
- 강화하다, 보강하다: strengthen, reinforce, enhance, fortify, intensify, solidify, consolidate, buttress
- 같은, 동일한: even, equivalent, identical, synonymous, coordinate
- 개선하다: upgrade, improve, better, ameliorate
- 거대한, 막대한: enormous, gigantic, huge, vast, immense, colossal
- 거만한, 오만한, 건방진: arrogant, conceited, haughty, assuming, impudent, pretentious, pompous
- 건강에 좋은, 위생적인: healthful, salutary, salubrious, wholesome, sanitary, hygienic, sterile
- 검사하다, 조사하다: analyze, examine, investigate, explore, inspect, diagnose, anatomize, dissect, interrogate, scrutinize, probe, overhaul
- 겁이 많은, 소심한: coward, diffident, timid, chickenhearted
- 게으른, 느린: idle, sloth, lazy, sluggish, tardy, indolent
- 겸손한: humble, modest, condescending
- 경쟁하다, 다루다: contest, cope with, contend, vie, struggle, deal with, treat
- 경향, 성향: tendency, inclination, bias, disposition, predisposition, propensity
- 고귀한, 고상한: noble, lofty, dignified, virtuous, elevated, exalted
- 고무하다, 격려하다: cheer, encourage, hearten, stimulate, foster, motivate, inspire, incite, spur
- 고의의, 의도적인: purposeful, intentional, calculated, systematic, deliberately, by design, premeditated, wittingly
- 고통, 고뇌: affliction, agony, anquish, angst, torment, woe
- 곤경, 곤궁, 궁지: distress, jam, impasse, bind, fix, pinch, plight, predicament
- 공격하다, 습격하다: attack, raid, onslaught, assail, assault
- 공정한, 공평한: neutral, disinterested, impartial, evenhanded, unprejudiced, unbiased, equitable
- 교육적인, 교훈적인: informative, instructive, didactic
- 교활한, 음흉한: cunning, sly, crafty, artful
- 과장하다: exaggerate, overrate, overstate, hyperbolic, bombastic

- 관대한, 너그러운: beneficent, benevolent, generous, liberal, lenient, magnanimous, indulgent
- 관련된, 적절한: appropriate, relevant, eligible, fit, suitable, apt, proper, pertinent
- 괴롭히다: torture, annoy, tease, plague, distress, afflict, harass, torment, oppress, persecute, crucify
- 구두쇠의, 인색한: miserly, stingy, penny-pinching
- 구출하다: rescue, save, salve, salvage, relieve, redeem, extricate
- 꾸미다, 장식하다: beautify, decorate, ornament, adorn, frill
- 꾸짖다, 비난하다, 책망하다: scold, criticize, blame, accuse, condemn, denounce, reproach, reprove, reprimand, reprehend, rebuke, censure, decry, chide, slash
- 끊임없는, 지속적인: constant, continuos, consecutive, successive, ceaseless, unceasing, incessant
- 근거 없는, 무근한: baseless, ungrounded, groundless, unfounded
- 근절하다, 박멸하다, 뿌리 뽑다: root out, outroot, annihilate, eradicate, exterminate, extinguish, extinct
- 금지하다, 못하게 하다: ban, prohibit, inhibit, forbid, dissuade, deter, restrain, outlaw
- 끌어내다, 유래하다: originate in, derive from, stem from, extract from, elicit, deduce
- 기쁜, 즐거운: joyous, merry, agreeable, ecstatic, gay, festive, jubilant, blithe, rapt, hilarious, delight, gladden, rejoice, exhilarate
- 기억하다, 잊다: remember, recall, memorable, unforgettable, forget, oblivious, indelible
- 기호, 애호: liking, fondness, taste, appetite, fancy, affinity, bent, preference, priority, partiality
- 긴급한, 임박한, 급박한: pressing, urgent, imminent, impending
- 길조의, 행운의: happy, lucky, favorable, auspicious, fortunate, propitious

<ㄴ>

- 낙담한, 우울한: blue, melancholy, discouraged, disheartened, depressed, dejected, gloomy, despondent, disconsolate
- 날카로운, 신랄한: bitter, acid, acute, acrid, acrimonious, incisive, trenchant
- 낭비하다, 사치하다: wasteful, luxurious, lavish, extravagant, prodigal, squander
- 내성적인, 수줍어하는: shy, ashamed, reserved, introvert, bashful
- 내쫓다, 추방하다: fire, lay off, dismiss, expel, exile, eject, banish, oust
- 넓은: spacious, capacious, extensive, ample
- 노력하다: labor, struggle, strive, toil, endeavor, exert

- 논박하다, 반박하다: contradict, disprove, controvert, confute, retort, gainsay
- 놀라운, 엄청난, 대단한: lessen, decline, diminish, dwindle, curtail, dwarf, abate, slash
- 놀라게 하다: amaze, scare, stun, astonish, astound, be taken aback, traumatize, traumatic
- 능가하다, 초월하다, -보다 낫다: excel, exceed, surpass, transcend, outdo, outstrip
- 능숙한, 솜씨 있는: skillful, handy, proficient, ingenious, adept, adroit, dexterous

<ㄷ>

- 다른, 상이한: different, dissimilar, variant
- 다산의, 비옥한: productive, luxuriant, fruitful, fertile, prolific
- 다양한, 가지가지의: various, varied, diverse, assorted, manifold, multifarious, miscellaneous, sundry
- 단조로운, 지루한: boring, tedious, monotonous, dull, flat, dreary
- 달래지다, 진정시키다, 위로하다: calm, soothe, lull, pacify, appease, comfort, console, placate, sedate, tranquilize, conciliate
- 대신하다, 대체하다: replace, substitute, supplant, supersede, surrogate, vicarious
- 더러운, 더럽히다: dirty, sordid, foul, soil, filthy, defile
- 덜어주다, 완화시키다, 경감시키다: relieve, lighten, alleviate, mitigate
- 덧없는, 무상한, 순식간의: momentary, transient, fleeting, evanescent, ephemeral
- 독재적인, 전제적인, 억압적인: oppressive, dictatorial, tyrannical, despotic, authoritarian
- 독특한, 고유한: unique, singular, individual, distinctive, distinct, peculiar, idiosyncratic
- 돈의, 제정상의: monetary, financial, pecuniary, fiscal
- 돌이킬 수 없는: incurable, irrevocable, irreversible, unalterable, irreparable, irremediable
- 돕다, 도움이 되는: assist, helpful, serviceable, instrumental, contributory, conducive
- 동시 발생하다: concurrent, coincide, accompany, synchronize, simultaneous
- 동의하다: assent, consent, accord, concord, accede, concur, unanimous1.
- 동정, 연민: pity, sympathy, sympathize, compassion, commiserate
- 뒤따르는, 다음의: following, succeeding, subsequent, ensuing

<ㅁ>

- 막다, 방해하다: block, bar, obstruct, preclude, interfere, impede, disturb, prevent, hinder, hamper
- 만족시키다, 충족시키다: satisfy, meet, suffice, content, gratify, satiate
- 말이 많은, 수다스러운: wordy, lengthy, talkative, redundant, chatty, verbose, loquacious

- 매혹하다, 매료시키다: attract, charm, fascinate, captivate, seduce, hypnotize, mesmerize
- 면제의, 면역의, 특권: immune, exempt, privileged, prerogative
- 명목상의, 이름만의: honorary, nominal, titular
- 명백한, 분명한: definite, distinct, evident, obvious, visible, manifest, plain, transparent, lucid, articulate, unequivocal, explicit, tangible, overt
- 모이다: gather, assemble, compile, aggregate, congregate, flock
- 모욕하다, 굴욕감을 주다: insult, humiliate, affront, mortify
- 무거운: weighty, massive, hefty
- 무관심한, 냉담한, 무감각한: insensitive, unconcerned, indifferent, callous, apathetic, aloof
- 무료의, 공짜의: free, for nothing, for free, complimentary, gratis
- 무서운, 끔찍한: horrible, horrifying, horrid, horrendous, ghastly, appalling, awful, formidable, dreadful, hideous, dire
- 무수한, 셀 수 없는: incalculable, immeasurable, measureless, inestimable, interminable, infinite, numerous, innumerous, innumerable
- 무시하다, 멸시하다, 경시하다, 경멸하다: ignore, neglect, disregard, despise, belittle, slight, mock, condemn, disdain, scorn, dismiss
- 무지한, 모르는: unaware, unconscious, ignorant, illiterate, unlearned,
- 미지근한, 미온적인: lukewarm, tepid
- 미친, 제정신이 아닌: mad, crazy, insane, lunatic, demented, out of one's mind, beside oneself
- 미해결된, 현안의: unsettled, outstanding, pending
- 민감한, 쉽게 영향을 받는: sensitive, subject, impressionable, susceptible, vulnerable

〈ㅂ〉

- 빠른, 신속한: immediate, instant, instantaneous, swift, prompt, agile, fleet
- 반복하다: repeat, reiterate, recur
- 박식한, 박학한: learned, scholarly, omniscient, erudite, well-read
- 방랑하다: wander, roam, vagrant, vagabond, nomadic
- 배신하다, 배반하다: betray, renegade, traitorous, treacherous
- 빼앗다, 박탈하다: deprive, rob, bereave, snatch, extort, dispossess, strip, rip, divest, usurp
- 번영하다, 번성하다: prosper, thrive, flourish
- 변덕스러운, 변하기 쉬운: changeable, variable, inconstant, capricious, arbitrary, volatile, fickle, whimsical, mutable

- 보답하다, 보상하다, 배상하다: repay, reward, compensate, recompense, indemnify, reimburse
- 보복하다, 복수하다: revenge, vengeance, avenge, retaliate, retribution, repay, an eye for an eye
- 복잡한, 이해하기 어려운, 불가사의한: complex, complicated, incomprehensible, abstract, profound, subtle, intricate, mysterious, enigmatic, labyrinthine, abstruse
- 부과하다, 짐 지우다: burden, impose, levy, ask, request, require, demand, claim, necessitate, stipulate, enjoin
- 부유한, 부자인: affluent, wealthy, better-off, well-off
- 부정하다, 부인하다, 거절하다: decline, refuse, reject, deny, negate
- 부족한, 결핍된: deficient, insufficient, lacking, wanting, meager, void, devoid, destitute, scarce, scanty, sparse, dearth, rare
- 부주의한, 경솔한, 성급한: thoughtless, hasty, impatient, imprudent, inattentive, rash, reckless, heedless, indiscreet, impetuous, impulsive
- 부추기다, 꾀다, 선동하다: tempt, seduce, prompt, agitate, provoke, stir, allure
- 비밀의, 은밀한: secret, classified, undercover, confidential, privy, stealthy, convert, sensitive
- 부지런한, 근면한, 열심인: diligent, hardworking, industrious, laborious, painstaking, assiduous, studious
- 분리하다, 떼어놓다: distance, dissociate, separate, detach, estrange, alienate, insulate, isolate, split, segregate, seclude
- 분배하다, 할당하다: distribute, dispense, assign, allocate, allot, apportion
- 불길한, 불행, 불운: unfortunate, unfavorable, ominous, sinister, mishap, mischance, misfortune
- 불모의, 불임의: infertile, barren, sterile, arid
- 불명예스러운, 수치스러운: disgraceful, dishonorable, disreputable, inglorious, ignoble, infamous, stigmatic
- 불쌍한, 비참한, 비천한: lowly, tragic, mean, piteous, miserable, humble, pathetic, wretched, servile
- 불안한, 걱정되는: worried, anxious, concerned, uneasy, apprehensive1.
- 불일치하다, 모순되다: compatible, congenial, congruous, conflicting, contradictory, inconsistent, discord, incompatible, ambivalent, incongruous
- 불평, 불만: complain, grumble, grievance
- 활발하지 않은, 무기력한: inactive, dull, lackluster, languid, inanimate, sluggish, slack, inert, lethargic
- 비웃다, 조롱하다, 빈정대는: cynical, ridicule, deride, sarcastic, satirical, mock, sneer
- 비탄하다, 한탄하다: sigh, deplore, grieve, wail, lament, mourn, condole

- 사교적인: sociable, outgoing, extrovert, gregarious, convivial
- 사기의, 속임수의, 부정직한: dishonest, fraudulent, crooked, manipulative, feint, swindle, defraud, trickery
- 사라지다: disappear, vanish, fade, evaporate
- 사실상, 실질적으로: substantially, effectively, virtually
- 살찐, 날씬한: overweight, fleshly, obese, plump, stout, chubby, slender, slim, lean
- 상당한: considerable, significant, sizable, substantial, hefty
- 새로운, 젊은: novel, brand-new, juvenile, junior, adolescent
- 새롭게 하다, 개편하다: innovate, renovate, reform, realign, reshuffle, refine, polish, purify, cleanse, rinse, refurbish
- 서투른, 솜씨 없는: inapt, inept, maladroit, clumsy, awkward
- 섞다, 혼합하다: blend, compound, synthesize, mingle, compound, composite
- 선견지명의, 통찰력 있는: insightful, farsighted, prescient
- 선언하다, 공언하다: pronounce, proclaim, profess
- 선조, 조상: ancestor, forebear, forefather, predecessor, forerunner, progenitor
- 선택하다, 고르다: select, opt, take one's pick, assort, classify, screen, adopt, sort out, single out, filter
- 설명하다, 묘사하다: describe, depict, illuminate, illustrate, manifest, narrate, elucidate, expound, specify, articulate
- 세속적인, 현세적인: worldly, earthly, secular, vulgar, terrestrial, temporal, profane
- 소란, 소동, 혼란: disturbance, chaos, commotion, turbulence, turmoil, mess, riot
- 소중히 하다, 간직하다: value, regard, cherish, treasure
- 소집하다, 소환하다: convene, summon, convoke
- 속이다, 현혹시키다: cheat, trick, falsify, deceive, delude, entrap, bluff
- 솔직한, 정직한: candid, plain, flat, outspoken, straightforward, outright, unreserved
- 수정하다, 변경하다: remedy, revise, transform, mend, vary, alter, modify, rectify, convert
- 숙고하다: deliberate, mediate, speculate, contemplate, ponder, think over, dwell on
- 손상시키다, 해를 끼치다: harm, damage, injure, wound, disfigure, deface, undermine, impair, mar
- 순응, 순종, 복종, 굴복하다: obey, yield, comply, conform, submit, acquiesce, succumb
- 순종하지 않는, 반항하는: disobedient, rebellious, insubordinate, defiant, revolting
- 순진한, 소박한: innocent, artless, naive, ingenuous
- 숨기다, 감추다: hide, secrete, conceal, veil, camouflage, disguise

- 쉬다, 휴식, 후회: rest, recess, repose, adjourn
- 쉽게 흥분하는: irritable, touchy, temperamental, volatile
- 습관적인, 만성적인: habitual, customary, deep-seated, chronic
- 승인하다, 허락하다: admit, permit, approve, validate, grant, concede, sanction, ratify
- 쓸쓸한, 황량한: lonely, deserted, lonesome, solitary, dreary, desolate, forlorn, forsaken
- 시끄러운, 떠들썩한: noisy, deafening, clamorous, vociferous
- 시작하다, 착수하다: begin, launch, initiate, commence, embark, resume
- 식별하다, 구별하다, 분간하다: differentiate, distinguish, discriminate, discern, tell
- 신성한, 신성하게 하다: holy, divine, sacred, saint, consecrate, sanctify, hallow, heavenly, celestial
- 신중한, 주의 깊은, 조심성 있는: prudent, circumspect, considerate, alert, cautious, precautious, attentive, heedful, advertent, vigilant, watchful, conscientious, wary
- 싫어하다, 혐오하다: dislike, hate, despise, abhor, abominate, aversion, antipathy, detest, loathe

<ㅇ>

- 아름다운, 장관의: pictorial, picturesque, gorgeous, scenic, spectacular, splendid
- 악의의, 사악한, 나쁜: malicious, malevolent, malign, malignant, vicious, evil, notorious, wicked
- 악화하다: worsen, aggravate, deteriorate
- 암시하다, 내포하다: suggest, hint, allude, implicate, implicit, tacit, imply, insinuate
- 약속하다, 맹세하다: swear, vow, pledge, oath
- 약탈하다: despoil, deprecate, loot, plunder
- 약한, 깨지기 쉬운: fragile, frail, brittle, feeble, tenuous
- 약화시키다, 약해지다, 경감하다: weaken, debilitate, devitalize, wither, enervate, enfeeble, wane, attenuate, extenuate
- 애매한, 모호한: cloudy, indefinite, indistinct, obscure, vague, enigmatic, ambiguous, equivocal, inarticulate, intangible, nebulous, blurry
- 어려운, 힘이 드는: difficult, tough, demanding, strenuous, laborious, arduous
- 엄한, 엄격한, 엄밀한: rigid, rigorous, severe, strict, stern, stringent, grim, harsh
- 역겨운, 불쾌한: disgusting, sickening, disagreeable, nasty, nauseating, obnoxious, repulsive, revolting
- 역경, 시련: hardship, trial, adversity, ordeal
- 연기하다, 연장하다: extend, lengthen, elongate, prolong, protract, delay, postpone, retard, defer

- 열렬한, 열광적인: passionate, enthusiastic, ardent, zealous, fanatical, fervent, vehement
- 열망하다, 갈망하다: anxious, eager, impatient, desire, long, crave, yearn, aspire, lust, keen to
- 열중하다, 몰두하다: be intent on, be immersed in, be keen on, be bent on, be engaged in, be absorbed in, be engrossed in, be rapt in, be soaked in, be committed to
- 영원한, 영속적인: lasting, eternal, durable, enduring, permanent, persistent, perennial, perpetual, abiding, immortal, immutable, imperishable
- 예고, 건조, 조짐: foreboding, omen, precursor, forerunner, premonition, portent, harbinger
- 예의가 바른, 공손한: polite, mannerly, respectful, courteous, civil, genteel, decent
- 예측하다, 예언하다: forecast, foretell, foresee, prophesy, anticipate, prognosticate
- 오래된, 낡은, 늙은: outmoded, outdated, anituqated, chronic, obsolete, ragged, aged, senile, shabby
- 완고한, 고집이 센: inflexible, intractable, persistent, obstinate, stubborn, tenacious, opinionated, wayward, diehard, dogged
- 완전한, 완벽한: perfect, complete, integral, intact, consummate, flawless, immaculate
- 요약하다: summarize, abbreviate, abridge, compress, condense, epitomioze, synopsize
- 욕심 많은, 탐욕의: greedy, insatiable, avid, avaricious, acquisitive, covetous, voracious
- 욕하다, 비방하다, 중상하다: curse, damn, swear, defame, malign, malediction, slander, revile
- 용감한, 대담한: courageous, brave, intrepid, gallant, valiant, prowess, bold, daring, audacious, dauntless
- 용서하다, 묵인하다: forgive, pardon, excuse, overlook, condone, acquit, absolve
- 우스꽝스러운, 말도 안 되는: unreasonable, unthinkable, inconceivable, absurd, ludicrous, ridiculous
- 우연한, 우발적인: accidental, incidental, casual, haphazard, inadvertent, contingent, fortuitous, adventitious
- 웅변의, 능변의: fluent, eloquent, persuasive, silver-tongue
- 웅장한, 장대한: grand, grandiose, magnificent, majestic, sublime, stately
- 유명한: famous, well-known, renowned, reputation, noted, illustrious
- 유리한, 득이 되는: advantageous, beneficial, profitable, rewarding, paying, lucrative
- 유사한, 비슷한: similar, comparable, akin, kindred, analogous, semblance, affinity
- 유순한, 순종하는: obedient, subordinate, tame, tamed, submissive, docile, flexible, compliant, acquiescent, tractable, meek
- 유행하는, 성행하는, 만연하는: popular, widespread, prevailing, prevalent, pervasive, epidemic, rampant, universal, ubiquitous, omnipresent, fad, vogue,
- 위반하다, 침입하다, 침략하다: disobey, violate, breach, invade, trespass, intrude, infringe
- 위조하다, 날조하다: falsify, counterfeit, fake, forge

- 위험한, 위태로운, 불안정한: endanger, jeopardize, imperil, insecure, shaky, hazardous, perilous, unstable
- 음모하다, 공모하다: conspire, collude, scheme, plot, intrigue
- 음란한, 외설적인: obscene, filthy, lewd
- 의심하다, 회의적인: distrust, suspect, discredit, suspicious, dubious, incredulous, fishy, skeptical, pessimistic
- 의지하다, -에 달려있다: depend on, rely on, lean on, count on, turn to, look to, resort to, bank on, fall back on, rest on, dwell on
- 이기다, 정복하다, 극복하다: win, defeat, conquer, subdue, surmount, overthrow, overturn, subvert, vanquish, overcome, overpower
- 이상한, 기이한, 괴상한: strange, abnormal, anomalous, extraordinary, atypical, eccentric, outlandish, exotic, odd, bizarre, weird
- 이해하다, 파악하다: understand, comprehend, apprehend, perceive, interpret, grasp, appreciate, savvy
- 인사하다, 환영하다: greet, salute, welcome, acclaim, hail, hospitable
- 인위적인, 인공적인: manmade, artificial, factitious, synthetic
- -인 체하다: pretend, affect, simulate, feign
- 일시적인, 임시의: temporary, tentative, provisional, interim
- 일치하다, 조화하다: harmonious, accord, concord, correspond, consistent, concurrent, coincide, coherent, reconcile
- 임시변통의: stopgap, makeshift, extemporary
- 잉여의, 남아도는: redundant, superfluous, surplus

<ㅈ>

- 자치의, 자율의, 주권의: independent, self-governing, self-sufficient, autonomous, sovereign
- 작은, 미세한: minimal, tiny, microscopic, diminutive, minute
- 잔인한, 포악한, 냉혹한, 난폭한: cruel, brutal, barbarous, fierce, pitiless, merciless, heartless, savage, barbaric, violent, outrageous, ferocious, relentless
- 잘못, 흠, 죄, 결함: fault, fallacy, error, defect, blunder, spot, stain, flaw, guilt, innocent, shortcomings, drawback, immaculate
- 재난, 재앙: disaster, catastrophe, calamity, apocalypse
- 재미있는, 우스운: interesting, funny, comical, amusing, entertaining, intriguing
- 저항하다, 반항하다: resist, withstand, rebel, defy, riot, revolt
- 전염의, 쉬 옮기는: contagious, infectious, catching

- 절약하다, 저축하다: save, spare, economize, trim, thrifty, frugal
- 절제하는, 금욕의: moderate, temperate, abstinent, puritanical
- 정당한, 합법적인: legal, lawful, legitimate, licit
- 정지한, 움직이지 않는: immobile, motionless, still, stagnant, static, stationary, quiescent
- 정확한: accurate, precise, unfailing, infallible, unerring
- 제한하다, 억제하다, 속박하다: limit, confine, restrict, restrain, withhold, bridle, curb, suppress, repress
- 조용한, 침묵의 고요한: silent, calm, pacific, tranquil, serene, placid, mute, hushed, tacit.
- 조잡한, 거친: rough, harsh, unrefined, coarse, crude
- 존경하다, 숭배하다: admire, adore, worship, respect, honor, esteem, homage, tribute, revere
- 졸리는, 나른한, 혼수상태의: sleepy, dozy, drowsy, dormant, hypnotic, comatose, lethargic
- 주장하다, 단언하다: maintain, affirm, protest, declare, allege, assert, persist, contend
- 주저하다, 망설이다: indecisive, indisposed, irresolute, unwilling, reluctant, disinclined, hesitate, linger
- 죽다, 소멸하다: die, decease, demise, perish, extinct, defunct
- 줄이다, 감소시키다: lessen, decline, diminish, dwindle, curtail, dwarf, abate, slash
- 중단하다, 중지하다: stop, discontinue, terminate, pause, cease, halt, interrupt, suspend, abort, pivotal
- 중재하다, 조정하다: coordinate, intercede, intervene, mediate, intermediate, arbitrate
- 즉흥적인: impromptu, improvised
- 증가하다: increase, boost, augment, multiply, proliferate, surge, soar
- 증명하다, 입증하다: prove, attest, testify, substantiate, instantiate, verify, authenticate, certify, testimony
- 증오, 적대, 원한, 악의: hostile, animosity, enmity, malice, antagonism
- 지나친, 과도한: excessive, undue, exorbitant, extravagant, immoderate, intemperate, inordinate, steep
- 지역 고유의: local, native, endemic, indigenous
- 지우다, 삭제하다: delete, erase, remove, eliminate, rid, obliterate, efface, censor
- 지지하다, 옹호하다, 변론하다: support, sustain, defend, uphold, advocate, plead
- 진실한, 진심의: genuine, hearty, sincere, cordial

〈ㅊ〉

- 참다, 인내하다: patient, stand, bear, endure, tolerate, persevere, contain, abstain, refrain

- 창의적인: original, inventive, ingenious
- 처벌하다, 징계하다, 유죄를 선고하다: punish, chasten, chastise, penalize, discipline, convict, condemn
- 초래하다, 야기하다, 일으키다: cause, generate, produce, effect, breed, induce, trigger, incur, entail, spark
- 초조한, 긴장되는: nervous, tense, edgy, uptight
- 촉진시키다, 재촉하다: quicken, hasten, accelerate, activate, promote, further, facilitate, expedite, precipitate, energize, vivify, invigorate
- 최고의, 최상의: prime, stellar, supreme, superb, paramount, top-notch, excellent, surpassing, leading
- 추측하다, 집착하다: guess, presume, surmise, conjecture
- 축적하다, 쌓다: accumulate, amass, pile, stack, heap
- 축하하다, 기념하다: celebrate, congratulate, memorialize, commemorate, fete
- 취소하다, 폐지하다: cancel, withdraw, revoke, annul, void, abolish, repeal, retract, nullify, scrap, evacuate
- 친절한, 상냥한: considerate, gracious, amiable, amicable, benign, genial
- 침착한, 차분한, 냉정한: calm, composed, dispassionate, sober, sedate
- 칭찬하다: praise, compliment, applaud, laud, glorify, commend, eulogize, exalt, extol.

〈ㅌ〉

- 타고난, 선천적인: inborn, innate, inherent, intrinsic, gifted, endowed
- -탓으로 돌리다: blame, attribute, impute, ascribe
- 태만하다, 게을리 하다, 무시하다: neglect, disregard, ignore, omit, delinquent, dismiss
- 통치하다, 지배하다, 압도하다: govern, control, rule, reign, dominate, predominate, overwhelm

〈ㅍ〉

- 파괴하다, 황폐화하다: destroy, ruin, demolish, smash, shatter, desolate, devastate, wreck, havoc
- 파산한, 무일푼의: bankrupt, broke, bust, insolvent, replete, profuse, exuberant, overflowing
- 편견의, 편파적인: prejudiced, bias, partial, insular, tendentious
- 편리한, 편안한, 아늑한: comfortable, convenient, handy, expedient, portable, facile, cozy, snug
- 평가하다, 사정하다, 계산하다: estimate, evaluate, rate, value, calculate, compute, reckon, appraise, assess

- 평범한, 진부한: commonplace, routine, cliched, stereotyped, banal, stale, trite, humdrum, mediocre
- 포기하다, 단념하다, 버리다: abandon, quit, resign, despair, relinquish, renounce, desist, discard, desert
- 폭로하다, 누설하다: reveal, expose, disclose, unmask, unveil, unearth, divulge, leak
- 풀어주다, 해방하다: liberate, release, unbind, unchain, untie, emancipate, unleash
- 표면적인, 피상적인: superficial, seeming, cosmetic, shallow, perfunctory, ostensible
- 풍부한, 가득한, 충분한: full, enriched, sufficient, plentiful, generous, abundant, affluent, ample, copious
- 피하다, 회피하다, 모면하다: avoid, duck, evade, sidestep, elude, dodge, avert, shun

<ㅎ>

- 하찮은, 사소한, 보잘것없는: minor, slight, negligible, petty, trivial, trifling
- 학살하다: holocaust, butcher, massacre, slaughter, decimate
- -한 생각에 사로잡히다: be enslaved by, be preoccupied with, be obsessed by, be haunted by
- 합병하다, 통합하다: combine, incorporate, consolidate, annex, merge, fuse, meld
- 해로운, 유독한, 치명적인: harmful, injurious, deleterious, detrimental, fatal, lethal, nocuous, noxious
- 해산하다, 해제하다: disassemble, dismantle, disband
- 현명한, 분별 있는: wise, sensible, shrewd, discreet, judicious, agile, thoughtful, considerate
- 현저한, 두드러진: distinguished, marked, outstanding, remarkable, striking, conspicuous, eminent, prominent, preeminent
- 협력하다, 협조하다: cooperate, collaborate, ally, concert, coalesce, confer
- 협박하다, 위협하다: threaten, frighten, horrify, terrify, appall, intimidate, menace
- 호기심 있는: curious, questioning, inquisitive, prying
- 호전적인, 싸우기 좋아하는: warlike, militant, argumentative, belligerent, contentious
- 혼란하게 하다, 당황하게 하다: disrupt, perplex, upset, confuse, mess, embarrass, bewilder, puzzle, frustrate, baffle, perturb, vex, dismay, confound
- 효과 없는, 헛된, 무익한: fruitless, vain, futile, void, abortive
- 화나게 하다, 화난: anger, annoy, irritate, offend, provoke, resent, indignant, enrage, infuriate, explode
- 확대하다: enlarge, expand, extend, escalate, magnify, amplify, dilate, aggrandize
- 확산하다, 유표하다: scatter, popularize, publicize, circulate, diffuse, disperse, disseminate, propagate

- 확실하게 하다, 보장하다, 보증하다: ensure, confirm, ascertain, corroborate, endorse, vouch, guarantee
- 활기찬, 활발한: dynamic, lively, energetic, vital, vivid, vivacious, animate, vigorous, brisk
- 후손, 자손: descendant, offspring, posterity, progeny
- 후회하다, 뉘우치다: regret, repent, apologize, remorseful
- 후퇴하다, 도망치다: recede, retreat, refuge, flee
- 훈계, 설교, 권고, 경고: caution, warn, alert, admonish, preach, sermon
- 회복하다, 복구하다, 복원하다: restore, reestablish, retrieve, redeem, rehabilitate, convalesce, recuperate
- 회상하다, 회고하다: recollect, retrospect, reminisce
- 횡령하다, 유용하다, 착복하다: appropriate, embezzle, divert

(2) 품사별 단어 목록의 패턴화

① 동사 예

동사	의미	유사어	반대어
overcome	극복하다 정복하다	subdue, surmount conquer, master,	굴복하다: succumb, give in, yield, capitulate
eliminate	제거하다 없애다	Eradicate, excise, expunge, erase, efface, delete, obliterate, terminate, get rid of, wipe out. blot out	

② 형용사 예

형용사(부사)	의미	유사어	반대어
impolite	무례한 버릇없는	rude, disrespectful, insulting, disparaging, offensive, disgusting, degrading, contemptuous	polite, humble, good-mannered
obvious	명확한, 분명한	Articulate, distinct, evident, explicit, trenchant, transparent, unequivocal, apparent	Equivocal, vague, inarticulate, ambiguous, nebulous, obscure, indistinct, manifest

③ 명사 예

명사	의미	비교단어	비교단어 의미
statue	조각상	statute stature status	법령 키, 신장 지위
fine	벌금(과태료) 품질이 좋은	toll fee fare	통행세 수수료 운임료

④ 숙어 예

관련어	관련어 숙어	의미
stand	stand up to stand with stand by stand up for	--에 맞서다 --와 조화를 이루다 편들다 --을 지지하다
run	run out of run away with run into run over	--을 다 써 버리다 --와 도망치다 --와 우연히 만나다 검토하다

c. 외우기보다는 자주 보는 방법이 최고!

우리는 어떠한 내용이나 경험을 기억할 때는 단기 기억력과 장기 기억력에 의존해요. 과거의 고통스러운 기억들이 시간이 흐름에 따라 잊어버리는 망각이라는 좋은 기능을 우리는 가지고 있어요. 그런데 꼭 오랫동안 기억하고 있어야 할 내용들도 시간이 지나면서 잊어버리는 것이 문제지요. 사람마다 차이가 있지만 대체적으로 단기 기억력보다는 장기 기억력이 뒤떨어지는 경우가 거의 대부분이에요. 영어 단어를 암기하여 오랫동안 그 뜻을 저장하는 장기 기억력은 사실 각자의 후천적인 노력보다는 유전인자에 따른 타고난 뛰어난 지능에 의해 우열이 결정 난다고 해도 과언이 아니에요. 하지만 장기 기억력은 후천적인 노력을 통해 향상될 수 있어요.

영어 단어의 근본적인 장기 기억력의 취약성을 극복하는 방법은 반복하여 자주 보는 방법밖에 없어요. 우리가 어느 단어의 뜻을 쉽게 알 수 있는 이유는 그 단어가 쉽게 외워지는 속성을 가져서가 아니에요. 자주 보고 듣는 접촉의 빈도가 낮기 때문이죠. 가령 종종 또는 자주의 뜻을 가진 often이란 단어는 쉽게 알지만 동의어인 frequently를 모르는 이유는 이 단어를 자주 접하지 않기 때문이에요.

영어로 일상적인 대화를 나눌 때는 영어 단어를 80개에서 100개 정도만 알아도 표현함에 큰 어려움을 느끼지는 않아요. 왜냐하면, 구어체의 영어에서는 핵심단어들 위주로 사용하기 때문이죠. 하지만 수능영어, 공무원 영어 시험 또는 토익이나 텝스와 같은 공인영어 시험을 위해서는 적어도 일만 개 이상의 어휘들을 알고 있어야 해요. 이러한 방대한 단어들의 사전적인 의미들을 우선적으로 암기하기 위해서는 자주 보며 익히는 방법이외에는 대안이 없는 것이 현실이에요.

올바른 영어 단어의 반복학습은 올바른 용법과 감각을 익혀 읽기, 쓰기, 듣기, 말하기 등의 실력에도 활용되어야 이상적이죠. 따라서 단어만 집중하지 말고 그 단어가 포함된 예문이나 문장을 반복해서 읽고, 귀로 반복해서 듣는 것이 기억력의 좋고 나쁨에 상관없이 가장 쉬운 방법이며 최상의 방법임을 우리는 알고 있어요. 하지만 독해위주의 시험을 위한 영어공부법에서는 단어의 사전적 의미를 외우는 것이 최선의 방법이에요. 따라서 대부분의 학생들은 영어 단어를 외우기 위해 도서관에서 많은 시간을 투자하고 있어요. 하지만 이러한 공부법은 거의가 단기 기억력에만 도움이 된다는 문제점을 인식하지 못하는 것이 문제예요. 그러면 어떻게 많은 단어들의 의미들을 장기적으로 기억할 수 있는 학습법은 무엇이가에 대해서 영어 시험을 준비한 사람이라면 누구도 한 번씩은 진지하게 고민한 경험이 있을 것이에요.

본서에서 강력하게 추천하는 공부법은 자투리 시간의 활용이에요. 그런데 단어공부를 위한 이러한 자투리 시간의 활용은 새로운 것은 아니죠. 십여 전만 하더라도 버스나 지하철을 타면 영어 소설책이나 영어 단어장을 보고 있는 학생들이나 직장인들의 모습은 흔한 광경이었어요. 그런데 이제는 그들의 손에는 영어책 대신 게임이나 음악 감상, 또는 채팅을 즐기는 스마트폰이 들려져 있어요. 즉 영어 단어를 공부하려는 자투리 시간을 활용하기에는 대신 해야 할 너무나 유혹적인 오락이나 흥밋거리가 너무 다양한 환경에 우리는 살고 있어서 영어 단어 공부를 위한 자투리 시간의 활용이 쉽지가 않아요. 하지만 이러한 어려운 상황에서도 최대한의 자투리 시간을 효율적으로 이용하는 지혜가 필요해요.

대중교통을 이용하는 시간뿐만 아니라 점심시간이나 잠들기 전 또는 화장실에 있을 때 등을 활용하면 마음만 먹으면 매일 최소한 한 시간에서 두 시간까지 자투리 시간을 만들 수 있어요. 영어 단어를 익히기 위해 이러한 자투리 시간을 최대한 가장 많이 사용할 수 있는 몇 가지 방법들을 권하고 싶어요. 첫째, 평소에 잘 외워지지 않는 단어들을 정리해서 적은 단어장을 컴퓨터로 작성했다면 다운로드를 받거나, 만약 직접 필기해서 단어장을 작성했다면 핸드폰으로 사진을 찍어 저장할 수 있지요. 그리고 버스나 지하철 등 대중교통을 이용할 때 스마트 폰이나 테블릿 PC를 이용하여 이렇게 만들어진 단어장을 자주 보는 거예요. 둘째, 침대 옆에나 화장실 등에 단어장을 항상 배치하여 잠들기 전이나 화장실을 사용할 때 수시로 그 단어들을 볼 수 있게 하는 거예요.

이러한 방법들은 유학준비를 하는 학생들이 토플 등의 해외 영어공인시험 공부를 할 때 많은 단어양을 습득하기 위한 인기 있는 방법으로 활용되어 왔어요. 하지만 수능영어나 공무원 영어 또는 국내 공인 영어 시험을 위한 단어 공부법에도 충분히 활용할 수 있어요. 이러한 영어 단어공부를 위한 자투리 시간을 활용하면 책상에 앉아서 단순 반복의 학습법으로 인한 지루함이나 권태감을 극복할 수도 있지 않겠어요? 더 나아가서 다른 과목에 대한 공부시간을 더 할당할 수 있는 이점도 있다는 것이 자투리 시간을 성공적으로 활용한 학생들의 공통된 주장이에요.

2) 문맥적 의미의 영어어휘력 향상법

영어 단어는 뜻이 다양하고 문맥에 따라 그 뜻이 변하는 속성이 강해요. 따라서 영어의 문맥적 의미는 올바른 단어의 의미파악과 단어의 올바른 사용법을 위해 필수적이죠. 한글은 일반적으로 한 단어에 한 가지의 뜻을 지니고 있어요. 그래서 한국어는 단어의 뜻을 익히면 그 단어를 사용하거나 문장을 이해하는 데 큰 어려움이 없어요. 그러나 영어는 단어의 뜻이 상황에 따라 문맥에 따라 변하는 경우가 많아서 이해를 하거나 그 단어를 쓰는 데도 많은 어려움이 있지요. 예를 들어 한국어의 '전화하다'의 뜻은 어떤 문장에서도 그 의미가 변하지 않지만 영어에서 'call'은 의미가 변하죠. 'I called you=나는 너에게 전화했다. 'I called your name=나는 너의 이름을 불렀다.' 'I will call on you'= 나는 너를 방문하겠다. 등의 뜻으로 표현되요.

요즘 TV에서 자주 나오는 한국말이 유창한 외국인들이 한글을 배운지 2년이나 3년밖에 되지 않았다고 말을 하는 장면을 보고 놀란 적이 있을 것이에요. 우리는 초등학교 때부터 대학교까지 거의 10여 년 동안 영어를 공부해도 제대로 영어로 기본적인 표현도 잘 하지 못하는데 말이에요. 혹자들은 이러한 이유를 한글이 외국인들이 말을 배우기에는 문법적으로 더 체계적이고 과학적이기 때문이라고 해요. 물론 이러한 측면도 있긴 하지만 가장 우선적인 이유로는 한국어 단어들은 문맥적 의미를 거의 가지지 않고 거의가 '하나의 단어는 하나의 의미만을 지닌다'는 사전적 의미의 속성이 강하기 때문인 것 같아요. 이러한 이유로 상황에 알맞은 적절한 어휘를 선택하는 것은 그 만큼 단어를 많이 알면 된다는 의미도 되겠죠.

그런데 영어는 어떤가요? 결론부터 말하면 우리가 습득한 많은 영어 단어들이 말하기나 쓰기에서는 문맥에 어울리는 단어를 사용할 때는 도움이 되지 않아요. 예를 들어 '나의 사업이 잘되고 있다.'를 영어로 표현할 때 "I have(enjoy) a good business."라고 하면 될 것을 어휘력이 뛰어난 학생들은 "My business is lucrative(수지가 많은), 또는 My business is profitable(이익이 되는). My business makes me a lot of fortunes." 등 단어위주의 표현인 콩글리쉬로 표현하는 경우예요. 아무리 정확한 문법에 의거한 어법을 사용하고, 혀를 꼬부려서 원어민식 영어발음의 흉내를 내더라고 잘못된 어휘 즉 상황에 맞지 않는 문맥적 의미의 단어를 선택하여 말하면 상대방이 쉽게 이해하지 못해요. 그로 인해 대화의 흐름이 자주 끊어지는 경험을 영어회화가 가능한 사람이라면 누구라도 경험했을 것에요. 따라서 단어의 사전적 의미만을 암송해온 대부분의 한국인들은 오랜 시간을 영어공부에 투자했더라도 영어로 대화를 하지 못하는 이유가 이러한 올바른 영어 단어의 선택과 사용법의 무지에서 비롯됨을 우리는 절실히 인식하고 있지요.

세계어인 영어가 지역성이 강한 이유로 미국영어, 영국영어, 호주영어, 싱가포르 영어, 인도영어와 같이 구별되어 각 지역에서 쓰이는 영어 단어가 조금씩 달라요. 또한 영어는 꾸준히 다른 나라의 언어를 수용하고 동화시켜왔기 때문에 지속적으로 어휘의 수가 증가하고 있어요. 가령 불어, 스페인어, 독일어 등의 단어들이 영어 단어화가 된 것이 많아요. 심지어 한국말인 'Jaebul(재벌)'이나 'Kimchi(김치)'는 영어사전에 나오는 영어 단어예요. 이런 이유로 영어 어휘의 수가 지속적으로 증가해 오고 있다고 할 수 있어요. 하지만 우리는 영어권 사람들이 모르는 외래어 또는 의미를 잘 못 알고 있는 외래어를 아무런 생각 없이 남용함으로서 영어 단어의 올바른 사용법의 중요성을 간과하는 경향이 있어요. 이 또한 영어의 문맥적 의미의 잘못된 파악이라고 할 수 있겠지요. 하기와 같이 간단한 예를 들어 보았어요.

(보기 1)

한국에서 쓰는 외래어	잘못 쓰는 영어 단어	올바른 영어 단어
백미러(실내 후시경)	Back mirror	Rearview mirror
경적	Klaxon	Horn
풀 옵션	Full option	Fully Loaded
핸들	Handle	Steering wheel
볼링 센터	Bowling center	Bowling alley
사이드 브레이크	Side brake	Handbrake, Parking Brake
락스(세탁용 표백제)	Ros, Lox	Bleach
썬크림	Suncream	Sunscreen, Sunblock
원피스	One-piece	Dress
투피스	Two=piece	Suit
황금시간대	Golden time	Prime time
백 뮤직	Back Music	Background Music
브로마이드	Bromide	Portrait, Poster

로타리	Rotary	Intersection
코너(백화점 내의 가게)	Corner	Counter
바겐세일	bargain sale	Sale
커트라인	Cutline	Cut-off line, Cut-off point
비닐하우스	Vinyl house	Greenhouse
팬시점	Fancy store	Stationery store
볼링 센터	Bowling center	Bowling alley

게다가 영어 단어의 사전적 의미에만 익숙해 있는 우리들에게 간단한 영어대화를 할 때 단어 선택의 잘못된 문제점에 대해서는 다음과 같은 예를 들어보았어요. 아래의 (보기 2)는 우리가 무의식중에 영어로 알고 한국에서 쓰고 있는 콩글리쉬(한국형 영어 단어)이에요. 그리고 (보기 3)은 영어로 대화중에 잘못 사용하는 영어 단어들이에요. 물론 의사소통에서 정확하지 않은 유사어휘의 사용이 전혀 문제가 되지 않을 수 있어요. 하지만 영어의 문맥적 어휘의 올바른 사용법에 대한 중요성과 필요성에 대한 성찰의 기회가 되었으면 해요.

(보기 2)

<직역으로 생겨난 콩글리쉬>

word	올바른 의미
Signboard(X) → **Sign**	**간판은 signboard가 아니라 sign** 네온사인은 neon sign 도로 교통표지판 = street(road) signs
Rest room(X) → **Lounge**	**휴게실은 rest room이 아니라 lounge** Rest room은 화장실 학생 휴게실 = student lounge / 직원 휴게실 = staff lounge
Strong drinker(X) → **Good drinker**	**술이 센 사람**은 strong drinker가 아니라 **good drinker** 술을 지나치게 많이 마시는 사람은 heavy drinker (heavy smoker = 담배를 많이 피우는 사람) *** heavy는 부정적 느낌을 가진 어휘**
Overbridge(X) → **Overpass**	**육교는 overbridge가 아니라 overpass** 육교는 pedestrian overpass라고도 함. Overpass는 **고가도로**의 의미 *** 지하도로는 underpass**

(보기 3)

Tom is visiting Jimin at home, and they are the only ones there.

(톰은 지민이 집에 놀러 왔는데 집에는 그들뿐이다)

Tom: Hey, Jimin! LG Card is on the phone: they want to talk to you.

(저기, 지민아! LG카드사에서 전화왔어. 너랑 통화하고 싶대.)

Jimin: Uh-oh. Please tell them I'm not **in the house(→ at home)**.

(집에 없다고 말해줘)

Tom: No problem. -Steve gets off the phone with LG Card.- By that way, you're all out of milk.

(그러지 뭐. -톰은 LG카드사 직원과의 전화를 끊는다.- 그런데 너 우유가 다 떨어졌어)

Jimin: Yeah? Then why don't we go to the **convenient store(→ convenience store)**?

(그래? 그러면 편의점에 가자)

Tom: OK, are you ready?

(좋아. 준비됐니?)

Jimin: Wait! I forgot to eat my medicine.

(잠깐만! 약 먹는 걸 잊어버렸어)

Tom: All right. I'll be waiting outside.

(좋아. 밖에서 기다릴께)

Jimin: Yes, sir! Wow, your **Korean language(→ Korean)** is really getting there.

(알겠습니다! 하, 너 한국어 실력이 정말 많이 졌구나)

One minute later, Jimin comes out and the two start walking to the convenience store.

(일분 후에 지민이가 나오고 두 사람은 편의점을 향해 걷기 시작했다)

Jimin: Hey, Tom, what do you think of Big O Steakhouse? I think the food **they sell(→ they serve)** tastes great. Also, they use really fresh **materials.(→ ingredient)** Big O is really popular in Korea, especially among **American people(→ Americans)** living there.

(어이, 톰, Big O Steakhouse 어떻게 생각하니? 난 거기서 파는 음식이 굉장히 맛있던데. 또 정말 신선한 재료를 쓰거든. Big O는 한국에서 정말 인기가 많아. 특히 여기 사는 미국사람들한테 말이야)

Tom: That's true, but I prefer the Starlite Seafood Kingdom. It's much more relaxing than Big O.

(맞아, 하지만 난 Starlite Seafood Kingdom이 더 좋더라. Big O보다 훨씬 편안하거든)

Jimin: Ah, right. I agree. **Starlite's environment(→ atmostphere)** is more comfortable.

(아, 맞아. 나도 그렇게 생각해. Starlite는 분위기가 더 편안하지.)

Tom: Jimin! I think that that's your cell phone ringing.

(지민아! 네 휴대전화가 울리는 것 같애)

Jimin: That's OK. I don't want to **receive(→ answer)** it. I think it's the credit card company.

(괜찮아. 받고 싶지 않아. 신용카드 회사일거야)

Tom: So you still have a big debt with LG Card, eh?

(그러니까 아직도 LG 카드사에 빚이 많은거야?)

Jimin: Yeah, and I can't give them any money until I get **my first payment(→ my firts paycheck)**.

(그래, 그리고 첫 월급을 탈 때까지는 한 푼도 받을 수 없어)

Tom: Jeez! Life can be so tough! Why don't we go for a drink after?

(아이고! 사는 게 쉽지 않다! 나중에 술이나 마시러 갈까?)

Jimin: Sounds great! Just the thing to **solve(→ get rid of)** my stress.

(좋은 생각이야! 바로 그런 게 스트레스를 풀어주지)

이러한 영어 단어 학습법에 대해서 많은 비판과 문제점들이 쏟아져 나오고 있어요. 그 중에서 가장 거센 비판은 사전적 의미 위주의 어휘로 구성된 독해력 위주의 영어 시험을 위한 공부법으로 비실용적이라는 것이죠. 물론 '어떻게 영어 단어의 문맥적 의미력을 향상 시킬 수 있는가?'에 대한 해결책으로 꾸준한 읽기와 쓰기를 통한 여러 영어교육 전문가들이 여러 가지 유익한 방안들을 제시하여 오고 있어요. 하지만 많은 단어의 사전적 의미 학습에 치중해야 하는 영어교육환경에서 활용하기가 쉽지가 않아요. 본서에서는 영어의 문맥적 의미의 학습법에 대한 나름대로의 최선의 방안들을 다음과 같이 제시하고자 해요. 물론 하기의 방법들은 자기주도적 학습으로 어려움을 느끼면 주변에 영어 교육자에게 방법이나 피드백에 관한 도움을 받거나 이에 관련된 영어학원을 다니는 것도 좋은 방법이에요.

- 1단계: 영어 단어의 올바른 의미의 비교와 사용법을 설명한 책을 통해 익히기
- 2단계: 쉬운 영어소설을 매일 조금씩이라도 꾸준하게 읽는 시간과 여건을 억지로 만들기
- 3단계: 영어로 일기를 써보고 반드시 원어민강사나 영어선생님에게 교정 피드백을 받기

a. 1단계: 영어 단어의 올바른 의미의 비교와 사용법을 설명한 책을 통해 익히기

영어 단어의 올바른 의미 파악에 의한 정확한 사용법은 우리가 영어쓰기 위주의 교육을 받았다면 자연스럽게 습득할 수 있어요. 영어권 국가에서 유학을 해 본 사람이라면 모

든 과제를 영어로 작성해야 하는 과정에서 영어 단어의 올바른 선택과 사용이 얼마나 중요한지를 뼈저리게 느껴 본 적이 있을 것이에요. 탄탄한 문법실력을 갖춘 한국학생들은 유학 초기에 영어리포트를 쓸 때 구문이나 어법에 대해서는 오히려 그 영어권 나라의 현지인 학생들보다 더 정확한 문장실력을 보여주곤 하지요. 하지만 주장하고자 하는 내용에 적합한 영어 어휘의 잘못된 선택으로 원하는 아카데믹한 표현방법으로 되지 않아서 평가에서 고득점을 얻지 못하는 어려움을 절실히 느끼곤 해요. 그래도 유학생들은 늘 영어로 일상화되어 있는 생활환경에서 매일 쓰기와 말하기, 특히 많은 영문 독서를 통해 시간이 지나면서 상황에 맞는 어휘 선택력이 자연스럽게 향상되지요. 그런데 한국에서 영어 단어의 사전적 의미의 암기에도 시간이 급급한 학생들에게 상황에 맞는 올바른 단어의 의미비교에 대해서 고민하고 노력할 수 있는 학습 여건이 주어지지 않는 것이 문제이에요.

그래도 영어권 국가로 유학을 준비하고 있거나 교환학생으로 외국 대학에서 공부를 원하는 사람, 또는 취업이나 직장의 업무의 필요성으로 비즈니스 영어의 회화와 서신쓰기를 배우려는 사람, 또는 영어로 글을 쓰는 직업이나 취미를 가진 사람들이라면 이러한 영어 단어들의 적합한 의미사용을 위한 선택을 위해 영어 단어의 문맥적 의미파악 능력은 필수적이에요. 원어민 영어강사에게 이러한 올바른 어휘의 용도를 직접 배우는 것이 바람직하지만 지속적으로 배우기에는 현실적으로 매우 어려워요. 따라서 이러한 영어 단어의 바로 쓰기에 관한 양질의 책들을 활용하는 것을 적극 권하고 싶어요. 서점에 가거나 인터넷 검색을 통해서 이와 관련된 유익한 책들도 찾아보면 적지 않게 있어요. 이들 책에는 영어 단어의 문맥에 따른 의미비교, 콩글리쉬 발견하기, 외국인이 모르는 영어 단어 등 문맥적 의미의 영어 어휘력에 도움이 되는 내용들을 접할 수 있어요. 다음과 같이 영어 단어의 올바른 사용법에 대해 몇몇 예들을 적어보았어요.

(1) say, tell, talk, speak

• say는 가장 일반적인 말로 말하다 라는 의미
  혼잣말일 수도 있고 듣는 상대방이 있을 수도 있어요.
  주로 say it to---혹은 say that ---형태로 쓰여요.

  예 She said that it was right.= 그것이 옳다고 그녀가 말했어요.
  What will you say to her ?= 무엇이라고 너는 그녀에게 말할 것입니까?

• tell은 '정보나 메시지'를 전달한다는 의미에서 '말하다' 라는 뜻
주로 tell—that—으로 쓰이며 that 이하는 전달하고자 하는 정보의 내용으로 쓰여요.

예 He told me that he studied hard to pass the exam.
= 그는 시험에 통과하기 위해 열심히 공부했다고 나에게 말했어요.

• talk는 '대화하다' 라는 의미로 혼자 말하는 것이 아니라 상대방과 서로 얘기를 나누는 상황을 전제로 함
talk that—의 형태로 쓸 수 없으며 talk about 또는 talk to로 쓰임

예 I want to talk to you about something. =나는 어떤 것에 대해서 당신과 말하기를 원해요
I am talking on the phone. =나는 전화로 이야기 하는 중이에요.

• speak는 말하는 행의 그 자체에 중점을 둔다는 점에서 talk와 비슷하지만 대화 중심이 아니라 '말하는 사람' 중심의 말하기에 쓰임. 따라서 speak는 연설(speech)와 같이 일방적인 말하기를 뜻함

예 Can I speak to you for a moment?=잠깐 얘기 좀 해도 될까요?
Speaking: 전화상에서 '접니다' 라는 뜻이에요.

(2) see, look, watch, regard

• see: 보려는 의지와 관계없이 그냥 돈에 들어와서 보이는 것
• look: 의도적으로 보기 위해 눈을 돌려 보는 것
• watch= 주의를 집중하여 또는 경계하는 눈초리로 무슨 일이
• 일어나는 지를 계속해 지켜 보는 것
• regard: 눈으로 보는 것이 아니라 마음으로 보는(판단하는) 것

예 I saw him sleeping by the road side.
He looked up at the blue sky.
Watch the man. I want to know everything he does.
I don't regard the situation as serious.

(3) follow

• 따라 하다는 follow가 아니라 imitate

어떤 사람의 스타일을 모방하여 '따라 하다'라고 말을 할 때는 imitate, copy를 씀.

follow는 '존경하는 마음을 곁들어서 어떤 사람의 사상이나 행동을 좇아 하다'라는 뜻.

예 Don't copy me! = 나를 따라 하지 마세요!

You should not follow his example. = 그의 선례를 따라해서는 안된다.

• (말을) 따르다는 follow가 아니라 obey

우리들은 '따르다'라는 말을 어떤 상황에서나 follow라고 생각하는 경향.

어떤 사람의 말을 잘 따른다고 할 때나 어떤 규칙을 잘 따른다고 할 때는 obey를 사용.

예 Husbands always have to obey their wives. = 남편들은 부인들에게 항상 순종해야 한다.

Koreans don't obey the traffic law. = 한국인들은 교통법규를 지키지 않는다.

(4) earn money, win money, make money

• earn money는 노동을 한 대가로 돈을 벌 때 사용

예 He earns his livelihood. = 그는 생계형 돈을 번다

She earns money by playing the piano in a bar. = 그녀는 술집에서 피아노를 침으로써 돈을 번다.

• win money는 경기에서 이기거나 행운권 당첨으로 돈을 버는 경우에 사용

예 I won 10,000 won at cards last night. = 나는 어젯밤 카드 놀이로 만원 땄다.

His horse came first and he won a lot of money. = 그의 경주마가 1등으로 들어와서 많은 돈을 땄다.

• make money는 사업 등으로 돈을 버는 경우에 사용

예 He can make $30,000 a year. = 그의 연봉은 3만불이다.

We make $ 5,000 a week by this business. = 우리는 이 사업으로 매주 5천불을 번다.

(5) 직업에 관한 어휘(job, occupation, profession, career, vocation)

• job은 일반적으로 넓은 의미의 직업의 의미

occupation은 주로 정규 직장 = full-time job

아르바이트(비정규 직장) = part-time job

profession은 의사, 교수, 교사와 같은 전문직

예 What is your job? = 너의 직업은 무엇입니까?
What is your occupation? = 너의 직업은 무엇입니까? (정규 직장임을 알고 있으면서 물을 때)
He was a doctor by profession. = 그의 직업은 의사였다.

- career은 주고 경력으로 해석되는데 오랜 기간 동안 하고 싶은 일이나 해 온 일을 의미 **vocation은 사명감이나 천직의식을 갖고 있는 직업으로 기독교에서는 이를 calling이라 함**

예 His political career began 20 years ago. = 그의 정치 경력은 20년 전에 시작되었다.
Nursing is hard work and low paid, but it is my vocation. = 육아 일은 힘들고 봉급이 적지만 나의 천직이다.

b. 2단계: 쉬운 영어소설을 매일 조금씩이라도 꾸준하게 읽는 시간과 여건을 억지로 만들기

우리가 처음 영어를 접할 때는 신나고 즐거운 경험으로 시작하는 경우가 대부분이에요. 그림책이나 만화책 또는 흥미로운 영상을 통해 간단한 구어체 문장을 소리 내며 따라 하기도 하고 영어 노래를 부르기도 하죠. 특히 원어민 영어 선생님과 함께 간단한 영어로 대화도 하고 영어 노래도 배우면서 영어공부의 즐거움을 만끽한 경험은 누구나 한 번쯤은 가지고 있을 것에요. 하지만 중학교에 들어오면서 영어 교과서의 지문 내용들이 재미가 없어지고 많은 영어 단어를 외워야 하고 까다로운 영어문법을 공부하면서 영어 공부에 대한 의욕은 현저하게 떨어져요. 더욱이 고등학교에 가서는 교과서의 지문은 더욱 길어지고 습득해야 할 어휘 수는 더욱 늘어나죠. 게다가 전국 영어 모의고사를 치면서 중학교와는 달리 교과서에서 배우지 않은 지문들을 읽으며 문제를 풀어야 하는 어려움과 압박감을 상당히 느끼게 되죠.

이러한 상황을 개선하고자 대중 매체나 인터넷을 통한 실용적인 영어교육의 필요성을 외치는 주장을 우리는 수시로 접하지요. 심지어 영어실력을 단기간에 향상하기 위한 파격적인 영어학습법에 대한 광고가 넘쳐나기도 하고요. 하지만 매년 중간고사와 학기말 영어 시험공부에 매달려야 하는 대부분의 학생들에게는 이러한 광고에서 말하는 실용 영어 학습법을 시행하기에는 시간적 경제적 부담으로 인해서 쉽지가 않아요. 그나마 회화체와 구어체가 많이 나타나는 영어 소설을 꾸준하게 읽으면 사전적 의미 어휘력뿐만 아니라 문맥적 의미 어휘력의 놀라운 향상을 가져오기에 가장 권장하는 내용이에요. 하지만 영어소설 읽기를 의도적으로 실행에 옮겨야 하는 적극적인 마음가짐과 태도가 따라야 해요. 즉 의도적으로 영어소설을 읽는 계획을 세워서 실천에 옮기는 것이 중요해요.

설명문식 문어체 표현	영어소설식 구어체 문체
Mary came to love flowers and gardens when she went to live at Misselthwaite Manor. Many English people like gardens very much. They enjoy growing plants and flowers in their own gardens and they also like to visit the gardens of big houses like Misselthwaite Manor. The gardens of Misselthwaite Manor reflect different English gardening styles. When mary passed through some gardens to get to the Secret Garden, she found them all well-cared for.	When Mary got to the gate of the secret garden, the children began to whispered. "Okay, Cloin," mary whispered. "You can't tell anyone about this place." "Quick! Quick! Push me in!" Colin said. "Somebody may see us!". As Colin was pushed into the garden, he gasped. The whole garden was alive with colors, sounds and smells.

위의 table에서 Marry의 The Secret Garden(비밀의 정원)의 방문에 관한 내용이 설명문식 문어체와 영어소설식 구어체의 표현이 얼마나 다른 느낌을 주는 가를 알 수 있어요. 학년이 올라갈수록 영어교과서의 내용들은 '설명문식 문어체 표현'들이 점점 늘어가지요. 이러한 지루한 형식의 문장체가 더욱 길어지고 어려워지기에 우선은 단어의 사전적 의미에 의존해야 하며 읽기의 즐거움을 잃어버리죠. 반면 '영어소설식 구어체 표현'은 짧은 문장과 쉬운 단어 사용으로 대화체의 형식을 띠기에 읽기 편하고 흥미를 끌 수 있어요. 특히 구어체 문장은 단어의 문맥적 의미를 익히는데도 큰 도움이 되기도 하죠. 따라서 흥미가 있는 영어소설을 쉬운 내용부터 선정하여 읽기를 시작하는 것이 중요해요. 시간이 지나면서 조금씩 읽는 양과 속도가 향상되는 성취감이 계속 영어소설을 읽게 하는 강력한 동기부여가 되기도 하고요. 이러한 과정에서 단어의 사전적 의미와 문맥적 의미를 같이 향상시키는 어휘력의 성취감도 얻을 수 있어요.

c. 3단계: 영어로 일기를 써보고 반드시 교정 피드백 받기

영어 단어의 문맥적 어미를 올바르게 파악하기 위해서는 영어 어휘를 바로 알고 쓰기 위한 유익한 내용을 담은 책들을 읽는 1단계를 거쳐 영어소설의 꾸준한 독서를 2단계로 앞에서 언급했어요. 그런데 영어 단어의 올바른 선정과 사용법을 위한 문맥적 의미의 어휘력을 향상하기 위해서는 많은 영어소설책들을 읽는 만큼 영어쓰기가 필수적이에요. 영어쓰기는 영어일기, 영어에세이, 영어 비즈니스 서신 등이 있어요. 이 중에서 영어쓰기를 가장 쉽게 시도할 수 있는 방법은 우리가 어릴 때 필수적인 방학숙제로 일기를 썼듯이 영어로 일상생활에 일어난 일을 대해 간단하게 일기를 써 보는 것이에요.

영어일기를 쓰는 양은 각자의 능력에 따라 몇 문장만 쓸 수도 있고 이야기 형식으로 길게 쓸 수도 있어요. 또한 문어체만 고집할 필요가 없이 구어체(대화체)로 쓸 수도 있는 장점이 영어일기에요. 영어 일기의 영어실력 향상에 대한 실질적인 효과에 대해서는 여러 가지가 있지만 여기에서는 문맥적 의미의 영어어휘력 향상관련에 대해서만 언급하기로 하겠어요. 일기에서는 그 날의 날씨, 일과, 활동, 사건 등의 다양한 소재가 포함되는데 그 중에서 일반적으로 반드시 묘사하는 날씨(weather)에 대해서 언급하고자 해요. 왜냐하면 변화무쌍한 날씨의 현상을 표현하는 다양한 영어표현을 통해 영어 단어의 문맥적 의미의 어휘력 향상에 큰 도움이 되는 좋은 사례가 될 수 있기 때문이죠.

(1) 다양한 날씨 표현들

- 거친 날씨: stormy weather, rough weather
- 궂은 날씨: foul weather, bad weather, nasty weather, wretched weather
- 극한의: chilly, frigid
- 날씨 관계로: Because of weather conditions
- 날씨가 좋건 나쁘건: in fair weather or foul, rain or shine
- 날씨가 좋아지는 대로: on the first fine day
- 날씨가 좋으면: If weather permit(if it is fine, weather permitting)
- 눈 오는 날씨: snowy, a light snow, heavy snow, big sknowflakes(함박눈), sleet(찐눈깨비)
- 덥거나 따뜻한 날씨: warm, hot, sultry
- 맑고 따뜻함: fine and warm

- 맑은(화창한) 날씨: good, fine, nice, fair, clear, beautiful, bright, cloudless, sunny, favorable, ideal
- 매우 덥다: scorchingly hot
- 바람 부는 날씨: foul, windy, stormy, nasty
- 변덕스러운 날씨: fickle weather, broken weather, changeable weather, unsettled weather
- 비 오는 날씨: rainy, wet, a light rain, heavy rain, torrential rain(폭우), a shower(소나기) occasional(intermittent) rain(간헐적인 비), streaming rain(연속적인 비), a drizzle(이슬비)
- 서늘하다: refreshingly cool
- 서리 낀: frosty
- 아주 좋은 날씨: perfect(ideal) weather
- 안개 낀: misty, goggy, hazy
- 안개 낀 날씨: misty, foggy, frosty, sleety
- 음산한 날씨: gloomy weather, oppressive weather
- 좋은 날씨: fine(fair, good, favorable, beautiful, splendid, lovely) weather
- 지금 날씨 같아서는: Judging from the look of the sky
- 찌는 듯이 덥다: sultry, scorchingly hot
- 추우나 맑음: cold but beautiful
- 춥거나 시원한 날씨: cold, chilly, cool,
- 험악한 날씨: inclement weather
- 훈훈하다: subtly mild
- 흐린 날씨: cloudy, overcast, gloomy, dull, murky

(2) 날씨 변화 표현

- 곧 태풍이 올 것 같아요: The storm is on the way.
- 날씨가 참 변덕스럽네요.: It's crazy(funny) weather
- 맑은 후 흐림: fine, cloudy later
- 맑음, 저녁 때 소나기: fine, shower in the evening
- 비가 쏟아지네요!: It's pouring!
- 비가 오고 곧 갬: It was rainy, soon cleared up.
- 비가 온 뒤의 좋은 날씨: It was a fine weather just after the rainfall.
- 요즈음에는 날씨를 예측할 수가 없네요.: The weather is unpredictable these days.
- 정말 변덕스러운 날씨네요.: The weather is so unpredictable.
- 정말 지긋지긋한 비군요.: I'm fed up with this wet weather.
- 하루 종일 눈이 내림: It was snow all day.

영어 일기는 매일 쓸 필요는 없어요. 일주일에 최소한 두 번이상은 정기적으로 꾸준하게 쓰면 돼요. 특히 중요한 것은 자기가 쓴 영어문장의 표현법이나 잘못된 철자나 어휘의 선택 등에 대해서 올바른 교정피드백을 제대로 받아야 해요. 그렇지 않으면 영어일기를 쓰는 것이 오히려 잘못된 영어 단어의 선택이나 틀린 문장력의 문제가 고착화되는 문제가 발생해요. 따라서 영어일기 쓰기를 통해 올바른 문맥적 의미의 어휘력을 향상시키기 위해서는 단순히 쓰기만 하면 안 돼요. 일기에서 사용한 영어 단어와 표현에 관해서 원어민 영어선생님 또는 실력 있는 영어선생님에게 교정 피드백을 반드시 받아야 해요. 그러한 선생님들이 여의치 않다면 자의적인 노력이 더 필요해요. 또한 영어 일기 쓰기에 관한 양질의 책들이나 인터넷을 통한 좋은 정보들로 셀프피드백을 행할 수 있는 여건을 잘 활용할 수도 있어요.

우리는 중학생 때까지는 학교에서 또는 영어 학원에서 가끔씩 영어 쓰기를 배워요. 어학원의 원어민 영어강사에게 간단한 영어쓰기를 배우지만 체계적이고 단계적인 영어 쓰기를 배우고 학습하는 것은 고등학교에 들어가면서 거의가 중단되는 것이 문제예요. 초등학교나 중학교 때 영어학원에서 영어일기 쓰기에 대해 배우고 숙제를 해 본 경험은 대부분 있을 것에요. 하지만 영어실력을 향상시키기 위해 열정적으로 공부하는 소수의 학생들을 제외하고는 대부분이 연속적으로 행해지지 않고 있어요. 그럼에도 영어쓰기 능력은 학교의 영어 시험에서 점점 중요해지고 있어요. 왜냐하면 중고등학교 영어 시험에서 서술형 문제의 비중이 거의 60%에서 70%로 육박하고 있기 때문이에요. 이제는 영어 시험 성적을 올리기 위해서는 단답형 객관식 문제풀이만 잘 해서는 불가능하다는 사실을 인식해야 돼요. 즉 영어쓰기의 중요성은 아무리 강조해도 지나침이 없어요. 영어 쓰기 공부에도 노력을 해야 됨을 명심하고 실행에 옮겨야 해요.

d. 영어 단어의 문맥적 의미의 중요성 증가

영어지문을 읽어나갈 때 가장 우선적인 문제는 어휘력의 부족이에요. 문법 능력, 그리고 구문력 및 논리적인 추론력을 포함한 독해능력이 아무리 뛰어나도 어휘력이 부족하면 독해문제 풀이에는 한계가 있기 때문이에요. 이러한 이유로 중고교 학생들의 영어공부 비중의 과반수가 단어 공부에 치중되어 있다고 해도 과언이 아니죠. 매년 시중에는 저마다 효율적인 학습법이라고 주장하는 영어 단어 학습 관련 책들이 쏟아져 나오고 있어요. 시험에서 요구하는 어휘력의 수준이 너무 높다는 것도 큰 문제예요. 몇 년 전만 하더라도 미국 대학입시 시험인 SAT(Scholastic Assessment Test)를 볼 수 있는 수준에 달하는 어려운 어휘들이 수능시험이나 공무원 시험의 단골이었죠. 따라서 2만개에 이르는 단어를 외워야 했어요. 학생들은 단어 암기에서 오는 스트레스 때문에 vocabulary(보캐뷰랠리)를 바퀴벌레라고 칭하면서 "너 오늘 몇 마리의 바퀴벌레를 잡아야 하느냐?"라는 웃지 못 할 농담을 주고받는 것이 다반사였던 시절이 있었어요. 지금도 이런 상황이 크게 변하지는 않았어요.

영어의 사전적 의미를 알면서도 영어지문이 해석이 안 되는 이유들이 부각되기 시작했어요. 영어지문을 읽을 때 단어 하나하나씩 개별적으로 우리말 단어들을 떠올리며 해석하는 경향이 있어요. 즉 지문의 영어 단어들의 의미가 문맥 안에서 명확히 이해가 되지 않고 단지 내가 외웠던 단어의 뜻으로만 떠오르죠. 이로 인해서 한 문장에서 모르는 몇몇 단어들과 함께 그 문장의 일부 혹은 전체 의미가 이해가 안 되는 문제가 발생하기도 하죠. 가령, 한 문장에서 동사의 뜻은 알지만 목적어나 보어 또는 부사구 등을 모르면 일부가 해석이 안 돼요. 하지만 동사를 모르면 그 문장의 전체의 의미 파악이 힘들어져요. 또한 자신이 알고 있는 단어의 의미가 그 문장에 맞지 않는 경우는 문장 해석이 어려워지는 문제점들이 점점 증가하고 있어요.

가장 일반적인 사례는 자신이 알고 있는 단어의 사전적 의미로는 해석이 안 되는 경우이에요. 이는 해당 단어나 문장이 예상치 못한 의미를 지닐 때이죠. 이런 문제는 그 단어의 문맥적 의미를 몰라서 생겨나요. 몇 년 전부터 실용영어교육의 강조로 중고교 영어교과서뿐만 아니라 수능 영어 시험이나 공무원 영어 시험에서의 어휘시험이나 지문에 나오는 단어들의 난이도가 예전에 비해서는 많이 낮아지고 있어요. 대신에 단어의 문맥적 의미의 비중이 커지면서 영어지문의 내용이 어려워지고 있는 현상에 주목할 필요가 있어요. 이는 단어 공부를 할 때 핵심단어들의 문맥적 의미의 학습법의 병행도 요구하고 있어요.

Chapter 2.

영문법은 어떻게 공부해야 하나요?

영문법이라고 하면 대다수 학생들은 '시제, 부정사, 과거분사, 가정법, 관계대명사' 등과 같은 문법용어들이 떠오를 거예요. 그리고는 유쾌한 생각보다는 지루하고 어렵다는 생각 이 먼저 들 거예요.

지금 한국의 영어교육에서 영문법은 영어를 유창하게 말하거나 잘 쓰 는 능력보다는 영어 시험을 잘 치르기 위한 필요조건이 되어 버렸어요. 그럼에도 불구하고 영어공부를 회피하거나 포기하는 주된 이유는 어휘력 부족과 더불어 어렵고 공부하기 싫 은 영문법 때문이죠.

영문법을 어렵게 느끼는 이유는 문법을 어렵게 가르치는 교수방법이 우선적인 원인이 될 수 있어요.

1. 영문법 공부 무엇이 문제인가?

대체적으로 영어교육자들이 공통적으로 제기하는 영문법 학습의 문제점들은 영문법을 이해하는 데 어려움을 느끼는 3가지의 상황적 원인들로 아래와 같이 확인될 수 있어요.

첫째, 영문법 용어의 개념을 파악하는 어려움이에요. 영문법 용어들이 한자어와 국어문법식 용어들로 되어 있어서 영어 문장을 통해 그들의 개념들이 명확하게 이해가 잘 되지 않아요. 가령, 부정사는 to 동사원형, 동명사는 동사 ing형, 현재분사는 동사-ing, 과거분사는 동사ed 등의 형태적 개념들이 그들의 활용법과의 관계들과 연관시켜서 이해하려고 할 때 난해함과 모호함을 불러일으키곤 해요.

둘째, 우리가 늘 쓰는 모국어인 한글의 문장규칙과 어법에 익숙한 우리에게 용도나 사용법이 다른 영문법 규칙을 이해하고 활용함이 쉽지 않아요. 동사를 일반적으로 문장 끝에서 표현하고 어순을 자유롭게 이용하는 한국어 문법에 우리는 익숙해 있어요. 그래서 그런지 규정화된 단어의 순서로 구성된 영어문장을 파악하고 해석하는데 많은 어려움을 느끼게 되는 것 같아요. 이로 인해 어법에 관한 시험문제의 알맞은 답을 고르는 실력이 쉽게 향상되지 않아요.

마지막으로 한국식 영어 시험문제만을 풀기 위해 구조화된 영문법 내용들 때문이죠. 이들은 영어 읽기와 말하기, 또는 쓰기 등에 연계된 실용적인 영문법 내용들과 너무 달라요. 장기간 동안 힘들게 학습해서 얻은 영문법의 지식을 일상적인 영어 회화, 영어쓰기에 적용할 수 없는 어려움에서 오는 허탈감은 자신의 영문법 실력에 대한 회의와 좌절감으로 영어 공부에 대한 의욕을 잃게 만들어요.

게다가 영문법 공부를 어렵게 만드는 요인은 시험평가 위주로 편중되어 학습된 영문법 내용이 실제적인 영어로 하는 의사소통 방식들인 읽기, 말하기, 쓰기 등과 연계된 학습이 반복적으로 이루어지지 않기 때문이죠. 예를 들어 한글은 시제가 과거, 현재, 미래의 3 종류로만 단순화되어 사용해요. 하지만 영어에서는 진행시제와 완료시제로 세분화하면서 12 종류나 되는 시제로 나누어져요. 그런데 이런 다양한 시제의 개념과 활용에 대해서 이해하고 활용함이 쉽지가 않아요. 영문법에서도 가장 기본적이고 중요한 시제의 숙달은 읽기나 말하기를 통해 많이 접하고 영어문장의 문맥에 적용한 반복 학습을 통해서 이루어져야 하는데 현실은 그렇지가 못하죠.

영어교육 현장에서는 영어교사들은 교재를 통해 시제에 관해 간단히 설명만 하고는 학습자들은 시제에 관한 예문이나 연습 문제풀기를 통해 스스로 익히게 하고 있어요. 여기서 문제점은 영어교사들은 자신들의 시제에 대한 설명을 잘 이해하면 학습자가 시제의 활용과 응용을 잘 할 수 있다는 편견을 가지는 경우가 많아요. 학습자들은 영문법 배우는 방식이나 이해속도, 학습에 대한 기대치 등이 다르다는 점을 인식해야 할 필요가 있어요. 따라서 교사들이 유념해야 할 역할은 짧은 시간에 설명한 시제에 대해서는 학습자들이 부분밖에 이해하지 못하기에 학습자들이 반복 학습할 수 있는 학습 환경을 마련해주어야 하죠.

2. 영문법의 개념: 규범영문법과 기술영문법

영문법은 영어 단어들을 배열하여 이치에 맞는 문장을 만드는 규칙으로 '어법'이라고 칭하기도 해요. 영문법은 이러한 규칙들의 집합으로 구성된 언어지식 체계이죠. 일반적으로 영문법은 규범영문법(전통영문법)과 기술영문법으로 구분해요. 규범영문법은 영어를 어떤 표현은 옳고, 어떤 표현은 틀리다는 임의적인 이분법적인 규칙으로 정한 문법을 의미해요. 규범영문법의 기본적으로 4가지의 속성으로 구조화하였어요. 첫째는 의미를 근거로 하는 문장 분석이에요. 둘째는 문장을 주어부분과 술어부분으로 나누고, 그 구조를 구, 절, 문장으로 하부구조로 나누어요. 셋째는 어휘를 8품사(명사. 대명사, 동사, 형용사, 부사, 전치사, 접속사, 감탄사)로 분류해요. 넷째, 문장의 형식을 5가지로 구분하죠. 규범영문법 예로는 resemble, like, love등의 동사는 현재 진행형을 못 쓴다 또는 관계대명사 whom 자리에 who를 쓰면 안 된다 등이 있어요.

반면 기술영문법은 영어를 있는 그대로 기술하는 문법으로 영어의 규범적인 문제 즉 영어를 올바르게 사용하든 안하든 개의치 않고 실제로 영어를 시용하는 방법을 의미해요. 영어는 진화해 온 언어이기에 과거에 허용되지 않은 규칙도 현재의 상황에 맞게 허용될 수 있다는 관점을 기본으로 하죠. 따라서 규범 문법의 규칙에 얽매이지 않고 영어의 어법을 기술하려고 해요. 가령 위에서 언급한 규범영문법에서는 진행형을 쓰면 안 되는 resemble, like, love, have 등은 상황에 맞게 진행형을 써도 되고 whom 대신에 who를 써도 문제가 없다는 입장이에요. 아래의 표 2는 규범영문법과 기술영문법의 특징을 잘 보여주고 있어요. 시험평가용을 최우선적인 목표로 하는 한국의 영문법교육은 철저하게 규범영문법을 기본으로 하고 있어요.

<규범 영문법과 기술 영문법 비교>

	규범 영문법	기술 영문법
정의	영어의 어원인 그리스어와 라틴어의 문법틀에 맞추어 규칙화한 영문법	영어 단어나 영어문장에 내재된 규칙이나 패턴을 있는 그대로 기술하는 영문법
특성	교수방법은 참 거짓의 이분법적인 형태로서 영어 어법의 규칙을 지키지 않으면 틀린다는 명령형의 특성	언어의 규칙들도 시대에 따라 변화하고 진화한다는 가정하에 영어 어법의 규칙들에 대해 유연성을 가져서 진위여부가 아닌 이렇게 변화해서 쓰기도 한다는 진술형의 특성
강조점	정확성 평가를 내려야 하는 각종 시험에 유용.	유창성 현실과 결합한 기술적인 의사소통 능력을 위해.
장점	외국인 학습자들에게 정해진 표준을 제공하여 불필요한 어법 사용의 혼란 방지	시간이 지나면서 변해오는 문어체와 구어체의 사용에 유연하게 대응하여 의사소통의 효율성을 높힘
차이점 사례들	1. 대부분의 부사가 접미사 'ly'로 끝나듯이 단어 마다 품사가 제한돼 있다는 입장 → 그렇지 않으면 형용사와 부사의 구분이 무너진다	1. 문장 안에서 그 역할에 따라 품사가 바뀔 수 있다는 입장.
	2. 전치사로 마무리되는 문장은 틀린 문장 Who did he go to the theater with? (x) → With whom did he go to the theater?(o)	2. 전치사로 마무리되는 문장은 가능 Who did she go to the supermarket with?(o)
	3. 이중 부정 구조는 비논리적이라 틀림 They don't know nothing means(x)	3. 문맥에 따라 이중부정 사용이 가능 We don't know nothing means (=We know something.)

3. 한국식 영문법 교육의 실상

학교 교실이나 학원에서 이루어지는 영어수업은 초등학교는 일주일에 한두 시간, 중·고등학교는 네 다섯 시간 정도로 할당되어 있어요. 영어학습의 최우선적인 목표는 시험을 잘 치르기 위함이죠. 시험문제의 유형은 말하기나 쓰기 등의 표현력 평가가 아닌 읽기와 듣기 위주의 이해력 평가에 중점을 두고 있어요. 영어교과과정에 따라 수업 후에 중간고사와 학기말고사 그리고 수행평가에 의해 상대평가에 의한 내신 성적을 산출하죠. 시험결과는 고등학교 또는 대학교 등의 상급학교 진하게 결정적인 기준이 되고요. 따라서 영어교육의 최우선 동기는 영어로 일상생활을 영위하기 위한 것이 아니라 시험에 대비하기 위한 수단이에요.

영어 시험에서 영문법문제의 풀이방식은 독해력과 함께 지문에 주어진 문장의 문법의 정확성 여부에 따른 정답을 맞히는 것이에요. 그러다 보니 시험 점수를 잘 받기 위해 영문법은 수학공식처럼 단순히 외우는 지식으로서 전락하였어요. 또한 독해 할 때에는 문맥에 맞는 올바른 해석이 아닌 문법 번역식으로 영어문장을 영문법 규칙을 적용해서 분석하는 부작용을 초래했어요. 이런 상황에서 말하고 쓰기를 위한 영문법 지식의 활용에 대한 교육은 거의 이루어질 수가 없어요. 한국의 영문법 교육과 학습방법은 규범문법 위주로 되어 버렸고 여전히 규범 영문법의 틀을 벗어나지 못하고 있어요. 문법시험에 정답을 맞히기 위한 영문법 공부 방법은 문법을 영어 읽기와 말하기, 쓰기를 잘하기 위한 기술로 여기지 않아요. 단지 수학공식처럼 암기하는 단순한 지식이 되어 버렸어요. 따라서 영문법 규칙을 분석하여 상황에 맞는 영어 말하기와 쓰기의 활용법을 상실해 버렸어요.

하지만 영어 실력을 시험 점수로 평가하는 상황에서 영문법은 '영어학습의 대명사'라고 일컬어질 만큼 영어공부에서 큰 비중을 차지하고 있는 현실을 인식하여야 해요. 중고등학교의 내신시험이나 수능영어 시험과 공무원영어 시험과 같은 자격시험, 토익이나 텝스와 같은 공인 영어 시험 등을 위한 영문법 지도학습 방법은 일반적으로 학교나 영어학원에서나 거의 유사해요. 즉 학습자들은 선정 받은 한 권의 영문법 교재를 가지고 영문법 위주의 내용들을 습득하기 위한 아래의 4단계에 의한 영문법 교육방식을 따르고 있어요.

1단계: 영문법의 각 부문에 대한 개념에 대해 설명 듣고 이해하기
2단계: 각 부문에 관련된 예문 읽고 난 다음에 연습문제 풀기
3단계: 기출문제 및 모의고사 문제 풀기
4단계: 틀린 문제의 정답에 대한 설명 듣고 주요부분 암기하기

위에 언급한 4단계의 영문법 학습 과정은 시험을 위해서는 가장 효율적인 지도방식으로 일반화되어 있어요. 그런데 처음 단계부터 이해하는데 어려움을 겪는 학습자들에게 그 다음 단계들을 거의 포기하는 문제가 발생하는 단점이 있어요. 예를 들어 1단계에서 가정법의 개념을 잘 이해하지 못하면 가정법 예문을 읽는 데 큰 어려움을 겪으면서 연습문제를 푸는 자체가 고통이 되죠. 따라서 3단계의 기출문제나 모의고사 문제를 푼다고 해서 가정법에 대한 이해도가 나아지는 것이 아니라 많이 틀리는 문제들로 인해서 가정법을 포기하는 결과를 초래하기도 해요. 적지 않은 영문법의 분량으로 학습해야 하는 양도 늘어나서 이러한 문제점들은 악화되고 고착화되는 현실이죠. 이로 인해 현장에서 대부분의 영문법을 포기하는 공통적인 원인임을 영문법을 공부한 사람들이라면 누구나가 공감을 할 것이에요

4. 현실에 맞는 바람직한 영문법 학습법

시험용을 위한 효율적인 영문법 학습법들 또는 실용영어를 위한 효과적인 영문법 공부법에 대해서는 유능한 영어교육자들의 강의 또는 전문적인 책이나 인터넷을 통해서 쉽게 접할 수 있어요. 그런데 본서에서는 영어 시험을 위한 좀 더 구체적이고 실용적인 영문법 공부법을 설명하고자 해요. 여기에서 소개되는 영문법 학습법은 기존의 내용보다는 영문법 지도자나 학습자가 더 공감할 수 있는 부분들에 초점을 두었어요.

이렇게 영어 시험의 성적을 향상하기 위한 차별화된 영문법의 활용에 관한 내용을 쓸 수 있는 이유는 필자의 오랜기간 동안의 꾸준한 영어 학습과 다양한 영어 지도와 및 경력 때문이에요. 대학입시를 위한 영어 공부, 직장에서 해외비지니스를 위한 영어공부와 출장을 통한 다양한 경험들, 그리고 직장생활시 토익 시험, 호주에서 대학원 유학시절에 토플과 ILETS시험의 경험, 영어 논문을 쓰기 위한 아카데믹한 영어 공부, 그리고 어학원을 운영하면서 초등학생부터 중고등학생, 대학생, 그리고 성인들을 대상으로 내신용 영어 시험, 수능영어, 그리고 공무원 영어 시험 뿐만 아니라 실용회화와 영어 쓰기를 위한 영문법 개념과 활용법 등에 대해서 필자는 오랫동안 지도해 오고 있어요. 또한 지난 10여 년간은 필자는 다양한 국적의 원어민 영어강사들에게 한글도 체계적으로 가르쳐 왔어요. 이러한 다양하고 현장감을 가진 영어지도의 경력은 현실적으로 최대한의 실효성을 가진 영문법 지도학습법에 관한 방안들을 고심하여 창출하는데 큰 도움이 되었어요. 이러한 경험을 바탕으로 본서에서는 영어 시험 위주의 영어교육의 여건에 맞는 적합하고 바람직한 영문법의 지도학습법은 다음의 4종류로 구분해 보았어요.

A. 영어와 한글의 차이점 인식의 필요성
B. 어법 문제를 위한 영문법 공부 방법
C. 독해 문제를 위한 영문법 활용법
D. 쓰기를 위한 영문법의 이해

1) 영어와 한글의 차이점 알기

한글과 영어의 공통점은 표음문자(Phonetic letter)이죠. 한글은 우랄 알타이어족이고 영어는 인도 유럽피언어족으로 자음과 모음으로 구성된 글자를 가진 소리를 따서 발음해요. 표음문자는 뜻에 따라 만든 표의문자(Ideographic letter)인 중국어보다 단어의 구성이나 의미가 덜 복잡하며 체계적이에요. 그렇지만 문법적으로나 문장의 구성 면에서는 영어는 중국어와 더 유사한 면이 많아요. 이로 인해 중국인은 한국인과 일본인보다 훨씬 더 영어를 빨리 배우는 경향이 있어요. 영어의 어법이나 구문 사용을 한글과 비교하여 그 차이점을 잘 이해하면 영문법에 학습에 대한 어려움을 적잖이 해소할 수 있는 이점이 있지요. 왜냐하면, 이러한 차이점의 인식은 효과적이고 올바른 영어 학습을 위한 길잡이가 될 수 있기 때문이에요.

그런데 영어 시험의 점수를 올리기 위해서 문제풀이 방식의 영어공부에 급급하게 되고 한국말과 영어가 왜 다르며 어떤 점이 영어공부를 힘들게 하는가에 대해서도 생각을 여유가 없는 현실이에요. 심지어 학교나 학원에서 영어를 가르치는 선생님들이나 강사들조차도 한글과 영어의 차이점들에 대해서 잠재적으로는 인식하는데 그치고 영어를 지도하는데 활용하기가 쉽지 않아요. 태어나서부터 말하고 쓰고 듣고 읽는 한국어가 영어와는 어떻게 다른가를 알면서 영어 공부를 해야 되요. 더욱이 하루의 일과 중에서 두세 시간의 영어수업이나 영어 공부를 제외한 모든 수업들이나 활동들이 한글로 말하고 쓰고 듣고 하는 환경은 영어 향상에 가장 큰 한계점이 되고 있어요.

한글과 영어의 차이점에 대한 지식을 영어공부에 적용하는 노력은 이러한 시간적 제한과 심리적 한계를 극복하는 효율적인 방안이 될 수 있어요. 이러한 취지에서 한글과 영어의 주요한 차이점들에 대해서는 아래와 같이 비교분석적 담론을 해 보았어요.

1. 상황에 의존하는 한글 vs 구조에 의존하는 언어
2. 술어 중심적 표현의 한글 vs 주어 중심적인 표현의 영어
3. 어순(단어의 순서)의 사용: 영어는 어순이 중요하지만 한글은 중요치 않다.
4. 영어와 한글의 품사 비교: 영어는 8품사이고 한글은 9품사

5. 전치수식과 후치수식: 영어는 전치수식과 후치수식을 모두 사용한다. 한글은 전치수식만 있다.

a. 상황에 의존하는 한글 vs 구조에 의존하는 영어

한글은 농경사회문화를 바탕으로 한 공동체 의식이 강한 집단주의적인 사회 환경에서 발달해 온 언어를 기반으로 하고 있어요. 농경사회는 협동으로 농사를 지어야 하기에 서로에게 의존해야 하는 생활방식으로 인해 언어는 상호의존적인 특성을 가지고 있어요. 한 장소에서 정착하여 더불어 살면서 나이가 많은 분들에게 경험과 지혜를 배워나가는 생활 환경속에서 생기는 윗사람에 대한 존중은 존칭어로 나타나게 되었죠. 이로 인해서 동사나 형용사가 다양한 종결어미(갔니?, 갔어요?, 갔습니까?, 가셨습니까?)를 사용함으로써 화자와 청자의 신분적 관계를 중요시 여기게 되었죠.

또한 한글은 대화를 할 때 일반적으로 '나'와 '너'를 나타내는 주어와 목적어를 생략하는 속성이 강해요. 정착된 생활은 공간적으로나 시간적인 제한 없이 서로서로를 늘 대하며 생활하기에 대화할 때 자신과 상대방을 지정하는 호칭을 사용할 필요가 자연스럽게 없어졌어요. 가령 '곧 집에 들어갈게', '언제 집에 갈 꺼야?', '마트에 갈려고 해', '무엇을 사 볼까?' 등의 일상적인 대화에서 알 수 있듯이 주어나 목적어를 생략하는 것이 일반적이에요.

한글은 직접적인 표현보다는 돌려서 말하는 간접적인 표현을 선호하는 경향이 강해요. 이로 인해서 의사전달의 목적이나 핵심이 되는 동사를 제일 뒤에 표현해요. 그리고 동사 이외에 표현하는 단어는 강조나 주장의 취지에 따라 우선시 되는 단어를 먼저 말해요. 즉 단어의 순서에 얽매이지 않고 자유롭게 표현하지요. 한글에서 단어의 순서가 의미의 전달에 영향을 끼치지 않은 또 하나의 이유는 조사가 있기 때문이에요. 예컨대 '은/는/이/가'의 주격조사가 붙은 단어는 주어이고 '을/를/에게'등이 붙은 단어는 목적어임을 쉽게 알 수 있죠.

반면 영어는 유목사회문화를 기반으로 한 개별주의적 사회 환경에서 형성되어 발달하여 왔어요. 따라서 유목사회에서 넓은 지역을 동물들과 장기간을 이동해야 하는 생활환경으로 인해 가끔씩 만나서 대화를 할 수 밖에 없어요. 다음에 또 만날 때까지 지속되는 의사소통이 되지 않는 상황이다 보니 직접적이며 명확한 의사소통이 요구되죠. 이러한 상황에서 명확성과 정확성을 요구하는 분석적인 언어를 통한 의사전달이 필요해요. 따라서 영어는 문장의 구조를 중요시 여기는 구조 의존성이 강한 언어로 진화하였어요.

게다가 개별적인 이동생활이 주를 이루는 생활방식으로 인해 개인을 집단보다 더 우선시하는 개인주의적 성향이 강한 환경으로 나와 너를 명확하게 구분하려는 언어적인 표현을 강조하죠. 잦은 이동으로 인해서 생활환경이 달라지기 때문에 정착으로 인한 서로 간의 의존성이 약화되죠. 이러한 독립적인 생활방식은 윗사람에 대한 존칭어가 발달되지 않아요. 또한 대화에서 상호간 확인하는 매체가 되는 주어나 목적어를 거의 생략하고 표현하는 경향이 강해요.

직접적인 표현을 선호하기 때문에 항상 주어와 하고자 하는 요점인 동사를 먼저 표현해요. 이러한 생활의 배경으로 인한 구조 분석적인 언어로 발달한 영어는 어순의 중요성이 커졌어요. 그로 인해 단어의 순서와 위치에 따라 단어의 역할과 품사가 달라져서 의미가 달라지기도 했어요. 영어는 동사를 기준으로 그 역할을 배정받기 때문에 일부 도치구문을 제외하고는 어순이 매우 엄격하게 되었지요. 예를 들어 'Tony loves Jane'이라는 표현을 'Tony Jane loves', 'Loves Tony Jane', 'Jane loves Tony' 등으로 바꿀 수 없어요.

b. 술어 중심적인 표현의 한글 vs 주어 중심적인 표현의 영어

한글은 위에서 언급했듯이 대화를 할 때에 자신과 상대방을 지칭하는 주어나 목적어를 생략하는 대신에 술어의 어미변화가 의미에 영향을 미치는 술어의 형태를 가져요. 다양한 종결어미를 쓰는 술어중심적인 표현을 하는 언어가 한글이죠. 말하는 이와 듣는 이를 나타내는 주어와 목적어를 생략하는 경향은 다원적인 구조의 술어를 갖게 하는 원인이 되죠. 여러 문맥적인 의미의 첨가어들과 함께 술어는 다양하게 표현돼요. 예를 들어 여기는 멋지다/멋진가?/멋지지 않다/멋진 것 같다 등으로 표현하지요. 따라서 한글은 문장에서 술어의 오른쪽 부분에 붙은 연결어미가 의미에 영향을 미치며 중요한 역할을 해요. 따라서 한글은 술어중심으로 표현하는 언어라고 할 수 있어요.

반면 영어는 주어가 우선적으로 오고 바로 그 뒤에 주체의 존재와 동작을 표현하는 술어동사가 뒤따르는 주어를 중심적으로 표현하는 언어이에요. 이렇게 주어를 꼭 가지려는 성향들은 영어문장의 구조에서 잘 보여주죠. 예를 들어 '주어 구문을 중시 여기는 가주어 it, 강조구문의 it, 날씨, 시간 등과 같은 실제 자연 상황이나 문장 전후의 문맥상황에서 유추할 수 있는 비 인칭 주어의 it등의 주어를 중심으로 하여 문장의 뼈대를 형성하고 있어요. 또한 명사구나 명사절로 구성된 주어, 의미상의 주어, 부정 주어 등 한글에서는 볼 수 없는 다양한 형태의 주어를 사용하여 주어를 중심한 간결함을 주는 문장구조를 나타내요.

이러한 주어중심 지향적 영어는 주어가 드러나지 않거나 정확하지 않음으로서 의미전달에 혼란을 방지하는 것을 강조해요. 그래서 간결한 문장 구조를 통해 정확한 의미를 전달하기 위한 구조분석적인 영어의 속성을 반영해요. 아래에 기술한 것과 같이 여러 가지 형태를 지니는 주어를 가지거나 다양한 수식패턴을 동반하는 주어를 지닌 구문들은 이러한 주어중심적인 영어의 속성을 잘 나타내고 있어요. 주어중심적인 영어는 다음과 같이 다양한 형태로 주어를 표현하는 특성이 있어요.

(1) 다양한 형태를 띠는 주어

① to 부정사 또는 동명사 형태의 명사구가 주어를 이루는 문장

- To 부정사구 주어 + 동사의 문형.
  It would be undesirable **not to drink her health(주어부)**.
  바람직하지 않다 → **마시지 않는 것이** 그녀의 건강을 위해
- 동명사(구)주어 + 동사의 문형.
  Reading books(주어부) is much more efficient to them than playing computer games.
  → **책을 읽는 것** 훨씬 더 효율적이다 그들에게 컴퓨터 게임하는 것보다

② 명사절 주어(접속사절, 관계사절, 의문사절) + 동사의 문장

- 접속사절 + 동사

  That she will join the meeting(주어부) is not certain.

  → 그녀가 그 모임에 참여할 것이 확실치 않다

- 관계대명사(what, 복합관계대명사절) 주어 + 동사

  What money Jane has(주어부) will be theirs when she dies.

  → 제인이 가지고 있는 (모든)돈은 그들의 것이 될 것이다 그녀가 죽을때

- 의문사절 주어 + 동사

  What caused yesterday's traffic accident(주어부) is still unclear.

  → 무엇이 어제의 교통사고를 초래시켰는지 여전히 명확하지 않다

(2) 다양한 패턴의 수식구를 가지는 주어

① 주어 + 수식어구(전치사구, 분사구, to 부정사구) + 동사

- 주어 + 전치사구 + 동사: 밑줄 친 부분들이 전치사구로서 앞에 위치한 주어를 수식

  A world(주어) of competitive free market forces(주어수식구) offers no automatic solutions

  → 경쟁적인 자유시장의 힘들

  to these challenges.

- 주어 + 분사구 + 동사: 밑줄 친 부분들이 분사구로서 앞에 위치한 주어를 수식

  능동의미의 현재부사구:

  Anybody(주어) wishing to do this(주어수식구) should not be late.

  → 이것을 하기를 바라는

  수동의미의 과거분사구:

  Anger(주어) applied for a positive purpose(주어수식구) can be an effective tool.

  → 긍정적인 목적을 위해 적용되는

- 주어 + to 부정사구 + 동사

  The English attempts(주어) to colonize North America(주어수식구) were controlled by

  → 북미를 식민지화시키려는

  individuals rather than companies.

② 주어 + 수식어절(관계사절) + 동사: 밑줄 친 부분들이 관계사절로서 앞에 위치한 주어를 수식

- 주어 + 주격 관계대명사절 + 동사

  Even people(주어) **who weren't overweight(주어수식절)** were susceptible to dementia.
  → 과체중이지 않았던

- 주어 + 목적격 관계대명사절 + 동사

  The only limitations(주어) **that I can have(주어수식절)** are the ones that set on myself.
  → 내가 가질 수 있는

- 주어 + 전치사 + 관계대명사절 + 동사

  The people(주어) **to whom I gladly belong(주어수식절)** have no different quality for me
  → 내가 즐겁게 속해 있는
  than all other people.

- 주어 + 소유격 관계대명사절 + 동사

  The building(주어) **of which the front door(주어수식절)** has a glass panel (is) so beautiful.
  → 그 빌딩의 앞문

- 주어 + 관계부사절 + 동사

  The day(주어) will come **when you will have to think of your future more seriously(주어수식절)**.
  → 너가 너의 미래를 더 진지하게 생각해야 하는

- 주어 + 동격의 that절 + 동사

  Our thinking(주어) **that there is not enough time(주어수식절)** brings about many difficulties
  → 충분한 시간이 없다는
  and much stress.

c. 어순(단어의 순서)의 사용: 영어는 어순이 중요 / 한글은 어순 중요치 않음

영어는 말을 할 때나 글을 쓸 때 단어의 순서(위치)가 매우 중요해요. 영어 문장의 형식에 따르지 않는 단어의 배열은 콩글리쉬가 되어 버리죠. 반면 한글은 단어의 순서가 바뀌어도 문법적으로나 의미적으로 전혀 변화 없이 같은 의미를 전달해요. 가령 한글은 '내가 간다 학교에 공부하러 매일, 간다 나는 학교에 매일 공부하러' 등 단어의 순서가 관계없이 의미 전달이 가능하죠. 반면에 영어는 단어의 순서는 올바른 표현을 하는 데 필수적이에요. 예를 들어 'I go to school to study every day'라는 영어 문장을 'Go to I school—, To school I go to—, To study school go to,'와 같이 단어의 순서를 바꾸면 문장이 성립되지 않아요. 영어는 이러한 단어순서의 중요성 때문에 한글에는 없는 5가지의 문장형식(1형식에서 5형식)을 가지고 있어요. 5가지 형식의 문장을 이해하고 파악하는 것이 영어의 말하기나 쓰기 그리고 읽기에 매우 중요해요.

(1) 교착어인 한글은 어순에서 자유롭고 굴절어인 영어는 어순이 중요하다

영어는 왜 어순이 중요하고 한글은 어순에서 비교적 자유로운가에 대한 근본적인 이유는 언어의 다른 형 때문이에요. 언어의 유형은 "공유하는 형식적 특징에 근거한 언어나 언어 성분에 따라 분류되는데 언어의 형태론적 관점에 의해서 다음과 같이 다섯유형으로 구분될 수 있어요.

1. 분석어(고립어): 중국어, 동남아 계통. 단어 변형 없다, 단어의 명확한 분리(분석)
2. 종합어(포합어, 굴절어, 교착어): 단어 변형 있다, 단어가 명확히 분리 안 됨
3. 교착어(첨가어): 한국어, 일본어계통. 단어의 어간 어미 구분, 어미가 변함
4. 굴절어(융합어): 유럽/아랍/ 인도. 인도유럽어족(백인계통). 어간 어미 구분없이 단어 변함
5. 포합어: 아메리카 인디언 계통, 여러 단어가 변화하여 섞여 문장이 되기 때문에 단어 구분 어려움

교착어란 단어가 어근(어간)과 어미(기능성 접미사와 조사)의 구조를 가지는 언어를 의미해요. 어근에 접사가 결합하여 문장 안에서 각 단어의 문법 관계를 나타내죠. 한국어, 터키어, 일본어, 헝가리어, 핀란드어, 말레이어 등이 교착어에 속해요. 명사와 조사어미에 의해 '그가, 그를, 그의, 그에게' 등으로 분류되죠. 그리고 피동, 높힘말, 과거 시제, 추측, 전달 등의 다양한 접사의 기능을 가지고 있어요. 가령 '그는 을 잤습니다.'란 표현에서 의미요소는 그, 잠, 잤 등이 있고 문법요소는 '-는(주격조사), -을(목적격)조사, -었습니다(과거)' 등이 있어요. 교착어인 한글은 접사에 의한 단어의 기능을 가지기에 어순에 구애받지 않고 자유로워요.

반면 문법 역할에 따라 단어의 형태가 변하는 것이 굴절어예요. 어형변화와 활용에 의해 문장을 표현해요. 영어, 불어, 독어, 러시아어, 라틴어, 그리스어 등이 굴절어에 속해요. 성별, 수, 격에 따라 명사와 형용사의 형태가 변해요. 그리고 시제와 어법에 따라 동사의 형태가 변화해요. 예를 들어 he, she, his, her, we, us, our 등 모양이 변하죠. 또한 eat, ate(eat의 과거), teach(taught (teach의 과거)등 동사 형태가 변하죠. 굴절어인 영어는 단어의 형태변화에 따라 어법을 분석해야 하기 때문에 어순이 매우 중요해요.

(2) 영어에서 품사 위치의 중요성

영어는 문장의 5형식에 따라 규칙화된 어순을 중요시하는 속성을 가지고 있어요. 따라서 문장에서 각 품사(동사, 형용사, 부사 등)의 위치가 의미적인 문법적 요소를 결정짓는 매우 중요한 역할을 해요. 예를 들어 동사, 형용사, 부사, 문장체를 수식하는 기능을 가진 부사(구)의 위치는 문장의 형식이나 품사들에 따라 다양한 위치를 취해요. 영어에서 부사는 '조동사와 Be동사 뒤, 일반 동사 앞'에 놓이죠. 형용사나 부사를 꾸미는 부사의 위치는 다양해요. 예를 들면, 형용사나 부사 바로 앞, 문장을 수식할 때에는 문장 앞, 동사를 수식할 때에는 자동사의 경우는 바로 뒤, 그리고 타동사의 경우는 목적어 다음에 놓여요 하지만 문장의 상황에 따라 아래와 같이 부사는 다양한 위치에 놓일 수 있어요. 이런 이유로 품사의 위치에 따라 의미가 달라지는 영어는 자유로운 한글을 사용하는 한국인들에게 영어문장을 읽고 해석할 때 어려움을 가져요.

<문장에 따른 다양한 부사의 위치>

- 1형식(주어 + 완전자동사): 부사는 동사 뒤에 둔다:

  Jane works <u>**hard**</u> to pass the exam. They came home <u>**late**</u>.

  동사 동사

- 3형식(주어 + 불완전타동사 + 목적어)

  ① 부사는 목적어 뒤 또는 동사 앞에 둔다.

  They speak Japanese <u>**fluently**</u>. They <u>**fluently**</u> speak Japanese.

  목적어 동사

  ② 목적어가 긴 문장: 부사는 동사 바로 뒤에 둔다.

They explained **unclearly** what they had seen.(O)

They explained what they had seen **unclearly**.(X)

(3) 영어는 단어 위치로 한글의 조사 기능을 대신

한글은 문장에서 어떤 단어의 위치가 어디에 있든지 '조사'를 사용하여 어떤 격을 말하는지 알 수가 있기 때문에 단어의 위치에 거의 관계없이 의사전달이 가능해요. 따라서 한글의 문장에서 '은/는/이/가'의 조사가 붙은 단어가 주어, '을/를/에게'의 조사가 붙은 단어가 목적어임을 확인할 수 있어요. 예컨대 '그 소년이 창문 유리를 깼다'라는 문장을 '그 소년이 깼다, 창문유리를 / 창문유리를 그 소년이 깼다. / 창문유리를 깼다, 그 소년이 / 깼다, 그 소년이 장문유리를 / 깼다, 창문유리를, 그 소년이' 등 어느 단어를 먼저 말해도 소년이 주어이고, 꽃병이 목적어임을 쉽게 알 수 있어요. 그런데 이러한 조사가 없는 영어문장에서는 주어와 목적어를 문장에서 단어의 위치를 통해 파악해야 하는 어려움이 있죠. 가령, 다양한 수식구를 가진 긴 문장 주어를 찾는 데 어려움을 겪을 수 있어요. 이러한 이유로 영어에서는 어순(단어의 배열)이 중요성이 절대적이에요.

규칙성을 가진 어순을 지켜야 하는 영어의 문법적인 속성은 한국인들이 영어로 유창한 대화를 하거나 정확한 글을 쓰는데 많은 시간과 노력을 소요하게 만드는 요인이 되죠. 이러한 문제는 만약 한글을 배우는 미국인과 영어를 배우는 한국인이 각각 동일한 한국어와 영어 단어를 알고 있다면, '미국인이 한국어로 대화할 때와 한국인이 영어로 대화를 할 때, 어느 쪽이 더 대화가 잘 될까요?'라는 질문의 대답을 통해 더욱 명확하게 느낄 수 있어요. 즉 한국어로 대화하는 미국인이 영어로 말하는 한국인보다 더 짧은 기간에 더 적은 노력으로 수월한 대화가 가능해요. 그 이유는 단어의 순서에 개의치 않는 한국어를 미국인은 한글 단어만 늘어놓아도 의사소통이 가능하기 때문이죠.

반면에 한국인이 영어를 그냥 생각나는 대로 영어 단어를 던지면서 말을 하면 상대방은 이해하기가 어려워 대화가 거의 불가능하게 되요. 이것이 바로 최근 한국말을 유창하게 하는 외국인들을 TV에서 심심찮게 볼 수 있는 주요 이유이죠. 반면 우리는 오랜 세월 동안 영어를 배웠음에도 불구하고 영어 회화를 제대로 하지 못하는 상실감에 빠져들어요. 따라서 영어를 정확하게 말하거나 쓰기 위해서는 영어 단어의 위치 또는 배열의 규칙성을 알려주는 영문법을 익혀야 하는 이유이죠. 영어의 어순에 익숙함이 곧 영어 실력임을 명심해야 해요.

d. 영어와 한글의 품사 비교: 영어는 8품사 / 한글은 9품사

품사란 단어를 기능과 형태 그리고 특성에 따라 공통된 것끼리 모아 구분해 놓은 것이에요. 품사를 통해 각 단어의 성격을 파악할 수 있죠. 영어는 8품사가 있는 반면 한글은 9품사가 있어요. 그런데 한글은 체언(명사, 대명사, 수사), 용언(형용사, 동사), 수식언(관형사, 부사), 관계언(조사), 독립언(감탄사) 등 품사를 5언에 의해 다시 분류돼요. 아래의 <한글과 영어의 품사 비교>에서 알 수 있듯이 영어와 한글은 명사, 대명사, 동사, 형용사, 부사, 감탄사 등의 품사 명칭이 동일하고 기본적인 기능도 공통점을 가져요. 이런 점이 두 언어의 품사의 형태와 기능의 전체적인 개념을 쉽게 이해할 수 있는 장점이 되죠. 반면 영어와 한글의 품사 형태와 세부적인 기능에 있어서는 차이점들이 있어요. 따라서 이러한 차이점들을 잘 파악하면 한글과 영어의 어법과 구문의 활용에 큰 도움이 될 수 있어요.

<한글과 영어의 품사 비교>

영어의 8품사 종류와 기능	한글의 9품사
1. 명사 명사(Noun): 사람, 사물 등의 이름을 나타내는 말 예 boy, computer, book 문장의 주요성분으로 주어 목적어 보어(주격보어, 목적격보어)로 쓰이고, 전치사와 결합하여 구를 형성한다.(전치사구라고도 하고 부사구라고도 부른다)	**1. 명사(체언)** 사물의 이름을 나타내는 단어, 고유와 보통명사가 있고 다시 보통명사에는 자립과 의존명사가 있다.
2. 대명사 명사를 대신하여 쓰는 품사. 예 he, I, they, this, she, some, who, what 사람을 지칭하는 인칭대명사와 사물이나 방향을 지칭하는 지시대명사로 구분	**2. 대명사(체언)** 사람이나 사물의 이름을 대신 나타내는 말 - 지시대명사: 이것, 저것, 그것, 여기, 저기 등 - 인칭대명사: 당신, 그대, 그, 그녀, 저, 저희, 나, 너 등

영어의 8품사 종류와 기능	한글의 9품사
3. 동사 동작. 움직임이나 상태를 나타내는 말 예 know, tell, have, go, run, sleep, be 동사의 종류는 be동사(am, are, is), 일반동사(동작을 나타내는 동사), 조동사(must, should, can, may 등)와 목적어의 유무에 따라 자동사와 타동사가 있다.	**3.동사(용언)** 사물의 동작이나 작용을 나타냄 예 가다, 오다, 먹다, 자다, 공부하다, 하다, 서다, 놀다 등
4. 형용사 성질, 모양, 상태,종류, 수량을 표현. 예 old, good, pretty, happy, kind, small, wise 명사를 꾸며주거나 수식하면 형용사의 한정적 용법 be동사, 불완전자동사와 함께 오면 형용사의 서술적 용법.	**4. 형용사(용언)** 사물의 성질이나 상태를 나타냄. 활용이 가능하여 동사와 함께 용언에 속함. 예 둥글다, 빠르다, 빨갛다, 조용하다, 좋다, 나쁘다, 가늘다, 느리다, 길다 등
5. 부사 때, 장소, 방법, 횟수, 조건 등을 나타내는 말. 예 always, usually, here, very 명사 이외의 동사, 형용사, 다른 부사, 혹은 문장 전체의 의미를 수식함으로써 좀 더 자세하고, 분명한 표현을 함.	**5. 부사(수식언)** 용언(동사나 형용사)을 수식하는 말. 활용 불가, 부사에는 성분부사, 문장부사 - 성분 부사: 문장의 한 성분을 꾸밈 - 문장 부사: 문장 전체를 꾸밈
6. 전치사 명사(상당어구) 앞에 놓여 다른 낱말과의 관계를 나타내는 단어. 예 at, in, on, from, to, with, under, to, up, by 전치는 명사나 대명사 없이 절대 홀로 쓰일 수가 없다. 부사처럼 쓰이면 부사구로 시간, 장소, 조건, 수단, 방향 등을 표시한다.	**6. 조사(관계언)** 자립형태소. 즉 명사, 대명사, 수사 등의 뒤에 붙어서 그 말과 다른 말과의 문법적 관계를 나타내거나 뜻을 더하여 주는 말. - 격조사: 주격, 서술격, 목적격, 보격, 관형사격, 부사격, 호격 - 접속조사: 두 단어를 같은 자격으로 이어줌 - 보조사: 체언, 부사, 활용 어미에 붙어 특별한 의미
7. 접속사 단어와 단어, 구와 구, 문장과 문장을 연결해 주는 말 예 and, but, or, because, when, that, because although, even though - 등위접속사: and, but, or, so - 종속 접속사: that, because, if	**7. 관형사(수식언)** 체언(명사, 수사, 대명사) 앞에서 그 체언의 내용을 구체적으로 꾸미는 말 성상, 지시, 수 관형사. 예 새 옷, 순 우리말, 헌 신발, 저 어린아이, 한 사람 등 새, 순, 헌, 저, 한

영어의 8품사 종류와 기능	한글의 9품사
8. 감탄사 기쁨, 슬픔, 놀람 등의 감정을 나타내는 말. 예 Oh, Wow, Oops!, Bravo!	**8. 감탄사(독립언)** 화자의 본능적인 놀람.느낌.부름.응답 등을 나타냄 - 전성감탄사: 원래 감탄사가 아닌 말이 감탄사로 바뀐 것 예 저런, 조심해야지 → 저런/아니, 이런 일이? → 아니, 야호, 어이쿠, 아이코, 얼씨구, 절씨구, 이야, 네, 예, 아쭈 등
*** 관사** 8품사에서 포함되지 않지만 많이 사용하는 단어 a, an, the의 3가지가 있다. - 셀수 있는 대상 중 아무거나 어느 하나를 지칭할 때 a 나 an 을 사용 예 an apple, a student. a book. - the는 앞에 나온 단어를 지칭하는 '그것'의 의미 형용사구나 형용사절로 수식을 받는 명사는 '유일한 바로 그것'이란 의미로 the가 명사 앞에 놓인다.	**9. 수사(체언)** 사물의 수량이나 순서를 나타냄 - 양수사: 수량을 셀 때 씀 - 서수사: 순서를 나타낼 때 씀

e. 영어는 전치수식과 후치수식을 모두 사용 / 한글은 전치수식만 있음

한글은 명사(구)를 수식하는 형용사나 분사의 위치는 예외 없이 수식을 받는 단어(구) 앞에 놓이는 전치수식만 있어요. 따라서 수식을 받는 단어(구) 앞부분이 계속 길어지는 문장의 구조를 가지죠. 반면 영어는 수식구가 수식을 받는 단어(구)의 앞뒤에 모두 올 수 있기에 전치수식과 후치수식 둘 다 사용이 가능해요. 그런데 영어는 후치수식에 의해 수식을 받는 단어(구) 뒷부분이 계속 길어지는 문장구조를 가져요. 전치수식과 후치수식의 틀의 이해는 영어문장을 구성하는 구문과 어법의 파악을 통한 올바른 해석에 필수적인 영문법의 요소예요.

(1) 영어의 전치수식과 후식수식에 관한 규칙

① 형용사, 현재분사와 과거분사: 전치/후치 수식이 모두 가능

예 The old man **talking with Mina** is my father.

old man을 후치 수식하는 현재분사구

Some people are reluctant to buy the products **made in China**.

the products를 후치수식의 과거분사구

② **to부정사, 전치사구**(형용사구), **형용사절**(관계사. 동격의 that): **후치수식만 가능**

예 They wanted something new **to put on**.

something new를 수식하는 to 부정사

The day **most fun for** me is my birthday.

the day를 수식하는 전치사구(형용사구)

That is the place **where I stay**.

the place를 수식하는 형용사절(관계사)

She was shocked to hear the news **that the plane crashed**.

the news를 수식하는 형용사절(동격의 that)

(2) 영어에서 반드시 후치수식을 사용하는 경우

① **'-thing, -body', '-one', '-where' + 형용사**

예 something wonderful, nowhere near 등

② **수식어구**(절)**이 명사를 수식할 때**

수식어구가 명사를 수식할 때는, 그 명사 뒤에 위치한다.

예 He has a girl friend to rely on.

③ **수량 형용사**

예 eleven years old (11살) thirty meters high (30미터 높이)

twenty feet wide (20피트 넓이) five meter long (5미터 길이)

④ **공식화된 표현**

예 Attorney General (법무부 장관) Heir Apparent (법정 상속인)

God Almighty! (하느님 맙소사!) Poet Laureate (계관시인)

President Elect (대통령 당선자) Secretary General (사무총장)

5. 영문법의 주요 내용들

1) 8품사의 이해를 통한 문장의 기본기 익히기

a. 영어는 다음과 같이 8품사가 있어요.

- 명사는 사람이나 사물의 이름을 의미.
- 대명사는 명사 대신 쓰이는 말.
- 동사는 사람이나 사물, 동물의 움직임 또는 상태를 표현.
- 형용사는 사람이나 사물의 모양, 성질, 수량, 크기 색 등을 표현. 명사를 수식.
- 부사는 장소, 방법, 시간, 장소 등을 나타냄. 형용사, 부사, 동사, 문장 전체를 수식.
- 접속사는 단어와 단어, 구와 구, 문장과 문장을 연결.
- 전치사: 명사 또는 대명사 앞에 위치해요. 목적어를 취함.
- 감탄사: 기쁨, 놀람, 분노 등을 표현.

b. 영어문장의 구성 요소는 다음과 같이 5가지가 있어요.

- 주어(Subject, S)
- 서술어(Verb, V)
- 목적어(Object, O)
- 보어(Complement, C)
- 수식어(Modifier, M)

c. 음절, 어절, 구와 절

두 개 이상의 단어가 모여 하나의 품사를 이루어요.

- 음절(syllable): 자음과 모음으로 이루어진 한 글자
- 어절(word): 영어 단어
- 구(Phrase): 주어+동사 형태를 갖추지 않음.
- 절(Clause): 주어+동사 형태를 갖춤.

2) 문장의 5형식

a. 1형식: 주어(S) + 완전자동사(V)

(1) 완전자동사란 보어나 목적어가 필요 없는 동사를 의미해요.

예 She ***is*** in the house.

There ***are*** many people in the room.

The door ***opened***.

(2) 자동사가 전치사의 도움을 받아 목적어를 취하는 경우

자동사 + 전치사 = 타동사 형식.

- listen to (~의 말을 듣다)
- start from (~를 출발하다)
- graduate from (~을 졸업하다)
- object to (~에 반대하다)
- account for (~을 설명하다)
- arrive at (~에 도착하다)
- look for (~을 찾다)
- agree to (~에 동의하다)
- add to (~에 더하다)
- operate on (~을 수술하다)
- wait for (~을 기다리다)
- depend on (~에 의존하다)

(3) There be 구문은 '~가 있다'라는 의미로 해석.

이때 there은 유도부사로 be동사 다음에 오는 말이 주어인 도치문장.

주어의 수에 따라 be동사가 달라짐.

There is + 단수주어: There is a girl who loves me.

There are + 복수주어: There are many people in the room.

b. 2형식: 주어(S) + 불완전자동사(V) + 보어(C)

(1) 2형식 동사(불완전자동사)란 보어가 필요한 동사

- be+명사/형용사. 예 He ***is*** a kind boy.
- become+명사/형용사. 예 I ***became*** a doctor.
- get, grow, turn, come… + 형용사. 예 She ***grew*** wise.
- look, feel, sound, smell, taste… + 형용사. 예 She ***looks*** very sad.
- keep, remain, stay… + 형용사. 예 The story ***remained*** true.
- appear, seem, prove…+ (to be +) 형용사(명사). 예 They ***seemed*** (to be) happy.

(2) 2형식 동사(불완전 자동사)의 관용표현들로는 다음과 같은 표현들이 있음

- grow old (늙어가다)
- go bad (상하다)
- fall asleep (잠들다)
- run short (부족해지다)
- come true (실현되다)
- grow angry (화내다)
- go blind (장님이 되다)
- fall ill[sick] (병나다)
- turn pale (창백해지다)

c. 3형식: 주어(S) + 동사(V) + 목적어(O)

(1) 완전타동사란 목적어가 필요한 동사

예 The man caught ***the ball***. [명사]
I didn't see ***him*** today. [대명사]
She hoped ***to get*** a present. [부정사]
I finished ***doing*** my homework. [동명사]
I can't decide ***what to eat***. [명사구]
I think ***that she is beautiful***. [명사절]

(2) 자동사로 혼동하기 쉬운 타동사

자동사가 목적어를 취하기 위해서 전치사가 꼭 있어야 하죠. 그런데 타동사는 전치사 없이 목적어가 바로 올 수 있어요. 다음은 자동사로 헷갈리기 쉽지만 실제로는 타동사인 동사들이에요. 즉, 전치사가 와서는 안 돼요.

: answer, enter, marry, discuss, resemble, reach, inhabit…

예 1) He ***answered*** all their questions. (O)
He ***answered to*** all their questions. (X)

2) I ***entered*** his office. (O)
I ***entered into*** his office. (X)

3) He ***married*** her. (O)
He ***married with*** her. (X)

4) The students ***discussed*** the issue. (O)
The students ***discussed about*** the issue. (X)

5) She ***resembles*** her mother. (O)
She ***resembles with*** her mother. (X)

d. 4형식: 주어(S) + 동사(V) + 간접목적어(O) + 직접목적어(O)

(1) 수여동사란 간접목적어와 직접목적어가 필요한 동사

- 간접목적어는 '~에게', 직접목적어는 '~을/를'의 의미.
- 수여동사는 무언가를 '수여', 즉 '주다'라는 뜻을 가진 동사.
- My father gave me a doll. 이 문장에서 me가 '나에게'로 해석되는 간접목적어이고 doll은 '인형을'로 해석되는 직접목적어. 여기서 gave는 수여동사로 두 개의 목적어가 필요

(2) 4형식 문장을 '전치사'를 사용해서 3형식 문장으로 전환 가능

- give, bring, send, show, teach, tell 동사는 3형식으로 전환시에 간접목적어 앞에서 to

예 I gave her my watch. → I gave my watch ***to*** her.

- buy, get, make, find, cook 동사는 3형식으로 전환시에 간접목적어 앞에서 fo
  - 예 She bought me a bag. → She bought a bag ***for*** me.
- ask, inquire, demand 동사는 3형식으로 전환할 때 간접목적어 앞에서 of.
  - 예 She asked him a question. → She asked a question ***of*** him.

(3) 4형식이라고 모두 3형식으로 전환할 수 있는 것은 아님

수여동사(4형식동사)로만 사용되는 완전타동사들이 존재.

→ envy, save, forgive, cost, take, strike, kiss…

예 I envy her appearance. (O)
I envy her appearance for her. (X)

(4) 수여동사로 사용될 수 없는 완전타동사들

다음 동사들은 수여동사처럼 '주다'는 의미가 포함되어 수여동사로 착각하기 쉬움. 하지만 수여동사처럼 간접목적어와 직접목적어가 나오지 않고 전치사가 함께 쓰임.

→ explain, suggest, introduce, prove, propose

예 John introduced his friend me. (X)
John introduced me to his friend. (O)

(5) 5형식: 주어(S) + 동사(V) + 목적어(O) + 목적격보어(C)

① 불완전타동사란 목적어와 보어가 필요한 동사

→ find, catch, keep, get, have, make, hear, see, notice

예 She ***left*** the window closed.
They ***made*** her happy.
I ***called*** the cat Kitty.

② 사역동사 + 목적어 + (to)동사원형

사역동사란 무언가를 '시키는' 동사로 목적어가 (to)동사원형 하도록 시키다/~하게 하다로 해석.

- make, have, let + O + 동사원형

  예 She made me ***join*** the club.

- help + O + (to) 동사원형

  예 I helped them ***(to) clean*** the room.

- get + O + to 동사원형

  예 He got us ***to wait*** in front of the station.

③ 지각동사 + 목적어(O) + 동사원형(~ing)

지각동사란 보고, 듣고, 냄새를 맡고, 느끼는 감각을 나타내는 동사를 의미.

→ see, watch, look at, hear, listen to, feel.

지각동사+목적어+목적격보어로 쓰이는데 이때 목적격보어로는 동사원형이나 현재분사(~ing). 진행의 의미가 강할 때 진행형(-ing)을 사용.

예 I saw him ***go*** inside. I made your son ***cry***.
She saw him ***crossing*** the road. (동작을 강조하는 경우)

④ 사역동사/지각동사 + 목적어(O) + 목적격보어(OC) p.p

사역동사와 지각동사의 목적어와 목적격보어의 관계가 수동일 경우에는 목적격보어자리에는 과거분사(p.p) 사용.

예 I made the car ***repaired***.
She didn't hear her name ***called***.

3) 동사의 특징

a. 자동사

동작의 대상인 목적어 없이 스스로 동작을 나타내는 동사는 자동사.

주격보어가 필요한 자동사는 불완전자동사(2형식 동사).

(1) 자동사는 원칙적으로 수동태 사용이 불가능

예 She ***was disappeared*** all of a sudden. (X)
She ***disappeared*** of all of a sudden. (O)

(2) 수동의 의미'로 사용되는 과거분사로 쓰일 수 없음

예 The man found the ***missed*** pencils under the desk. (X)
The man found the ***missing*** pencils under the desk. (O)

(3) 의미에 유의해야 할 자동사

- **do** = (보통 will, won't와 함께) 충분하다, 만족스럽다, 행동하다, 처신하다

예 This place will do us nicely. 이 장소는 우리에게 충분하다.

- **last** = 지속하다

예 This weather won't last. 이 날씨가 지속하지는 않을 것이다.

- **matter, count** = 중요하다

예 Money matters. 돈은 중요하다.

- **pay** = 수지가 맞다, 보람이 있다, 지불하다

예 This business pays well. 이 장사는 수지가 잘 맞는다.

- **tell** = 효과가 있다 / **tell on** = ~에 영향을 미치다

예 Her age is starting to tell on her. 그녀도 나이에 영향을 받기 시작한다.

- **work** = 일하다, 작동하다, 효과가 있다

예 This medicine doesn't work. 이 약은 효과가 없다.

(4) 자동사는 전치사의 도움을 받아 목적어를 취할 수 있음

① 자동사+전치사=타동사 형식

- 전치사 to를 쓰는 동사

agree to ~에 동의하다	apologize to ~에 사과하다
attend to ~에 관심을 기울이다 = give attention to = pay attention to	belong to ~에 속해 있다

lead to ~에 이르다, ~을 초래하다	conform to ~에 순응하다
object to ~에 반대하다	consent to ~에 찬성하다
refer to ~을 참조하다, 언급하다	listen to ~을 듣다
respond to ~에 응답하다	reply to ~에 응답하다
speak to ~에게 말하다	return to ~로 돌아오다
adjust to ~에 적응하다	turn to ~에 의존하다

• 전치사 with를 쓰는 동사

agree with ~에게 동의하다	comply with ~을 따르다
consist with ~와 일치하다	contend with ~와 싸우다
cooperate with ~와 협력하다	deal with ~을 다루다
experiment with ~을 실험하다	interfere with ~를 방해하다
sympathize with ~를 동정하다	

• 전치사 for를 쓰는 동사

account for 설명하다	ask for ~을 요청하다
wait for 기다리다	

• 전치사 from을 쓰는 동사

graduate form 졸업하다

• 전치사 in(into)를 쓰는 동사

confide in ~을 신뢰하다	consist in ~에 있다
differ in ~에 있어서 다르다	engage in ~에 종사하다
look into ~을 조사하다	result in ~을 초래하다
participate in ~에 참여하다	succeed in ~에 성공하다

- 전치사 as를 쓰는 동사

serve as ~로서 근무하다

- 전치사 of를 쓰는 동사

approve of ~을 인정하다	be made up of ~으로 구성되다
beware of ~을 주의하다	consist of ~으로 구성되다 = be composed of
dispose of ~을 처분하다	
think of ~을 생각하다	

- 전치사 at을 쓰는 동사

arrive at ~에 도착하다	look at ~을 보다

- 전치사 on(over)을 쓰는 동사

concentrate on ~에 집중하다	depend on ~에 의존하다
focus on ~에 집중하다	reply on ~에 의존하다

- 전치사 through를 쓰는 동사

get through ~을 끝내다: ~을 통과하다
go through ~을 겪다(경험하다): ~을 살피다: ~을 탐색하다

- 다양한 전치사와 결합하는 동사

agree	agree with+사람 ~에게 동의하다 agree to+의견 ~에 동의하다 agree on+안/조건 ~에 합의하다
consist	consist of ~으로 구성되다 consist in ~에 있다 consist with ~와 일치하다
differ	differ from ~와 다르다 differ in ~에 있어서 다르다

look	look at ~을(응시하여) 보다 look for ~을 찾다 look over ~을 검토하다 look into ~을 조사하다
succeed	suceed in ~에 성공하다 succeed to ~을 계승하다
result	result from+원인 ~으로부터 기인하다 result in+결과 ~을 초래하다

b. 불완전타동사

불완전하니 보어가 필요하고 타동사이니 목적어가 필요한 5형식 동사는 불완전타동사.

(1) 지각(오감)동사

look / sound / smell / taste / feel + 형용사(+ like 명사)

- 보고, 듣고, 냄새를 맡고, 느끼는 감각을 나타내는 동사를 의미.
- 지각동사 뒤에는 형용사가 올 수 있어요. '~한 상태를 지각하다'로 해석.
- 지각동사 뒤에 like와 함께 명사가 올 때는 '~처럼'이라는 의미.

(2) 상태동사

be, seem, appear, remain, keep → 주어의 상태를 나타내며 '~이다, ~되다'로 해석.

(3) 변성동사[become 군]

공통적으로 '~되다, ~변하다'란 뜻.

→ become, come, get, run, turn, go, grow, make, full

come true 실현되다

get married 결혼하다

fall asleep 잠들다

get angry 화나다

go mad 미치다
go bad 상하다
go bankrupt 파산하다
grow old 나이가 들다
grow wild 야생으로 자라다
make blind 눈이 멀다
make sure 확실히 하다
make friends 친구가 되다
run dry 고갈되다
run high 오르다
run low 떨어지다
run short 부족하다
turn red(yellow) 빨갛게(노랗게) 되다

(4) 판명동사

turn out (to be)+ 형용사: ~라고 판명되다

prove (to be) + 형용사: ~라고 증명되다

(5) 자/타에 유의할 동사

lie-lay-lain	(자) 눕다, 놓여있다
lie-lied-lied	(자) 거짓말하다
lay-laid-laid	(타) ~을 놓다, ~을 눕히다, 알을 낳다
rise-rose-risen	(자) 오르다
raise-raised-raised	(타) ~을 놓다, 설치하다
sit-sat-sat	(자) 앉다
set-set-set	(타) ~을 놓다, 설치하다
seat-seated-seated	(타) ~을 앉히다

c. 완전타동사

의미가 완전하기 때문에 보어는 필요하지 않지만 목적어는 필요한 동사를 의미.

accompany: ~와 동반하다	address: ~을 주장하다, ~을 설명하다, ~을 해결하다
affect: ~에 영향을 미치다	appreciate: ~에 감사하다
answer: ~에 대답하다	attack: ~을 공격하다

approach: ~에 접근하다	await: ~을 기다리다
attend: ~에 출석하다, 참석하다	contact: ~에게 연락하다
call: ~에 전화하다, 부르다	disclose: ~을 폭로하다
damage: ~에 피해를 입히다	enter: ~에 들어가다
discuss: ~에 관해서 논의하다	follow: ~을 뒤따르다
exceed: ~를 초과하다	influence: ~에 영향을 주다
inhabit: ~에 거주하다	implement: ~을 실행하다
inspect: ~을 조사하다	join: ~에 합류하다
marry: ~와 결혼하다	mention: ~을 언급하다
overcome: ~을 극복하다	obey: ~을 복종하다
oppose: ~을 반대하다	reach: ~에 도착하다
reveal: ~을 밝히다	resemble: ~와 닮다
survive: ~로부터 살아남다	visit: ~을 방문하다
prove: 증명하다, 입증하다	postpone: 미루다, 연기하다

• 완전타동사는 전치사와 쓰지 않음

She married ***with(x)*** him.

He entered ***into(x)*** her office.

We need to discuss ***about(x)*** this issue.

They reached ***at(x)*** the station.

I resemble ***with(x)*** my mother.

• 타동사 뒤에 목적어가 없다면 수동형

Everyone thought that he was living alone, but he ***married***. (X)

→ but he ***was married***.(O)

• 전치사구를 수반하는 타동사

관용적으로 완전타동사 + A + 전치사 + B의 형식으로 쓰이는 동사들.

- 제공, 공급 동사 + A + with + B: A에게 B를 제공하다

=제공, 공급 동사 + B + for(to) + A: A에게 B를 제공하다

provide / furnish / prevent / supply / equip / endow / entrust

- 제거, 박탈 동사 + A + of + B: A에게서 B를 빼앗다

deprive / rid / clear / empty / relieve / defraud / free / cheat

- 공지, 알림 동사 + A + of + B: A에게 B를 생각나게 하다

remind / inform / convince / warn / assure / notify / advise

- 금지, 방해 동사 + A + from + B(~ing): A를 B로부터 막다, 금지하다

keep / stop / hinder / ban deter / discourage / prohibit / bar disable / dissuade / restrain

- 칭찬, 감사, 비난, 용서 동사 + A + for + B: A를 B에 대한 칭찬, 감사, 용서, 비난하다

praise / reward / thank / applaud commend / blame / scold / punish criticize / denounce / reproach / reprove rebuke

- 설명, 제안 동사 + A + 새 + B: B에게 A를 설명하다

explain / introduce / announce / confess propose / suggest / repeat / describe impart / mention / prove

d. 수여동사(4형식)

• 수여동사는 무언가를 '수여', 즉 '주다'라는 뜻을 가진 동사.

• 수여동사로 착각하기 쉬운 동사 → 이 동사들은 3형식 문장으로 사용.

→ explain, describe, introduce, propose, suggest, say, announce, repeat, mention, impart, prove, confess

예 The man explained me how to use this machine. (x)

→ explained to me

He introduced his wife me.(x)

→ introduced me to his wife.

4) 시제

시제는 문장이 가리키는 상황의 시간적인 개념을 나타내는 말이에요.

기본 형태로는 기본시제, 진행형시제, 완료형시제, 완료진행형 시제에 각각 현재, 과거, 미래의 3개씩 총 12시제가 있어요

a. 기본형태

	기본시제	진행형	완료형	완료진행
현재	be: am, are, is 일반: V/-(e)s	am/are/is+ ~ing	have / has pp	have / has been ~ing
과거	be: was, were 일반: 규칙: V+(e)d 불규칙: 3단변화	was/were + ~ing	had pp	had been ~ing
미래	will + R	will + be + ing	will have pp	will have been ~ing

b. 기본시제

(1) 현재형을 쓰는 경우는 언제?

① 현재의 사실, 습관, 반복적 동작을 나타낼 때

예 I usually wake up at 6 every morning.

② 시간에 관계없는 불변의 진리, 격언 및 속담을 나타낼 때

예 The earth moves around the sun.

③ 왕래발착 동사

왕래발착 동사에는 go, come, leave, begin, start, arrive등이 있고 주로 가까운 미래를 나타낼 때 사용. 이때 미래시제 대신 현재시제를 써서 표현.

예 The bus ***arrives*** after ten minutes.
She ***leaves*** tomorrow morning.

④ 시간과 조건의 부사절에서는 현재형으로 미래를 나타냄

- 시간의 부사절: when(before, after, as soon as…)+주어+동사
- 조건의 부사절: if(unless) +주어+동사

예 I will talk to you when he
If she ***misses*** the bus, she will

- if 문장이 whether의 뜻을 가진 명사절인 경우에는 미래형 사용.
  예 We do not know **if** he **will come** here tomorrow.
- when이 언제의 뜻인 의문사 문장일 경우에는 미래형 사용.
  예 **When will** you come here ? (언제 너는 여기 올 것이니?)

(2) 과거형을 쓰는 경우는 언제?

① 과거의 사실, 상태, 습관적인 동작, 반복을 나타낼 때

예 He invited me to his birthday party.

② 역사적 사실

예 King Sejong invented Hangul.

③ 문장 안에 ago, last, yesterday, [in + 과거연도]가 있을 때

예 He went to the party yesterday.

(3) 미래형을 쓰는 경우는 언제?

아직 일어나지 않은 일을 나타낼 때는 will(shall) + 동사원형.

예 I will go to your party this afternoon.

c. 진행시제

(1) 현재진행형: am/are/is + ~ing(현재분사)

현재 시점에서 어떤 동작이 진행되고 있는 상황을 나타냄.

'~하고 있다, ~하고 있는 중이다'의 의미.

예 What are you doing? I am washing the dishes.

(2) 과거진행형: was/were + ~ing

과거 시점에 어떤 동작이 진행되고 있는 상황을 나타냄.

'~하고 있었다, ~하는 중이었다'의 의미.

예 They were watching TV when I came home.

(3) 미래진행형: will(share) be + ~ing

미래 시점에 어떤 동작이 진행되고 있는 상황을 나타냄.

'~하고 있을 것이다'의 의미.

예 They will be here for you at the office.

• 소유, 상태, 감각, 지각, 인식동사는 진행형으로 사용할 수 없음.

- 소유동사: have(가지다), belong, posses, own, include, contain

예 She is having a nice bag(x) → She has a nice bag.

- 상태동사: seem, appear, remain, resemble, differ, exist

예 He is seeming to be tired(x). → He seems to be tired.

- 감각동사: like, hate, love, fear, want, desire, need, prefer

예 I am liking your friend.(x) → I like your friend.

- 지각동사: look, smell, taste, sound, feel, hear

예 It is sounding great(x) -> It sounds great.

- 인식동사: know, remember, perceive, believe, think understand

예 I am knowing him well(x) -> I know him well.

d. 완료시제

(1) 현재완료: have(has) + p.p. (과거분사)

현재완료는 과거에 일어난 동작이나 상태를 현재와 관련하여 어떤 영향을 미치는지, 어떤 상태인지를 나타냄.

현재완료의 4가지 용법

① 완료 용법

'막 ~했다'란 의미로 과거에 시작한 동작이 현재에 완료됨을 나타냄.

- 함께 사용되는 부사: just(방금), already(이미), yet(아직)

예 She has just finished her homework. (그녀는 막 숙제를 끝냈다).

② 경험 용법

'~한 적이 있다'란 의미로 과거부터 현재까지의 경험을 나타내요.

- 함께 사용되는 부사: ever, before, never, once, twice, three times, …many times

예 Have you ever been to Australia? (너는 호주에 가 본 적 있니?)

③ 계속 용법

'~해 오고 있다'란 뜻으로 과거부터 현재까지의 경험을 나타냄.

- 함께 사용되는 부사: for(~동안)/기간, since(~이후로)/시점

예 I have lived in Korea for three years. (나는 한국에서 3년 동안 살고 있다)

④ 결과 용법

'(~한 결과) ~하다'란 뜻으로 과거의 일로 인해 현재에 나타난 결과를 표현.

- have(has) lost: ~을 (과거에) 잃어버려서 (현재) 없다
- have(has) been to ~: ~에 (과거에) 갔다 왔다
- have(has) gone to ~: ~에 (과거에) 가서 (현재) 없다

예) I have lost my bag. (지금 가방이 없다.)
= I lost my bag, and I don't have it now.
She has been to China. (그녀는 중국에 간 적이 있다.)
=She has gone to China. (그녀는 중국에 가버렸다.)
=She went to China, so she is not here now.

(2) 과거완료: had + p.p(과거분사)

과거의 어떤 시간을 기준으로 하여 대과거부터 그때까지의 완료/경험/계속/결과를 나타냄. 또는 단순한 대과거를 나타냄.

① 대과거

과거의 어떤 때보다 먼저 일어난 동작은 과거완료 사용.

예 I found the key which I had lost the previous day. (나는 전날에 잃어버렸던 열쇠를 찾았다.)

② 과거완료시제의 용법

- 완료 용법

예 The bus had already left when I got there. (내가 그곳에 갔을 때, 버스는 이미 떠났었다.)

- 경험 용법

예 We didn't recognize her, because we had not seen her before.
(우리는 그녀를 전에 본 적이 없었기 때문에 그녀를 알아보지 못했다.)

• 계속 용법

예 She had been at home for two weeks when I returned.

(내가 돌아왔을 때 그녀는 2주 동안 집에 있었었다.)

• 결과 용법

예 They found out that he had gone to Korea. (그들은 그가 한국으로 가버렸다는 것을 알아냈다.)

(3) 미래완료: will(shall) have+p.p(과거분사) (~하게 될 것이다)

미래의 어느 시간을 기준으로 하여 현재나 과거부터 그때까지의 완료/경험/계속/결과를 나타냄.

미래완료시제의 용법

• 완료 용법

예 I will have arrived in Japan by next week. (나는 다음 주까지는 일본에 도착하게 될 것이다.)

• 경험 용법

예 If I win tomorrow again, I will have won it four times.

(내일 내가 또 이긴다면, 나는 4번을 이기게 되는 것이다.)

• 계속 용법

예 She will have been a doctor for 10 years by the end of this year.

(올해 말이 되면 그녀는 10년째 의사로 일하고 있게 된다.)

e. 완료진행 시제

현재완료, 과거완료, 미래완료 용법 중 진행의 의미를 강조해요.

(1) 현재완료 진행형: have(has) been+ ~ing

과거의 어떤 시점에서 한 동작이 지속되었고 지금도 계속 진행되고 있음을 나타냄.

how long, for, since와 함께 쓰임.

예 It has been snowing for three days. (3일 동안 눈이 내리는 중이다. 지금도 눈이 내리는 중이다.)

(2) 과거완료 진행형: had been + ~ing

과거의 어떤 시점부터 어떤 시점까지 일어난 일을 표현할 때 사용.

예 I had been waiting long before the bus arrived. (버스가 도착하기 전까지 나는 오래 기다리고 있었다.)

(3) 미래완료 진행형: will(shall) + have been + ~ing

미래의 어떤 시점에 행위가 진행되고 있는 것을 의미.

예 It will have been raining for a week by tomorrow. (비가 내일까지 오면 일주일 동안 오는 것이 될 것이다.)

- '~하자마자 …했다'의 여러 관용표현

주어 had hardly(scarcely) + pp + when(before) + 주어 + 과거동사: ~하자마자 …했다

= 주어 + had no sooner + pp + than + 주어 + 과거동사

= Hardly(Scarcely) + had + 주어 + pp + when(before)주어 + 과거동사~

= No sooner + had + 주어 + pp~ + than + 주어 + 과거동사

= As soon as + 주어 + 동사, 주어 + 동사

= On(Upon) 동사ing, 주어 + 동사

예 We had no sooner arrived at the place than it started to rain.

= Hardly(Scarcely) had we arrived at the place when(before) it started to rain.

= No sooner had we arrived at the place that it started to rain.

= As soon as we arrived at the place, it started to rain.

= On(Upon) our arriving at the place, it started to rain.

5) 부정사

기능이 너무 많아 딱히 정할 수(정)가 없다(부)는 품사(사)라는 의미가 부정사예요.
부정사는 to+동사원형의 형태를 말해요. 문장에서 명사, 형용사, 부사처럼 쓰여요.

a. 명사적 용법

명사적 용법에서는 to부정사가 주어, 목적어, 보어 역할.

(1) 주어 역할: ~하는 것은

예 To study English hard. (영어를 공부하는 것은 어렵다.)

- to부정사가 주어로 쓰이는 경우 보통 주어 자리에 it을 쓰고 to부정사를 맨 뒤로 보냄. 이는 **가주어**, **진주어** 문장이라고 함.

예 **It** is hard **to study English**.
(가주어) (진주어)

(2) 목적어 역할: ~하는 것을, ~하기를

to 부정사를 목적어로 쓰는 동사

: agree, ask, choose, dare, decide, expect, hope, intend, manage, need, offer, refuse, pretend, promise, want, tell, tend…

예 She wants to go home. (그녀는 집에 가고 싶어한다.)
He decided not to go to the party. (그는 파티에 가지 않기로 결심했다.)

(3) 보어 역할: ~하는 것이다

to부정사가 동사 뒤에서 주어를 보충 설명.

주어 + 동사 + to부정사(주격보어)

예 Her dream is to become a singer. (그녀의 꿈은 가수가 되는 것이다.)

- 목적어를 보충 설명하는 목적격보어의 역할.

동사 + 목적어 + to부정사(목적격보어)

예 She wants him to learn Korean. (그는 그가 한국어를 배우기를 원한다.)

b. 원형부정사

원형 부정사는 to가 없는 부정사로 동사원형과 같은 형태를 취해요.

(1) 지각동사

지각동사는 목적격보어로 동사원형이나 ~ing가 오지만, 수동태로 쓰일 때는 to 부정사를 사용해요.

- **지각동사 + 목적어 + pp [수동]**

예 I saw her cross(crossing) the road. (나는 그녀가 도로를 건너는 것을 봤다.)

→ She was seen to cross the road by me.

(2) 사역동사(make, let, have)

① 사역동사도 마찬가지로 목적격보어로는 동사원형.

help는 to 동사원형, 동사원형 둘 다 가능하고 get은 to 동사원형만 가능.

예 She helped her brother ***(to) study*** English.

He got me ***to do*** his homework.

② 사역동사 + 목적어 + 동사원형 [능동]

예 He ***had*** me ***take*** pictures.

③ 사역동사 + 목적어 + pp [수동]

예 He ***had*** his passport picture ***taken***.

- 수동태로 바꾸는 경우, make는 to 동사원형을 씀.

예 She made me clean the room.

→ I was made to clean the room by her.

(3) 유의해야 할 동사

① want 구문: want + 명사(대명사) / to 부정사 /목적어 +to 부정사 (O)

want + that절 (X)

• want 다음에는 명사, 부정사, 목적어와 부정사 등 다양한 문장이 옴.
단, that 절 문장은 오지 못함.

예 I want him(O)
I want to meet him. (O)
I want you to meet him. (O)
I want that you meet him. (X)

② hope 구문: hope + for 명사 / to 부정사 / that절 (O)

목적어 + to 부정사 (X)

• hope 다음에는 for + 명사, to 부정사, that 절 등이 올 수 있음.
하지만 목적어 + to 부정사 구문은 올 수 없음.

예 I hope for the dream(O).
I hope to see you(O)
I hope that you meet him. (O)
I hope you to meet him. (X)

(4) 부정사의 의미상 주어

문장의 주어와 to 부정사 행동을 취하는 주어가 다른 경우 to 부정사 앞에 [for + 목적격] 또는 [of + 목적격]을 써서 문장의 주어와 구분할 수 있어요. 이를 의미상 주어라고 해요. 일반 형용사가 오는 경우, 즉 보통의 경우에는 for를 쓰고 성격, 성품을 나타내는 형용사가 오면 of를 써요.

① It + 형용사 for + 목적격 + to부정사

• 일반형용사: dangerous, easy, difficult, hard, usual, important, possible, impossible, necessary…

예 It is hard for me to learn math.
→ Math is hard for me to learn.
→ I am hard to learn math. (X)

② It + 형용사 of + 목적격 + to부정사

- 사람의 성격 형용사: kind, stupid, caeless, foolish, clever, wise, rude, brave, sweet, careful, selfish…

  예 It is foolish of him to let you go.
  → He is foolish to let you go.

- 문장의 주어 혹은 목적어와 일치하거나, 일반인인 경우에는 의미상 주어를 표시하지 않아요.

(5) 부정사 시제

① 단순부정사

주절과 같은 시제를 나타내는 경우 'to 동사원형'를 써요.

예 It seems that she is sick. (그녀는 아픈 것 같다.) → seems와 is 시제가 동일
It seems that she is absent. → She seems to be absent.
It seemed that she was absent. → She seemed to be absent

② 완료부정사

주절의 시제보다 한 시제 앞서는 경우에는 'to + have pp'를 써요.

부정사의 과거형의 개념으로 이해해야 해요.

예 It seems that she was sick. (그녀는 아팠던 것 같다.) → seems보다 was가 앞서는 경우
It seems that she was(has been) sad. → She seems to have been sad.
It seemed that she had been sad. → She seemed to have been sad.

(6) to 부정사를 이용한 복문을 단문으로 전환할 수 있는 동사들

It + (seem, appear, be said, be thought, be believed, be likely..) + that 주어 + 동사.
= 주어 + (seem, appear, be said, be thought, be believed, be likely..) + to 부정사
= 주어 + (seem, appear, be said, be thought, be believed, be likely..) + to have pp

(7) to 부정사의 부정

부정사의 부정표현은 부정사 앞에 not 또는 never, hardly, rarely, seldom 등의 부정부사가 온다.

- not(never) + to 동사원형

예 You must study hard so as not to fail in the test.

→ You must study hard (so) that you may not fail in the test.

→ You must study ahrd lest you should fail the test.

(8) 대부정사

to부정사에서 동사를 생략하고 'to'만 남겨 놓은 것이 대부정사.

앞에 나온 동사의 반복을 피하기 위해 사용.

예 She should quit if she wants ***to (quit)***.

6) 동명사

동사(동)가 명사 역할(명)을 하는 품사(사)가 동명사에요. '~하는 것' 또는 '-하기'로 해석해요. 동명사는 동사 + ing의 형태로 문장에서 명사처럼 주어, 목적어, 보어의 역할을 해요.

a. 동명사의 역할

(1) 주어 역할

예 Learning math is hard.

= To learn math is hard. → It is hard to learn math.

주어로 쓰일 때는 to부정사보단 동명사로 쓰일 때가 더 많음.

to 부정사의 경우에는 보통 가주어 it을 써서 나타냄.

(2) 보어 역할

보어로 쓰일 때는 동사 뒤에 동명사가 위치하고 주어를 보충 설명.

예 My dream is becoming a singer. (My dream = becoming a singer)

= My hobby is to become a singer.

(3) 목적어 역할

목적어로 쓰일 때는 동명사가 동사 혹은 전치사 뒤에 위치.

예 She enjoyed drinking alcohol. (동사 enjoyed의 목적어)
He is bad at playing games. (전치사 at의 목적어)

b. 동명사만 목적어로 취하는 동사

(1) 대표적인 동명사를 취하는 동사

avoid, escape	피하다
cannot help, miss	~하지 못해 유감이다
defer, delay, postpone, put off	연기하다
finish, get through, stop	끝내다
include, involve	포함하다

예 I finished doing my homework. (O)
I finished to do my homework. (X)
I finished do my homework. (X)

(2) 그 외 동명사를 취하는 동사

- imagine 상상하다
- advise 충고하다
- deny 부인하다
- forgive 용서하다
- enjoy 즐기다
- consider 고려하다
- mind 싫어하다
- give up 포기하다
- appreciate 감사하다
- practice 연습하다
- suggest 제안하다
- resent 화내다
- risk ~할 위험을 무릅쓰다
- admit 인정하다
- resist 견디다

c. 목적어로 동명사, to 부정사를 모두 취하는 동사

(1) 의미 변화가 없는 동사: 목적어로 동명사와 to부정사 둘 다 사용 가능하고 이때 의미 차이가 없음.

begin, start, continue, like, love, hate…

예 Nancy started singing.(Nancy는 노래 부르기 시작했다.)
= Nancy started to sing.

(2) 의미 변화가 있는 동사: 목적어로 동명사와 to부정사 둘 다 사용 가능하지만 각각 의미가 달라짐.

동명사인 경우 과거의 일을, to 부정사인 경우 미래의 일을 나타냄.

① remember[forget] + to R: ~할 것을 기억하다[잊어버리다]
remember[forget] + ~ing: ~했던 것을 기억하다[잊어버리다]

예 I remember to see you. 나는 너를 볼 것을 기억한다. (미래)
I remember seeing you. 나는 너를 봤던 것을 기억한다. (과거)

② regret + to R: ~하게 되어 유감이다
regret + ~ing: ~한 것을 후회하다

예 She regretted to meet him. (유감)
She regretted meeting him. (후회)

③ try + to R: ~을 노력하다
try + ~ing: ~을 시도하다

예 They tried to open the door. (노력)
They tried opening the door. (시도)

④ stop + to R: ~하기 위해 멈추다

예 She stopped to run. (그녀는 달리기 의해 멈췄다.)

⑤ stop + ~ing: ~하던 것을 멈추다

예 She stopped running. (그녀는 달리는 것을 멈췄다.)

d. 동명사와 현재분사의 구분

동명사와 현재분사 둘 다 형태는 동사 + ing로 같지만 쓰임이 달라요. 동명사는 '~하기 위한, ~하는 것'의 의미이고 현재분사는 '하고 있는, ~하게 하는'이라는 의미를 가져요.

(1) 동명사 + 명사 → 명사 for 동명사: 명사의 목적이나 용도(~하기 위한)

a sleeping bag → a bag for sleeping

이처럼 용도를 나타내는 동명사로는 smoking room(흡연실), waiting room(대기실), fitting room(탈의실), running shoes(운동화)등이 있음.

(2) 현재분사 + 명사 → 명사(관계대명사 + be) 현재분사: 상태(~하고 있는)

a sleeping boy → a boy who is sleeping (자고 있는 소년)

e. 동명사의 의미상 주어

to부정사의 의미상 주어와 마찬가지로 동명사의 행동을 취하는 주어가 동명사의 의미상 주어.

동명사의 의미상 주어는 '소유격'으로 나타냄.

예 Do you mind playing the piano here?

= Do you mind ***my*** playing the piano here? (my = 의미상 주어)

* 의미상 주어가 일반인이거나, 문장의 주어 혹은 목적어와 같은 경우는 의미상의 주어를 나타내지 않음.

f. 동명사의 시제

(1) 동명사를 이용한 문장전환은 일반적으로 전치사를 사용해서 전환 가능. (복문 → 단문)

예 He is proud that he is rich. (그가 부자인 것이 자랑스럽다.)

→ He is proud of being rich.

(2) 완료동명사

주절의 시제보다 한 시제 더 앞선 시제를 나타낼 때는 having + pp를 사용해서 전환. 동명사의 과거형이라 할 수 있음.

예 He is proud that he was rich. '(과거에) 그가 부자였던 것이 그는 (지금도) 자랑스럽다.'

→ He is proud of having been rich.

h. 동명사의 부정

동명사 앞에 not 또는 부정부사를 쓰면 부정형태.

예 She regrets saying sorry to him.

She regrets **not saying** sorry to him.

to 부정사로 오해하기 쉬운 전치사 to + 명사 또는 동사 -ing

① look forward to ~ing: ~하기를 기대하다

예 She looks forward ***to meeting*** her favorite actor.

② be used to ~ing = be accustomed to~ing: ~하는데 익숙하다

예 He is used ***to spending*** time alone.

= He is accustomed to spending time alone.

③ What would you say to ~ing?: ~하는 것 어때?

예 What would you say ***to going*** for a drive?

= How about going for a drive?

= Let's go for a drive.

④ prefer A to B: B보다 A를 더 좋아하다

예 They prefer reading ***to exercising***.

= They would rather read than exercise.

⑤ **with a view to ~ing: ~할 목적으로**

예 I talked to him with a view ***to meeting*** his girlfriend.

⑥ **be opposed to ~ing= object to ~ing: ~에 반대하다**

예 May people were opposed to the new law.

i. 동명사의 관용 표현

(1) be busy ~ing: ~하느라 바쁘다

= be busy with N

예 She is busy caring her children.
= She is busy with the care of her children.

(2) go on ~ing: 계속 ~하다

= keep on ~ing

예 He went on calling her names.
= He kept on calling her names.

(3) feel like ~ing: ~하고 싶다

예 I feel like eating out.

(4) How(What) about ~ing: ~하는 게 어때?

= What do you say to ~ing

= Let's 동사원형

예 How(What) about preparing for the exam?
= What do you say to preparing for the exam?
= Let's prepare for the exam.

(5) be worth ~ing: ~할 가치가 있다

= **be worthwhile to R**

예 This movie is worth watching.

= This movie is worthwhile to watch.

(6) It's no use ~ing: ~해도 소용없다

= **It is of no use to R**

예 It's no use worrying about the future.

= It is of no use to worry about the future.

(7) There is no ~ing: ~하는 것은 불가능하다

= **It is impossible to R**

= **It is impossible to**

예 There is no solving the ptoblem.

= It is impossible to solve the problem.

(8) It goes without ~ing: ~은 말할 필요도 없다

= **It is needless to R**

예 It goes without saying that he is handsome.

= It is needless to say that he is handsome.

(9) cannot help ~ing: ~하지 않을 수 없다

= **cannot but R**

예 I cannot help smiling at you.

= I cannot but smile at you.

(10) On(Upon) ~ing: ~하자마자, ~할 때에

= **As soon as S + V**

예 On(Upon) watching the movie, he vomited.

= As soon as he saw the movie, he vomited.

(11) make a point of ~ing: ~하는 것을 규칙으로 하다

= **make it a rule to R**

예 She makes a point of exercising in the evening.

= She makes it a rule to exercise in the evening.

(12) be on the point of ~ing: 막 ~하려고 하다

= **be about to 부정사**

예 She was on the point of breaking down.

= She was about to break down.

(13) be far from ~ing: 결코 ~이 아니다

= **be never~**

예 I am far from being interested in musicals

= I am never interested in musicals.

(14) cannot R…without~ing: …하면 반드시~하다

예 She cannot go out without wearing her hat.

(15) have difficulty (in) ~ing

= **have problems (in) ~ing**

= **have a hard time (in) ~ing**

예 We have difficulty (in) coming here.

= We have problems (in) coming here.

= We have a hard time (in) coming here.

7) 분사

분사는 동사와 형용사의 기능을 나누어서(분) 하는 품사(사)라는 뜻이에요.

분사는 동사가 명사를 형용사처럼 꾸며줘요. 분사의 종류에는 현재분사(ing)와 과거분사(pp)가 있어요.

현재분사는 능동의 의미를, 과거분사를 수동의 의미를 가져요.

예 I saw ***the boy sitting*** under the chair.
(앉아있는 소년: 능동)
The ***injured cat*** was brought by Adam.
(부상당한 고양이: 수동)

a. 분사의 쓰임과 위치

(1) 한정적 용법

① 분사를 형용사로 사용하는 경우이며 명사나 대명사를 수식.

분사가 단독으로 사용될 때는 명사 앞에 옴.

예 broken car, written books

② 분사가 구를 이룰 때는 명사 뒤에 와요.

예 the boys running in the room → the boys who are running in the room

(2) 서술적 용법

- 감정의 분사

감정을 유발하면 현재분사(ing)로, 감정을 느끼면 과거분사(pp) 형식으로 쓰임.

사람 → pp(과거분사), 사물 → 동사-ing

놀라게 하다	surprise, amaze, astonish, astound, frighten, startle
즐겁게 하다	amuse, delight, please
당황하게 하다	bewilder, confuse, embarrass, perlex, puzzle
실망하게 하다	dissapoint, discourage, depress
기타	satisfy, excite, interest, bore, exhaust, annoy, move, tire···

예 The issue was shocking.
I was shocked at the issue.

b. 관용구

(1) go ~ing: ~하러 가다

예 They go shopping tomorrow.

(2) keep ~ing: 계속해서 ~하다

예 She kept annoying me.

(3) be busy ~ing: ~하느라 바쁘다

예 I was busy doing my homework.

(4) spend+시간/돈 + ~ing: ~하는데 시간/돈을 쓰다

예 He spent five dollars playing games.

c. 분사구문

분사구문이란 분사를 사용해서 '접속사 + 주어 + 동사'로 이루어진 부사절을 구로 전환하는 것. 간단히 말해서 문장이 ~ing 혹은 pp로 시작되고 주절과 분사구문의 관계에 따라 시간, 조건, 이유, 양보, 부대상황(동시동작) 등의 의미를 가짐.

(1) 분사구문은 다음 순서로 만들 수 있음

① 접속사를 생략

예 ~~While~~ he watched TV, he listened to the radio.

② 주절의 주어와 부사절의 주어가 같을 경우, 주절의 주어를 생략해요.

다를 경우에는 그대로 둠(독립분사구문).

예 ~~While he~~ watched TV, he listened to the radio.

③ 주절과 부사절 동사의 시제가 같은 경우 동사를 [동사원형 + ing]로 고침

예 ~~While he watched~~ TV, he listened to the radio.

→ Watching

* While he watched TV, he listened to the radio.

= Watching TV, he listened to the radio.

(2) 부대상황

- 동시동작: 분사의 행동이 주절의 행동과 동시에 일어남

- 연속동작: 분사의 행동이 먼저, 연속으로 주절의 행동이 일어남

예 Laughing, he went into the room.

= As he laughed, he went into the room.

Waking up, she turned on the light.

= She turned on the light, and she woke up.

(3) 양보(~할지라도, ~이지만 though/although)

예 Though visiting her house, he didn't talk to her.

→ Though he visited her house, he didn't talk to her.

(4) 이유(~때문에 Because/As/Since)

예 Having no money, he bought nothing.

= Because he had no money, he bought nothing.

(5) 조건(~한다면 If)

예 Turning off the light, you will see nothing.

= If you turn off the light, you will see nothing.

(6) 때(~할 때 When/As, ~하는 동안 While, ~하기 전에 Before, ~한 후에 After)

예 Talking with her, I felt worse.

= After I talked with her, I felt worse.

d. 주의해야 할 분사구문

(1) Being, Having been은 생략 가능

예 While I was swimming in the pool, I saw it.

= (Being) swimming in the pool, I saw it.

If she had been born in England, she would have been a teacher.

= (Having been) Born in England, she would have been a teacher.

(2) 부정형은 not을 붙임

예 Because I don't care about him, I won't meet him.

= Not caring about him, I won't meet him.

(3) 독립분사구문

주절의 주어와 부사구의 주어가 다른 경우에는 주어를 생략할 수 없음

주어를 그대로 두고 동사원형+ing를 추가.

예 As it was raining, we canceled our trip.

= It being raining, we canceled our trip.

(4) with + 명사 + 분사

'~을…한 채로'의 뜻으로 동시동작을 나타냄.

명사와 분사의 관계가 능동이면 현재분사를, 수동이면 과거분사 사용.

예 He turned around as tears were running down his chin.
= He turned around, with tears running down his chin.

8) 조동사

조동사는 두 개의 기능으로 분류할 수 있어요.

첫째는 각 조동사는 고유의 의미를 가지고 있지요. 예를 들어, must는 법적인 의무, should는 도덕적인 의무, may는 허가, can은 능력, will은 미래 등이에요.

둘째, 모든 조동사는 추측의 공통적인 의미를 가지고 있어요. 그런데 추측에 대한 확신의 강도에 따라 조동사의 쓰임이 달라지죠. 가령, must는 99%, should는 80%, can은 60%, may는 40%, could는 20%, might는 10% 확신의 추측성을 가지죠. 이 두 기능을 염두에 두면서 시험에 잘 나오는 각 조동사의 관용 표현을 다음과 같이 알아보기로 해요.

a. Can

(1) cannot R ~too: 아무리 ~해도 지나치지 않다

= cannot R ~enough

= cannot over R ~

= It is impossible to over R

예 She **cannot compliment** him **too** much. (그녀가 그를 아무리 칭찬해도 지나치지 않다.)
= She **cannot compliment** him **enough**.
= She **cannot over compliment** him.
= **It is impossible to over compliment** him.

(2) cannot but+R: ~하지 않을 수 없다

= cannot choose but R

= cannot help ~ing

= have no choice(option, alternative, other way) but to R

= can do nothing but R

= There is nothing for it but to R

= Nothing remains but to R

예 I **cannot but give** him money. (나는 그에게 돈을 주지 않을 수 없다.)

= I **cannot choose but give** him money.

= I **cannot help giving** him money.

= I **have no choice but to give** him money.

= I **can do nothing but give** him money.

= **There is nothing for it but to give** him money.

= **Nothing remains but to give** him money.

b. May

(1) may well: ~하는 것이 당연하다

= have good reason to R

= it is natural that S+R

예 I **may well like** James. (내가 James를 좋아하는 것이 당연하다.)

= I **have good reason to like** James.

= **It is natural that I like** James.

(2) may as well R: ~하는 것이 좋다

= had better + R

= do well to +R

예 You **may as well rest** for a while. (잠시 동안 쉬는 것이 좋다)

= You **had better rest** for a while.

= You **do well to rest** for a while.

(3) may as well A as B: B하느니 A하는 게 낫다

예 She **may as well study as go** to the party. (그녀는 파티에 가느니 공부하는 게 낫다.)

c. Would

(1) would like to R: ~하고 싶다

예 I would like to join the club. (나는 그 동아리에 가입하고 싶다.)

(2) would rather R: ~하는 게 낫다

예 I would rather read books. (나는 책을 읽는 게 낫다.)

(3) would rather A than B: B하느니 A하는게 낫다

예 I would rather read books than go to the movie. (영화를 보러 가느니 책을 읽는 것이 낫다)

d. Should

이성적 판단의 형용사 혹은 주장, 명령, 제안, 충고 동사 뒤에는 주어 + (should) + 동사원형의 형태가 옴. 이때 should는 생략 가능.

(1) 이성적 판단(필요, 당연) 형용사 + 주어 + (should) + 동사원형 문장에 쓰이는 동사들

important, good, necessary, natural, right, logical 등

예 It is **important** that you **(should) meet** her.

(2) 주장, 명령, 요구 제안, 충고 동사 + 주어 + (should) + 동사원형 문장에 쓰이는 동사들

suggest, insist, order, request, desire, advise, ask, urge, propose, require, demand, prefer, move···

예 She **insisted** that I **(should) take care of** her baby.

e. do

조동사 do는 여러 역할.

(1) 부정문과 의문문을 표현하는데 사용

예 I **don't** understand. (부정문)
Do you understand? (의문문)

(2) 일반동사를 강조하기 위해 사용

예 She **did** write the letter. (강조문)

(3) 문장의 동사의 반복을 피하기 위한 대동사로 사용

예 She hates me as I **do**. (대동사)

(4) 어순이 도치되는 경우에 사용

예 Little **did** I think that she would leave. (도치문)

f. need(~할 필요가 있다) & dare(감히 ~하다)

need와 dare은 둘 다 의문문과 부정문에서만 조동사로 쓰임.

(1) 일반동사로 쓰이는 경우엔 주어가 3인칭 단수일 때 s가 붙음

예 She **needs** to take care of herself. (일반동사)

(2) 조동사 다음에 올 수 있음

예 He will need to see a doctor. (조동사 + need)

(3) need + ~ing는 수동의 의미

예 This computer needs repairing. = This car needs to be repaired. (수동)

(4) 부정문에서는 don't / doesn't / didn't + need로 사용

예 I don't want to study. (일반동사-부정)

(5) dare

① 일반동사로 쓰이는 경우엔 주어가 3인칭 단수일 때 s가 붙음

② 부정문에서는 don't/doesn't/didn't+dare로 쓰고 dare not(조동사) + R로 바꿔쓸 수 있음

예 The boy doesn't dare to go to the forest.
= The boy dare not go to the forest.

g. used to & be used to

(1) used to R: 과거의 규칙적인 습관으로 '(과거에) ~하곤 했었다)로 해석

would는 과거의 불규칙적인 습관을 나타낼 때 사용.

예 He used to exercise every day. (과거의 규칙적인 습관)
He would call his parents every two weeks. (과거의 불규칙적인 습관)

(2) 과거의 지속적인 상태를 나타내며 '(과거에) ~이었다'로도 해석할 수 있어요.

습관이 아닌 상태이므로 이때 would는 쓸 수 없음

예 There used to be a small tree in front of the house. (O)
There would be a small tree in front of the house. (X)

(3) be used to R: '~하는 데 사용되다'로 해석

예 This tool is used to fix the shelf.

(4) be used to 명사(~ing): '~에 익숙하다'로 해석

예 I was used to working at night.

h. 조동사 + have + 과거분사(PP)

예 She **cannot have stolen** the wallet. (그녀가 지갑을 훔쳤을 리가 없다.)

She **must have stolen** the wallet. (그녀가 지갑을 훔쳤음이 틀림 없다.)

She **may have stolen** the wallet. (그녀가 지갑을 훔쳤을지도 모른다.)

She **should have stolen** the wallet. (그녀가 지갑을 훔쳤어야 했다.)

9) 수동태

능동태는 주어가 '직접' 행동을 하는 능동형태의 문장을 말하고 수동태는 주어가 행동을 '당하는' 수동 형태의 문장을 말해요. 기본 형태는 다음과 같아요.

- 능동태 = 주어 + 타동사 + 목적어

  예 I wrote the book. 나는 책을 썼다. (능동태)

- 수동태 = 주격 + be + 과거분사 + by + 목적격

  예 The book was written by me. 그 책은 나에 의해 쓰였다. (수동태)

a. 수동태의 성격

(1) 자동사는 수동태로 쓸 수 없어요. 즉 타동사만 수동태 문장으로 가능

예 He was disappeared. (X)

He disappeared. (O)

(2) 보어는 수동태 주어로 쓸 수 없어요. 목적어만 수동태의 주어로 쓸 수 있음

(3) 타동사 뒤에 목적어가 없다면 수동태의 주어를 만들 수 없기 때문에 수동태로 의심

b. 3형식의 수동태

기본형태: S + be 동사 + p.p (과거분사)

예 He saw her at the station.

→ She ***was seen*** at the station ***by*** him.

c. 4형식의 수동태

4형식은 목적어가 2개이므로(간접목적어:~에게/직접목적어:~를) 두 가지 수동태

d. 기본형태

직접목적어를 주어로 할 경우 간접목적어 앞에 전치사 사용.

(1) 전치사 to를 사용하는 동사

give bring send pass lend owe teach…

예 I gave him the book.

→ He ***was given*** the book by me.

→ The book ***was given to*** him by me.

(2) 전치사 for를 사용하는 동사

make build buy get choose order…

예 My mother built me a house.

→ I ***was built*** a house by my mother. (X)

→ A house ***was built for*** me by my mother. (O)

(3) 전치사 of를 사용하는 동사

ask beg demand require···

예 They asked him many questions.

→ He ***was asked*** many questions by them.

→ Many questions ***were asked of*** him by them.

e. 직접목적어를 주어로 한 수동태만 가능

다음 동사들을 사용할 때는 간접목적어(사람 목적어)를 주어로 한 수동태는 불가능. 직접목적어만 주어로 올 수 있어요.

make read sell write buy send···

예 I made him a cake.

→ A cake ***was made for him*** by me. (O)

→ He ***was made*** a cake ***by*** me. (X) 그가 만들어질 수는 없음

f. 5형식의 수동태

(1) 기본형태

5형식 문장을 수동태로 바꾸면 2형식

예 I found the movie boring.

→ The movie ***was found*** boring by me.

(2) 사역동사/지각동사 + 목적어 + 동사원형

지각동사와 사역동사는 목적격보어로 동사원형이 올 수 있음

수동태로 바꾸려면 동사원형 앞에 to를 추가

예 She made me go to the party.

→ I ***was made to go*** to the party.

* have는 be asked to, let은 be allowed to를 사용

예 She let me go ahead of her.

→ I ***was allowed to*** go ahead of her.

g. 지각동사 + 목적어 + ~ing

예 I saw her crossing the road.

→ She ***was seen crossing*** the road.

h. 수동태의 부정문, 의문문

(1) 부정문

be동사 뒤에 not을 사용

예 He is not liked by everyone.

(2) 의문문

be동사가 주어 앞으로 나감.

예 Is he liked by everyone? → Yes, he is. / No, he isn't.

i. 수동태의 시제

(1) 단순형의 수동태

be 동사 + pp(과거분사)

예 He gave me a ring. → A ring ***was given*** to me by him.

(2) 진행형의 수동태

be + being + pp

예 She is writing a novel. → A novel ***is being written*** by her.

(3) 완료형의 수동태

have + been + pp

예 She has written a novel. → A novel ***has been written*** by her.

j. 주의해야 할 수동태

(1) 조동사의 수동태

조동사는 뒤에 동사원형만 올 수 있으므로 be를 사용.

조동사 + be + pp

예 She must write a letter. → A letter must be written by her.

(2) 합성동사의 수동태

합성동사는 수동태에서 하나로 묶어 한 단위로 취급.

예 They laughed at me. → I ***was laughed at*** by them.

(3) that 절의 수동태

	S	V	that S' V
수동태	That S' V'	be pp	(by S)
가주어	It	be pp	that S' V' (by S)
부정사	S'	be pp	to V' / to have pp

예 They say that James is poor.

→ That James is poor ***is said*** (by them).

= ***It is said*** that James is poor.

= ***James is said to be*** poor.

k. by + 목적어의 생략

수동태 문장에서 항상 by + 목적어를 써야하는 건 아니에요.
생략할 수 있는 경우가 있음.

(1) 행위자가 we, you, they, people, one등의 일반인 주어일 때

예 They speak Chinese in China. → Chinese is spoken in China.

(2) 행위자가 분명하지 않은 경우

예 Someone murdered her in the midnight. → She was murdered in the midnight.

l. 수동태를 쓸 수 없는 경우

(1) 의지와 상관없는 상태 및 소유의 타동사

타동사임에도 불구하고 수동태로 사용할 수 없는 동사들.

have(가지다), resemble(닮다), lack (부족하다), become(어울리다)

예 He has a toy robot. → A toy robot ***is had*** by him. (X)
* have가 '가지다'가 아닌 '먹다'로 해석할 때는 수동태가 가능.

(2) 사역동사 have, let

have → be asked to, let → be allowed to

예 I had my mother bring the textbook. → My mother was asked to bring the textbook. (O)
My mother was had to bring the textbook. (X)

예 My parents let me go to my friend's house.
→ I was allowed to go to my friend's house. (O)
→ I was let to go to my friend's house. (X)

m. 능동태이지만 수동태로 해석하는 경우

다음 문장들은 능동태 형식이지만 해석은 수동태로 해야 함

예 This machine sells well. (이 기계는 잘 팔린다.) Her book reads well. (그녀의 책은 잘 읽힌다.)

n. 감정동사의 수동태

사람 수식 → + pp / 사물 수식 → +~ing

감정을 느끼는 동사인 경우에는 주어가 감정의 원인이면 능동태, 감정을 직접 느끼면 수동태를 사용.

예 The concert ***was exciting*** the audiences.
She ***was excited at*** his arrival.

o. rob vs steal

능동태 rob + 사람/장소 → **수동태** 사람(장소) + be robbed off
steal + 훔친 사물 → 사물(훔친 물건) + be stolen

* be동사 대신 get, become등이 쓰여서 수동태를 나타내는 경우도 있음.

예 My laptop got(=was) stolen yesterday.

p. by 이외에 다른 전치사를 쓰는 수동태

수동태의 기본형식인 '주어 + be동사 + p.p + by 목적격'의 형태에서 벗어난 수동태인 경우.

(1) 놀람의 at

be	+	alarmed	+	**at**	~을 두려워하다
		amazed			~에 놀라다
		astonished			~에 놀라다
		frightened			~을 무서워하다
		shocked			~에 놀라다
		startled			~에 놀라다
		surprised			~에 놀라다
		gratified			~에 만족하다

예 I was **shocked at** the news.

(2) 기쁨, 만족의 with

be	+	amused	+	**with**	~을 즐거워하다
		contented			~에 만족하다
		delighted			~에 즐거워하다
		pleased			~에 기뻐하다
		satisfied(↔ dissatisfied)			~에 만족하다

예 The professor **was satisfied with** my work.

(3) 몰두, 관심, 분야의 in

be	+	absorbed	+	**in**	~에 열중하다
		engaged			~에 종사하다
		indulged			~에 빠져 있다
		involved			~을 관련되다
		interested			~에 관심이 있다
		skilled			~에 노련하다

예 She is interested in English.

(4) 걱정의 about(over)

be +	concerned	+	**about**(over)	~을 걱정하다
	troubled			~을 걱정하다
	worried			~을 걱정하다

예 You must **be concerned about** the circumstances.

(5) be + known + 전치사

be + known + to: ~에게 알려지다 → 알려지는 대상, 보통 사람

for: ~로(때문에) 이름이 나왔다 → 알려진 이유

by: ~로 알 수 있다 → 판단의 기준

as: ~로써 알려져 있다 → 자격

예 Her invention is known to everybody.

He is known for his handsome face.

A man is known by the words he says.

She is known as a nurse.

(6) be + made + 전치사

be + made + of: ~으로 만들어지다→ 물리적 변화

from: ~으로 만들어지다 → 화학적 변화

예 This chair is made of wood.

Wine is made from grapes.

10) 가정법

가정법은 한글에는 없는 형태라서 이해하는데 어려움을 많이 느껴요.

가정법은 과거에 있었을 법한 또는 현재와 미래에 있을 수 있는 일에 대해서 상상할 때 사용해요.

또한 앞으로 발생할 가능성이 있거나 혹은 가능성이 전혀 없는 일에 대해서 표현할 때 쓰기도 해요.

a. 법의 종류

- **직설법**은 사실을 그대로 표현하는 방법으로서 평서문, 의문문, 감탄문을 포함
  I am sad to see the news. (나는 그 뉴스를 보게 돼서 슬프다.)
- **명령법**은 상대방에게 명령, 요구, 금지 등을 나타냄
  Study hard, and you will succeed. (공부를 열심히 해라, 그러면 성공할 것이다.)
- **가정법**은 사실과 반대되는 것을 가정하거나 상상하는 경우를 말함
  If she knew me, I would be happy. (그녀가 나를 안다면 나는 행복할 것이다.)

b. 가정법의 종류

(1) 가정법현재: 현재 또는 미래에 대한 단순한 가정을 할 때 사용.

If + S + RV(현재형 동사원형), S + 조동사 현재/과거 + RV(동사원형)

예 If it rains tomorrow, I will not go outside. (내일 비가 온다면, 나는 밖에 나가지 않을 것이다.)

(2) 가정법미래: 미래에 대한 강한 의심을 나타낼 때 사용.

If + S + should~, S + 조동사 현재/과거 + RV

실현 가능성이 거의 없는 비현실적인 상황일 때는 were to 사용.

If + S + were to + RV~, S + 조동사 과거 + RV

예 If I were to be a king, I could do anything I want. (내가 왕이라면, 원하는 것은 다 할 수 있을 것이다.)

(3) 가정법과거: 현재 사실의 반대를 나타낼 때 사용.

If + S + 과거동사(were)~, S + 조동사 과거 + RV

예 If he could fly, he would follow the bird. (그가 날 수 있다면, 그 새를 따라갈 것이다.)

(4) 가정법과거완료: 과거 사실의 반대를 나타낼 때 사용.

If + S + had pp~, S + 조동사 과거 + have pp

예 If she had got the job, she could have earned a lot of money.

(만약 그녀가 그 직업을 가졌었다면 돈을 많이 벌었었을 것이다.)

(5) 혼합가정법: 과거 사실에 반대되는 일을 가정하고, 과거 사실이 현재까지 영향을 미치는 경우에 사용해요. '~했더라면…할텐데'로 해석.

If + S + had pp~, S + would + RV

예 If he had quit smoking, he would be healthy now. (그가 금연을 했었더라면, 지금 건강할 텐데.)

*** 주의해야 할 가정법의 시제:**

가정법 과거 문장(현재 사실 반대적인 상황을 표현)은 현대 시제,

가정법 과거완료 문장(과거 사살의 반대적인 상황을 표현)의 시제는 과거임에 유의.

c. 조건문(직설법)과 가정법의 의미 비교

(1) 과거

조건문: If she had more time to practice, she passed the audition.

(과거에 연습할 시간이 있었고, 연습했다면, 오디션에 통과했다.)

(2) 가정법(과거완료)

조건문: If she had had more time to practice, she could have passed the audition.

(과거에 연습할 시간이 없었고, 그래서 오디션에 통과하지 못했다.)

(3) 현재

조건문: If she is kind, I will be her friend.

(그녀가 친절한지 아닌지 모른다.)

(4) 가정법(과거)

조건문: If she were kind, I would be her friend.

(그녀가 친절하지 않아서 나는 그녀의 친구가 되지 않았다.)

(5) 미래

조건문: If it snows tomorrow, I will stay home.

(내일 눈이 올 것 같다.)

(6) 가정법(미래)

조건문: If it should snow tomorrow, I will stay home.

(내일 눈이 올 것 같지 않다.)

d. If의 생략

가정법 문장에서 if를 생략할 수 있어요. 이때 if 조건절의 주어와 동사가 도치.

(1) Were/동사의 과거형 + S + ~, S + 조동사 과거 + RV

예 If she were rich, she could marry him.

→ Were she rich, she could marry him.

(2) Had + S + pp~, S + 조동사 과거 + have pp

예 If she had been rich, she could have married him.

→ Had she been rich, she could have married him.

e. I wish/as if 가정법

가정법	의미	함축적 의미
I wish + S + 과거동사	~이기를 바라는데	현재사실에 반대 (실현 가능성 X)
I wish + S + had pp~	~이기를 바랐는데	과거사실에 반대 (실현 가능성 X)
직설법 + as if + S + 과거동사	마치 ~인 것처럼	현재사실에 반대 (or 강한 의심)
직설법 + as if + S + had pp	마치 ~였던 것처럼	과거사실에 반대 (or 강한 의심)

f. 가정법 → 직설법

예 I wish I were a millionaire. (내가 백만장자면 좋을 텐데)

→ [직설법] I'm sorry I'm not a millionaire.

예 I wish I had been at the party. (내가 파티에 있었더라면 좋았을 텐데)

→ [직설법] I'm sorry I wasn't at the party.

예 He acts as if he was a genius. (그는 마치 천재인 것처럼 행동한다)

→ [직설법] In fact, he isn't a genius.

예 He talked as if he had passed the test. (그는 마치 시험에 통과했던 것처럼 말했다.)

→ [직설법] In fact he didn't pass the test.

g. It is (high, about) time 가정법

현재 했어야 하는 일을 못했다는 의미로 ~할 시간이다(아직 못했다)를 의미.

It is time + 주어 + 가정법과거(should+RV): ~해야 할 때이다

예 It is time we lose weight. (살을 빼야 할 때이다.)

= It is time we should lose weight.

= It is time for us to lose weight.

h. Without/but for + 가정법

Without(But for) + 가정법과거: ~이 없다면

Without(But for) + 가정법과거완료: ~이 없었다면

예 Without(But for) your help, I couldn't do it. (네 도움이 없다면 나는 할 수 없을 텐데.)
= If it were not for your help, I couldn't do it.
= Were it not for your help, I couldn't do it.

11) 특수구문

도치, 강조, 생략, 삽입 등의 기교를 사용하는 문장을 특수구문이라고 해요.

a. 병렬구조

병렬구조는 접속사로 문법적으로 같은 역할을 하는 단어, 구, 절들을 연결을 시켜주는 구조를 의미.

등위접속사와 상관접속사의 두 종류의 접속사가 있음.

(1) 등위 접속사에 의한 병렬

and, but, or의 등위 접속사는 문법적 특성이 같은 단어나 절을 연결.

예 I don't know where to go and what to do.
He likes to play golf and to play soccer.

(2) 상관 접속사에 의한 병렬

and, but, or등의 등위접속사가 다른 단어와 함께 쓰여 상관접속사로 사용.

문법적으로 대등한 것을 연결.

예 She is not only cute but also pretty.
He had a good reputation both at work and at school.

(3) 기타 병렬

비교하는 대상이나 대조가 되는 대상도 병렬구조를 사용,

① 비교

예 Doing homework is more important than playing computer games.
I prefer reading to dancing.

② 대조

예 Practicing at home is different from trying at work.

b. 도치

도치란 주어와 동사의 위치가 동사와 주어로 바뀐 것.

(1) 가정법 문장에서 if를 생략할 때 도치문장

If + 주어 + were / had / should…에서 if가 생략되면
= Were / Had / Should + 주어

예 If she were at the party, ~ = Were she at the party, ~
If he should follow him, ~ = Should he follow him, ~

(2) 부정어구가 문장의 맨 앞에 올 때 도치 문장

부정어구: no, not, never, not only, hardly, rarely, seldom, little, few… + 동사 + 주어

① 부정어 + 조동사 + 주어 + 동사

예 I have never eaten Japanese food before.=Never have I eaten Japanese food before.

② 부정어 + do (조동사) + 주어 + 동사

예 I hardly eat chicken.=Hardly do I eat chicken.

(3) not until

Not A until B: B하고 나서야 A하다

= Not until 부사절 + 조동사 / be동사 / do동사 + 주어 + 동사

= It is not until ~ that 주어 + 동사

= Only after ~ 조동사 / be 동사 / do 동사 + 주어 +동사

예 The door didn't break until she came.

= It was not until she came that the door broke.

= Not until she came did the door break.

= Only after she came did the door break.

= The door broke only after she came.

(4) Hardly (Scarcely) + before (when): ~하자마자 …하다

Hardly(Scarcely) has 주어 과거분사 + before(when) + 주어 + 동사

= No sooner had 주어 과거분사 + than + 주어 + 동사

예 Hardly had she finished her homework before her mother came home.

= No sooner had she finished her homework than her mother came home.

(5) 부정어가 속한 관용어구가 맨 앞에 오는 경우

under no circumstances = at no time = by no means = never: 결코 ~않다

on no account: 무슨 일이 있어도

예 Under no circumstances does she sell her works to someone else.

On no account will I lend you money.

12) 수의 일치

주어와 동사의 수를 맞추는 것을 수의 일치라고 해요.
주어가 3인칭 단수일 때는 동사에 단수 표시를 해요.

예 She [**is** / are] a girl.
Jane [drink / **drinks**] beer.

a. 주어가 긴 경우

문장 속 주어의 길이가 길거나 복잡할 때는 주어가 아닌 수식어구나 삽입어구와 혼동하지 않고 잘 찾아내야 함.

예 **Amy** who is a teacher **is** very kind.
The computer which I bought yesterday **needs** to get fixed.

b. A of B

A of B 형식일 때는 A에 동사의 수를 일치시킴.

예 The colors of the picture **are** beautiful.

c. each / every

each와 every 뒤에는 단수명사와 단수동사가 옴.

예 Each **student** **has** to bring their own lunch.
Every **exam** we **take** is difficult.

d. 부분을 나타내는 표현 + of

부분을 나타내는 표현을 쓸 때는 뒤에 of와 명사가 와요. of 뒤에 오는 명사가 단수면 단수 동사를, 복수인 경우에는 복사 동사를 써야 함.

* most, part, percent, 분수, some, rest, half

예 The most of **the students** **are** clever.
Most of **water** **is** unclean.

e. One of + 명사: ~중 하나

One of + 명사 형식에서는 one이 주어이므로 항상 단수 동사 사용.

예 **One** of the teachers **is** ill.

f. The number of / A number of

The number of는 '~의 수'란 의미로 뒤에 복수명사가 오지만 단수 동사 사용.

A number of는 '많은'이란 의미로 뒤에 복수명사와 복수동사 사용.

예 The number of bicycles in Korea **is** decreasing recently.
A number of people **were** waiting in line.

g. There is / There are

둘 다 '~있다'란 의미로 there is 뒤에는 단수주어가, there are 뒤에는 복수주어 사용.

예 There are many rabbits in the cage.
There is a car in front of our house.

h. 준동사구, 명사절

준동사구(부정사, 동명사, 분사)와 명사절(that, what, whether절, 간접의문문)은 하나로 취급하여 단수 동사 사용.

예 Exercising every day is good for your health.
Whether she likes it or not doesn't matter.
What they said yesterday was very frightening.

i. 셀 수 있는 명사

many / (a) few / a number of 뒤에는 복수주어와 복수동사 사용.

예 Many people want to go to the beach.

j. 셀 수 없는 명사

much / (a) little / a great deal of 뒤에는 단수주어와 단수동사 사용.

예 A great deal of confusion has resulted from the abundance of information.

k. 상관접속사

either A or B	A이거나 B인
neither A nor B	A도 B도 아닌
both A and B	A와 B 둘 다
not only A but also B = B as well as A	A뿐만 아니라 B도
not A but B	A가 아닌 B

* 항상 복수형으로 취급하는 both A and B를 제외하고는 모두 B에 동사를 일치.

예 1. Either she or I **am** going to give up the opportunity.
2. Neither them or she **is** sick.
3. Not only my mother but also my sisters **have** long legs.
= My sisters as well as my mother **have** long legs.
4. Not Sam but the other children **are** smart.
5. Both my brother and my sister **are** going to join the club.

13) 관계사

a. 관계대명사

관계대명사는 대명사를 대신하면서 문장을 이어주는 접속사의 역할도 해요.
따라서 관계는 접속사의 개념으로 '접속 대명사'라고 이해하면 되요.
관계대명사는 대명사를 대신하면서 문장을 이어주는 접속사의 역할도 해요.

	주격	소유격	목적격
사람	who	whose	whom
동물, 사물	which	whose, of which	which
사람, 동물, 사물	that	--	that
사물(선행사 포함)	what	--	what

(1) 관계 대명사 Who(주격) / Whose(소유격) / Whom(목적격)

예 I saw a girl. She is pretty.
= I saw a girl **who** is pretty.

예 Students should see the doctor. Their eyes are red.
= Students **whose** eyes are red should see the doctor.

예 That is the boy. I have a crush on him.
= That is the boy **whom** I have a crush on.
= That is the boy **on whom** I have a crush.

(2) 관계 대명사 Which(주격 & 목적격) /Whose = of which(소유격)

예 She watched a movie. It was fun.
= She watched a movie **which** was fun.

예 The watch is my brother's. Its color is blue.
= The watch **whose** color is blue is my brother's.
= The watch the color **of which** is blue is my brother's.
= The watch **of which** the color is blue is my brother's.

(3) 주격 which와 목적격 which 구분

주격관계대명사 which 뒤에는 동사가 바로 오고, 목적격관계대명사 which 뒤에는 주어와 동사가 와요.

① 주격 which

예 She has a toy which is very small.

② 목적격 which

예 This is the movie which I like.

(4) 관계대명사 용법

① 제한적 용법

관계대명사 앞에 콤마(,)가 없고 선행사를 수식.

예 He has two daughters who are teachers. (그는 선생님인 두 딸들이 있다.)
→ 선생님인 딸들은 두 명이지만 총 몇 명의 딸들이 있는지는 확실하지 않다.

② 계속적 용법

관계대명사 앞에 콤마(,)가 있고 선행사를 수식.

예 He has two daughters, who are teachers. (그는 딸이 두 명 있는데, 그들은 선생님이다.)
→ 딸들이 총 두 명이고 모두 선생님이라는 뜻.

(5) 관계대명사 that

다음의 경우에는 관계대명사로 that 사용 .

① 선행사가 사람 + 동물인 경우

예 I saw **Jake and his dog that** I know.

② 선행사가 형용사의 최상급이나 서수사로 수식되는 경우

예 She is **the best teacher that** I know.

③ 선행사에 all, every, any, no가 포함되는 경우

예 He gave me **all the money that** he had in his wallet.

④ 선행사에 the same, the only, the very 등이 포함되는 경우

예 This is **the same book that** I read yesterday.

⑤ 의문대명사 who, which, what이 선행사인 경우

예 **Who that** loves her would avoid her favor?

⑥ 선행사가 -thing으로 끝나는 명사인 경우

예 Did you say **something that** she wanted to hear?

⑦ that을 쓸 수 없는 경우.

- 전치사 뒤

예 He met the pretty girl **of that(X)** we are speaking.

- 쉼표 뒤

예 He has two daughters, **that(X)** are teachers.

(6) 관계대명사 what

관계대명사 what은 선행사가 없고 뒷문장이 불완전 선행사를 포함하는 명사절로 문장에서 주어, 목적어, 보어로 쓰임.

the things which, all that, that which와 바꿔 쓸 수 있음.

예 You must finish the thing. It is easy.
= You must finish the thing which is easy.
= You must finish **what** is easy.

예 **What** I need is her help.
= The thing which I need is her help.

예 She doesn't understand **what** they said.
= She doesn't understand all that they said.

예 This is **what** I mean.
= This is that which I mean.

(7) what과 that 구분

관계대명사 what은 선행사가 없고 that은 선행사가 존재.

접속사 what은 뒤에 불완전한 문장이 오고 that은 완전한 문장이 옴.

예 Tell her what you said.
I ate the cake that you bought for me.

(8) 관계대명사 생략

다음 경우에서는 관계대명사를 문장에서 생략 가능.

① 타동사의 목적격인 경우

예 The girl (whom) I saw today is Jane's sister.
That is the car (which) he bought last year.

② 전치사의 목적격인 경우

예 This is the house (which) they live in.

③ 주격 관계대명사 + be동사인 경우

예 The boy (who is) playing soccer is my nephew.
I bought a handbag (which is) made in China.

(9) 유사관계대명사

① as: 선행사에 the same, such, so, as가 오면 관계대명사(주격,목적격)처럼 쓰임.

예 That is the same bag as I saw. (종류가 같음)
That is the same bag that I saw. (물건이 같음)

② but: 선행사에 부정어가 올 때 사용되며 but 이하는 부정어가 없어도 부정의 뜻으로 해석.

예 There is no one but knows it.
= There is no one that doesn't know it.

③ than: 선행사에 비교급이 있을 때 주격, 목적격 관계대명사로 쓰임.

예 There were more people than are wanted.

b. 관계부사

두 문장을 연결하는 데 관계하는 부사로 앞의 명사를 설명하는 역할을 해요.
관계부사란 문장을 연결해주는 접속사의 역할을 하면서 시간, 장소, 이유, 방법을 나타내는 부사의 역할을 해요.

(1) 관계부사의 종류

시간	장소	이유	방법
when = on(at) which	where = in which	why = for which	how =in which

① 시간

예 She remembered the day. I won the medal.
= She remembered **the day which** I won the medal.

= She remembered **the day on which** I won the medal.

= She remembered **the day when** I won the medal.

② 장소

예 This is the house. I live here.

= This is **the house which** I live in.

= This is **the house in which** I live.

= This is **the house where** I live.

③ 이유

예 She doesn't know the reason. He didn't leave for the reason.

= She doesn't know **the reason which** he didn't leave for.

= She doesn't know **the reason for which** he didn't live.

= She doesn't know **the reason why** he didn't leave.

④ 방법

예 Inform her the way. You passed the test in the way.

= Inform her **the way which** you passed the test in.

= Inform her **the way in which** you passed the test.

= Inform her **how** you passed the test.

= Inform her **the way** you passed the test.

*** how와 the way는 동시에 쓰일 수 없어요.**

예 Inform her the way how you passed the test. X

c. 관계대명사 vs 관계부사

관계대명사는 대명사의 역할을, 관계부사는 부사구의 역할

예 This is the TV program **which** I watch most often.

→ 이 문장에서 which는 관계대명사이며 watch의 목적어 역할

예 This is the house where she lived.

→ 이 문장에서 where은 관계부사이며 부사(in the house)의 역할

* 관계부사의 선행사가 일반적인 의미일 때 선행사를 생략

일반적인 의미인 경우

→ (the place) where / (the time, the day) when / (the reason) why / (the way) how

예 She knows (the place) where I live.
Saturday is (the day) when I'm happy.
I know (the reason) why she left.
Tell me (the way) how you did it.

d. 복합관계대명사

복합 관계대명사	명사적 용법	부사적 용법
whoever	anyone who~ ~하는 사람은 누구나	no matter who~ 누가 ~할지라도

복합 관계대명사	명사적 용법	부사적 용법
whomever	anyone whom~ ~하는 사람은 누구에게나	no matter whom~ 누구를 ~할지라도

복합 관계대명사	명사적 용법	부사적 용법
whichever	anything that~ ~하는 것은 어느 것이든	no matter which 어느것을 ~할지라도

복합 관계대명사	명사적 용법	부사적 용법
whatever	anything that~ ~하는 것은 무엇이든	no matter what 무엇을 ~할지라도

• 명사절

예 Anyone gets a free cup. She comes on time.
= **Anyone who** comes on time gets a free cup.
= **Whoever** comes on time gets a free cup.

• 부사절

예 **Whoever** may go, I won't allow it.

= **No matter who** may go, I won't allow it.

e. 복합관계부사

복합 관계대명사	시간/장소 부사절	양보 부사절
whenever	at any time when~ ~할 때는 언제나	no matter when~ 언제 ~할지라도

복합 관계대명사	시간/장소 부사절	양보 부사절
wherever	at any place where~ ~하는 곳은 어디에나	no matter where~ 어디에서 ~할지라도

복합 관계대명사	시간/장소 부사절	양보 부사절
however	X	no matter how~ 아무리 ~할지라도

• 시간 부사절

예 **Whenever** I saw her, she was crying.

= At any time when I saw her, she was crying.

• 양보 부사절

예 Where he stays. I will find him.

= **No matter where** he stays, I will find him.

14) 접속사

접속사란 단어와 단어, 구와 구, 절과 절을 연결해주는 역할을 해요.

a. 등위접속사

: and, but, or, so, for, nor

b. 상관접속사

either A or B	A이거나 B인
neither A nor B	A도 B도 아닌
both A and B	A와 B 둘 다
not only A but also B = B as well as A	A뿐만 아니라 B도
not A but B	A가 아닌 B

c. 종속 접속사

1) 명사절 접속사

명사절은 주절의 주어, 목적어, 보어 역할을 하는 종속절을 뜻해요.

명사절 접속사는 뒤에 오는 명사절을 주절에 연결하면서 보충.

that, what, if / whether (~인지 아닌지)

- 의문사 = who, what, when, where, why, how, which
- 복합관계대명사 = who(m)ever, whatever, whichever

(2) 형용사절 접속사

형용사절 접속사는 형용사를 이끌어 문장에서 명사를 꾸며줘요. 꼭 선행사로 명사가 있어야 함.

- 관계대명사 = who(m), which, that, whose, of which
- 관계부사 = when, where, why, how
- 유사관계대명사 = as, but, than

(3) 부사절 접속사

① 시간

- as, when, since: ~할 때
- while: ~하는 동안에
- the moment / the minute / as soon as: ~하자마자
- before: 전에
- after: 후에
- until, till: ~까지
- whenever / every time: ~할 때마다

② 조건

- If: 만약 ~한다면
- unless: ~하지 않는다면
- as long as: ~하는 한
- once: 일단 ~하면
- in case: ~일 경우를 대비해서
- provided / suppose / supposing: ~한다면
- as far as: ~까지, ~하는 한

③ 양보

- while / though / although: ~에도 불구하고
- even if / even though: 비록 ~할지라도
- whether A or not: A이든 아니든

④ 이유

- because / since / as / for: ~ 때문에
- now (that): ~이니까
- in that: ~라는 점에서

⑤ **목적**

- so that / in order that: ~하기 위해서

⑥ **결과**

- so + 형용사/부사 + that: ~해서 ~하다

⑦ **대조**

- while / whereas: 반면에

(4) 접속사와 전치사

접속사 뒤에는 완전한 문장이 오고, 전치사 뒤에는 명사나 동명사가 와요.

① **접속사 because / 전치사 because of**

예 He didn't go out because it rained.
He didn't go out because of the rain.

② **접속사 while / 전치사 during**

예 I waited in my room while they had a fight.
I waited in my room during their fight.

③ **접속사 although, even if, even though / 전치사 despite, in spite of**

예 Although they didn't win the game, they were happy.
They were not happy despite their victory.

(5) 기타 접속사

다음 접속사들은 '~하기 위해서'란 뜻을 가지고 있어요.

- in order to 동사원형
  = in order that 주어 동사

= to부정사

= so that 주어 동사

= so as to 동사원형

예 They studied hard in order to pass the test.
= They studied hard to pass the test.
= They studied hard so that they could pass the test.
= They studied hard so as to pass the test.

15) 형용사와 부사

a. 형용사의 용법

형용사는 명사나 대명사를 꾸며주는 품사예요.

(1) 한정적 용법: 형용사가 명사를 앞뒤에서 직접 수식

예 This is an ugly pot.

• 한정적 용법으로만 쓰이는 형용사들:

former, elder, inner, outer, latter, upper side, fallen, complete, lonely, chief main, mere, only, total, golden, drunken, wooden, sole

(2) 서술적 용법: 보어 자리에서 명사의 의미를 보충 설명

예 They seem **sad**.
He found this movie **boring**.

• 서술적 용법으로만 쓰이는 형용사들:

afraid, aware, awake, alike, alive, alone, ashamed, asleep, well, worth, content

예 This girl is afraid.
= This is an afraid girl. (X)

(3) 양과 수에 쓰이는 형용사 구별

	many + 복수명사	much + 단수명사
많은	many = a (good / great) number of = a good / great many	much = a (good / great) amount of = a good / great deal of
조금 있는	a few	a little
거의 없는	few	little

(4) a lot of, plenty of는 수와 양의 두 경우에 다 쓸 수 있음

예 A good many people are crossing the road.
A great amount of soda was needed.

(5) 수량 형용사와 측정 단위 명사, 수 단위 명사가 함께 쓰이는 경우 수 단위 명사는 단수형으로 써야 하고 단수 취급

측정 단위 명사로는 dollar, foot, day, year 등이 있음

예 I found a **ten-dollar** bill.
I found a ten-dollars bill. (X)
She is a **seven-year-old** girl.
She is a seven-years-old girl. (X)

(6) 수 단위 명사로는 hundred, thousand, million, billion이 있음

예 They found **a few hundred** bottles.
They found a few hundreds bottles.(X)
There were **two thousand** people at the concert.
There were two thousands people at the concert.(X)

(7) 수 단위 명사를 복수형으로 쓰는 경우에는 뒤에 of와 명사가 옴

예 hundreds of + 명사: 수 백명의 명사
thousands of 명사: 수 천명의 명사

(8) the + 형용사

the 뒤에 형용사가 붙으면 '~하는 사람들'이라는 뜻으로 복수 보통명사 취급.

예 the young = young people
the old = old people

(9) Every / Each

① Every + 단수명사 + 단수동사: 모든 ~

예 Every kid likes toys.
Everyone hates her.

② Every + 기수 + 복수명사: ~마다 = every + 서수 + 단수명사

예 The contest is held every two months.
= The contest is held every two month.

③ Each + 단수명사 + 단수동사: 각각의 ~

예 Each person has to bring a cup.
Each mouse gets a small ball.

(10) 부분 부정

all, every, both, always등이 not과 함께 쓰이면 일부를 부정하는 부분부정이 됨.
'모두 ~한 것은 아니다'로 해석.

예 Not every man watches movies.

b. 부사

부사는 형용사, 동사, 다른 부사 혹은 문장 전체를 수식하는 역할을 해요.

예 The movie was **very** boring. (형용사 수식)
He speaks **quietly**. (동사 수식)
She can swim **very** well. (부사 수식)
Unfortunately, no one survived. (문장 전체 수식)

(1) enough

① 형용사/부사 + enough: 충분히=so 형용사/부사 that 주어 can 동사원형

예 She is kind enough to help you.
= She is so kind that she can help you.

② enough + 명사: 충분한 무엇

예 He has enough friends to hold a party.

(2) very / much

① very는 형용사, 부사, 현재분사형의 형용사를 수식

예 She is very pretty. (형용사 수식)
She can dance very well. (부사 수식)
The movie I watched yesterday was very boring. (현재분사 수식)

② 감정이나 심경을 나타내는 과거분사형, 형용사는 very로 수식

예 She was very surprised.

③ much는 비교급, 동사, 과거분사를 수식

예 She is much better at dancing than singing.

* 비교급을 강조할 때는 비교급 앞에서 '훨씬'의 뜻이 되요. 비교급 강조 형용사는 far, even, still, a lot 등이 있어요. very는 비교급을 강조할 수 없음.

예 She is very better at dancing than singing. (X)

(3) too / either

둘 다 ~도 또한, 역시라는 뜻이에요. 긍정문에는 too, 부정문에는 either 사용.

예 He ate some pizza, and I ate some, too.
She is not a teacher. I'm not, either.

(4) ago / before

둘 다 '~전에'라는 뜻이에요. ago는 숫자와 함께 쓰이고 완료시제와 함께 사용할 수 없음.

before는 과거, 현재완료, 과거완료에 쓸 수 있음.

예 She saw him three years ago.
I have visited his house before.

(5) already / yet

already는 긍정문에 쓰일 경우 '이미, 벌써'라고 해석.

yet은 부정문에서는 '아직'으로 해석하고 의문문에서는 '이미, 벌써'로 해석.

예 he has washed the dishes already. (이미)
Did you finish your work already? (벌써)
She is not finished yet. (아직)
Have you been there yet? (벌써)

(6) 형용사와 부사의 형태가 동일한 경우

일반적으로는 형용사에 ly를 붙여서 부사를 만들지만 형용사와 부사의 형태가 동일한 경우도 있음.

: early, long, far, low, fast, much, enough, still, wide, yearly, weekly, high, deep…

예 Jane is a fast runner.
Jane runs fast.

(7) 의미에 주의해야 할 부사

단어	형용사	부사
late	늦은	늦게
near	가까운	가까이
short	짧은	짧게
wide	넓은	넓게
deep	깊은	깊게
high	높은	높게
hard	어려운, 딱딱한	열심히

* 앞의 단어들에 ly를 붙이면 완전히 다른 뜻의 부사가 됨.

단어	부사 + ly
lately	최근에
nearly	거의
shortly	곧
widely	널리
deeply	깊게, 매우
highly	매우
hardly	거의 ~않다

16) 비교급과 최상급

비교급에 쓰이는 형용사는 수식하는 두 대상 간의 차이점을 비교하기 위해서 사용되요.

영어 비교 표현에는 원급, 비교급, 최상급이 있어요. 비교하는 두 대상의 정도가 같을 때는 원급을, 둘 중 하나가 더 할 때는 비교급을, 가장 ~할 때는 최상급을 써요.

비교급 문장의 기본적인 형태는 주어 + 동사 + 비교급 형용사 + than + 명사(목적어).

최상급에 쓰이는 형용사는 최상위 또는 최하위 한계에 있는 대상을 묘사하기 위해서 사용되요.

특히 최상급 형용사는 주어가 여러 개의 목적어들과 비교되는 문장에서 사용되는 경우가 많아요.

a. 비교급 종류

영어 비교 표현에는 원급, 비교급, 최상급이 있어요. 비교하는 두 대상의 정도가 같을 때는 원급을, 둘 중 하나가 더 할 때는 비교급을, 가장 ~할 때는 최상급 사용.

원급	비교급	최상급
as~as···	er/more + than	the -est/most
···만큼 ~한	···보다 ~한	가장 ~한

예 She is as smart as him.
She is smarter than him.
She is the smartest in class.

b. 비교구문

(1) as~as possible: 가능한 ~한 = as ~ as 주어 can

예 I walked as slow as possible. = I walked as slow as I could.

(2) 비교급 and 비교급: 점점 더 ~한

예 It's getting hotter and hotter.

(3) no more: 더 이상 ~하지 않다 = not ~any more / no longer = not ~ any longer

예 He did not say it any more. = He said it no more.
I am no longer a man. = I am not a man any more.

(4) the 비교급 주어 동사, the 비교급 주어 동사: ~하면 할수록 더욱 ~하다

= As 주어 동사 비교급, 주어 동사 비교급

예 The more I study, the smarter I become.=As I study more, I become smarter.
The more I eat, the more I want.=As I eat more, I want more.

(5) prefer A to B: B보다 A를 더 좋아하다 = would rather A than B

예 She prefers taking a bus to riding a bicycle.
= She would rather take a bus than ride a bicycle.

(6) the + 비교급 + of the two: 둘 중에서 더 ~한

예 She is smarter of the two.

(7) one of the 최상급 + 복수명사: 가장 ~한 것들 중 하나

예 He is one of the tallest boy in class.

c. 원급과 비교급으로 최상급 표현

원급과 비교급으로 최상급을 나타낼 수 있어요.

(1) the 최상급

예 Money is the most important of all.

비교급 than any other + 단수명사

비교급 than all the other + 복수명사

예 Money is more important than any other thing.

부정어 as 원급 as

예 Nothing is as important as money.

부정어 비교급 than

예 Nothing is more important than money.

(2) 최상급에 the가 붙지 않는 경우도 있어요.

① most가 '대부분'이란 뜻으로 쓰이는 경우

예 Most students study hard.

② 부사의 최상급인 경우

예 She runs fastest in her class.

③ 소유격이 최상급 앞에 오는 경우

예 This is her best friend.

d. than 대신 to를 쓰는 비교급

비교급 라틴어에서 유래된 ~or로 끝나는 형용사는 than 대신 to를 사용.

superior to (~보다 월등한) / inferior to (~보다 열등한)

senior to (~돠 손위의) / junior to (~보다 어린)

예 He is superior to me in dancing. = He is better than me in dancing.
I am inferior to him in dancing. = I am less than him in dancing.
I am five years senior to her. = I am five years older than her.
She is five years junior to me. = She is five years younger than me.

e. 관용적 표현

(1) 부정어구 포함

no more than = only	단지
no less than = as much/many as	만큼
not more than = at most	많아야, 기껏해야
not less than = at least	적어도, 최소한

예 She has no more than ten cents. (단지 10센트)
She has no less than ten cents. (10센트 만큼)
She has not more than ten cents. (많아야 10센트)
She has not less than ten cents. (최소한 10센트)

(2) 기타 주의해야 할 표현

the last man/person to ~	결코 ~할 사람이 아니다
make the most of~	가장 잘 이용하다
to the best of my knowledge	내가 아는 한
부정어 ~ in the least	전혀 ~하지 않다

예 He is the last man to abandon me. (그는 결코 나를 버릴 사람이 아니다.)
Make most of the time you have. (가진 시간을 최대한 이용해라.)
To the best of my knowledge, she is kind. (내가 아는 한 그녀는 친절하다.)
The problem isn't serious in the least. (그 문제는 전혀 심각하지 않다.)

17) 명사

사물의 사람의 이름(명)을 나타내는 품사(사)가 명사에요.

- 가산 명사(Countable Noun): 셀 수 있고 복수형을 만들 수 있는 명사를 말해요.
  가산 명사로는 보통 명사와 집합 명사가 있어요.
- 불가산 명사(Uncountable Noun): 셀 수 없고 복수형으로도 만들 수 없는 명사를 말해요.
  불가산 명사에는 고유 명사, 물질 명사, 추상 명사가 있어요.

a. 명사의 종류

(1) 보통 명사: 같은 종류의 동물, 사물에 두루 쓰이는 명사

→ pencil, student, house, flower 등

예 I ate an apple. (단수)
I ate two apples. (복수)

(2) 고유 명사: 인명, 지명이나 특정한 사물의 이름으로 쓰이는 명사

→ Korea, Friday, Kim 등

* 복수형으로 바꿀 수 없고 관사도 오지 않지만 건물이나 하천명에는 the를 붙임

예 I went to Seoul yesterday.

(3) 물질 명사: 일정한 형태를 갖추고 있지 않은 물질의 이름을 나타냄

→ sugar, oil, ice, snow 등

예 He has a lot of money.

* 물질 명사는 복수형으로 만들 수 없기 때문에 수량표시를 할 때 a cup of, a piece of 와 같이 단위를 표기하는 명사를 사용

예 a cup of tea 차 한 잔	three cups of tea 차 세 잔
a glass of water 물 한 컵	four glasses of water 물 네 잔
a piece of chalk 분필 1자루	two pieces of chalk
a pound of salt 소금 1파운드	six pounds of sugar

(4) 집합 명사: 여럿이 모인 집합체의 명칭을 나타내는 명사

→ family, people, team, class 등

예 Our class is small. (집합 명사: 단수 취급)
Our class are smart. (군집 명사: 복수 취급)

(5) 추상 명사: 사람이나 사물의 성질, 동작, 상태 등의 추상적인 개념

→ love, hope, health, beauty 등

예 The love of a father is countless.

b. 수에 주의해야 할 명사

(1) 불규칙 변화

① 모음을 변화시키는 경우

예 man → men, woman → women, foot → feet, tooth → teeth

② 어미에 -en을 붙이는 것

예 ox → oxen, child → children

③ 단수와 복수의 형태가 동일

예 fish → fish, deer → deer, sheep → sheep

c. 단수 취급하는 명사

(1) news, information, equipment, advice, money, furniture, luggage…

(2) 학문명, 작품명, 책명: mathematics, economics, Romeo and Juliet

예 Today's news is so shocking.
Mathematics means a lot to me.

d. 명사의 격

(1) 주격의 용법

The girl is very pretty. [주어]

She is a **good violinist**. [주격보어]

That girl over there is Sara, **my younger sister**. [동격]

(2) 목적격의 용법

I washed **my face**. [동사의 목적어]

Talk to **the teacher**. [전치사의 목적어]

I call her **Alice**. [목적격 보어]

She saw her brother, **James**. [목적어의 동격]

(3) 소유격의 용법

① 공동 소유와 개별 소유

This is James and Alice's house. (공동 소유)

These are Jame's and Alice's houses. (개별 소유)

② 사람과 동물: 명사+s: s로 끝나는 복수명사의 소유격은 맨 끝에 '를 붙임

the girl's purse, the girls' purse

③ 무생물: A of B-B의 A

the window of this room

④ 시간, 거리, 무게: 명사 + 's

yesterday's newspaper, two hour's walk

⑤ 이중 소유격: 한정사(소유격 제외) + 명사 + of + 소유대명사

She is a friend of my cousin's.

She is a friend of mine.

⑥ 소유격 뒤의 명사를 생략하는 경우

- 명사의 반복을 피하는 경우: This watch is my brother's (watch).
- house, store 등이 소유격 뒤에 오면 생략되는 경우가 대부분.

예 She will visit her grandmother's (house).
He wanted to buy some milk at Kate's (store).

18) 대명사

명사나 수사 등을 대신해서 쓰이는 품사에요.

a. 인칭대명사

인칭대명사는 사람을 가리키는 기능.

	나	너	그	그녀	그것	우리	너희들	그것/그것들
주격	I	you	he	she	it	we	you	they
소유격	my	your	his	her	its	our	your	their
목적격	me	you	him	her	it	us	you	them
소유대명사	mine	yours	his	hers		ours	yours	theirs

b. 인칭대명사의 격

(1) 접속사 다음의 인칭대명사의 격은 대비되는 대명사의 격과 일치

예 He adores her better than **I**.
She adores you better than **me**.

(2) 전치사 다음의 대명사는 목적격이 옴

예 They were very fond of **her**.

(3) 일반인을 나타내는 인칭대명사

you, we, they 등이 있으며 따로 해석을 하지 않는 경우도 있음

예 They speak Chinese in China.

c. 재귀 대명사

'~자신'이라는 뜻으로 인칭대명사의 목적격이나 소유격에 'self'를 붙여서 사용
myself, yourself, himself, herself, itself, ourselves, yourselves, themselves

(1) 강조용법

명사나 대명사를 강조하기 위해 쓰이며 강조하고자 하는 대상 바로 뒤에 오거나 문장의 끝에 올 수도 있음. 생략 가능.

예 He **himself** painted this picture.
= He painted this picture **himself**.

(2) 재귀용법

문장의 주어와 목적어의 대상이 동일한 경우 목적어 자리에 재귀대명사를 씀.
생략 불가능.

예 She looked at **herself** in the mirror. (She=herself)

(3) 관용적 용법

① 전치사 + 재귀 대명사

1. by oneself: alone	혼자서
2. for oneself: for one's pleasure	자신을 위하여
3. in itself: in its own nature	그 자체로
4. of itself: spontaneously	저절로
5. beside oneself: almost mad	제정신이 아닌

예 I can do it myself.
It is amazing in itself.

1. over+동사	
2. dress oneself up in	옷을 입다
3. seat oneself	앉다

4. behave oneself	예의 있게 행동하다
5. devote oneself to	헌신하다
6. help oneself to	~을 마음껏 먹다

② 동사 + 재귀 대명사

예 Children dressed up in Hanbok.
You have to behave yourself in front of people.
Please help yourself to whatever you want.

(4) 소유 대명사

소유격 + 명사의 의미로 단독으로 사용 가능.

mine(나의 것), yours(너의 것), his(그의 것), hers(그녀의 것), theirs (그들의 것), ours (우리의 것)

① 명사의 반복을 피하는 역할

예 This bag is mine.

② 이중 소유격: 한정사를 나란히 두 개 이상 사용할 수 없기때문에 사용

한정사: 관사, 소유격, 지시형용사, some, any, no, every

예 She is a student of my sister's. (그녀는 내 동생의 제자이다.)

(5) It의 용법

① 비인칭 대명사: 시간, 거리, 무게, 날씨, 요일, 날짜 등을 표현할 때 씀

예 **It** is raining.
It is two o'clock.
How far is **it** from here to the bus stop?

② 막연한 상황을 나타내는 it

예 Take **it** easy. (걱정하지 마라. 서두르지 마라.)

③ it~that 강조구문

it과 that 사이에 동사를 제외한 주어, 목적어, 부사구, 전치사구를 넣어 그 사이에 오는 단어를 강조.

'~한 것은 바로 ~이다'로 해석.

예 She saw <u>him</u> <u>at the cafeteria</u> <u>yesterday</u>.
It was him that she saw at the cafeteria yesterday. (him을 강조)
It was at the cafeteria that she saw him yesterday.(at the cafeteria를 강조)
It was yesterday that she saw him at the cafeteria. (yesterday를 강조)

④ 어구 지칭

앞 문장의 단어와 구의 반복을 피할 때

예 She made a doll and gave it to me. (it=the doll)
I saw many movies and they influenced my thoughts. (they=movies)

⑤ 가주어

주어가 긴 경우 문장의 뒤쪽으로 보내고 앞에는 가주어 it을 쓰는 경우가 일반적.

해석을 따로 하지 않음.

예 **It** is hard to ***learn English***.
It is no use ***blaming them for her death***.
It is shocking ***that she is the culprit***.

⑥ 가목적어

- 가목적어를 취하는 동사: make, think, believe, find, consider
- 형식: make/think/believe/find/consider + it + 형용사 보어 + to부정사/that절

예 I found **it** easy ***to pass the text***.
I made **it** clear ***that I would not see him anymore***.

⑦ it ~that 구문

예 It seems that she was happy.
= He seems to have been happy.
It happened that I had a conversation with her at the meeting.

(6) 지시대명사

물건, 사물을 가리킬 때 사용하는 대명사를 지시대명사라고해요.

① **this / that**

- this-후자 / that-전자

예 Exercise and study are both good for students: **this** gives them health, and **that** gives them knowledge.

*** 다른 전자/후자 표현**

전자	후자
the one	the other
the former	the latter
the first	the second

예 Sam and James are my friends: **the one** is a woman, and **the other** is a man.

- this-뒷 문장 / that-앞 문장

예 No one knows **this**: she killed him.
He didn't do anything, but **that** is okay.

- that / those: 소유격 + 명사 형태를 받는 대명사

예 **The body** of a cat is bigger than **that** of a kitten.

② **One: 앞에 나온 특별히 정해지지 않은 명사**

예 I lost my pen. I need a new **one**.

③ **it, one**

it	one
구체적으로 지정된 명사	막연한 것

예 I bought a new bag and I love **it**.
She has many chocolates. Ask her to give you **one**.

④ such

• 앞에 나온 명사를 대신하는 경우 써요.

예 She was a good singer, but was not known **as such** at that time.

• 관용적 용법: such as 주어 + 동사: 비록 ~일지라도

예 You can use my computer, **such as it is**. (=though it is slow/ slow as it is)

⑤ so

• 목적어로 쓸 때: think, suppose, hope, expect, say, tell, imagine, hear

예 Do you think she will win?

= I think so. (I think she will win.)

= I think not. (I think she will not win.)

= I hope not. (I hope she will not win.)

• 저도 그래요 / 나도 그래요

A: I am happy.

B: So am I. (= I am happy, too.)

⑥ 부정대명사

부정대명사는 정해지지 않은, 막연한 사람이나 사물을 가리킬 때 사용하는 대명사.

- one

앞에 나온 명사와 종류는 같지만 대상이 다른 경우에 사용.

• 일반인

예 One should exercise everyday.

• 보통 명사 대용

예 She prefers a big bag to a small one.

• 물질 명사, 추상 명사는 불가

예 She prefers cold water to hot one. (X)

She prefers cold water to hot. (O)

- other

- one ~ the other: (둘 중에) 하나는 ~, 다른 하나는…
  예 I have two pens: one is blue and the other is red.

- some ~ others / some ~ the others
  some (어떤 사람들은) others (다른 사람들은)
  some (어떤 사람들은) the others (나머지 사람들은)
  예 Some were baseballs and others were soccer balls.

- another

- 하나 더 (one more)
  예 You can have **another** cake.

- 다른 것 (a different one)
  예 She doesn't want this hat. Show her **another**.

- 또 같은 것 (also one)
  예 I am a doctor, and my daughter is **another**.

- 세 개를 셀 때
  one(하나) another (또 다른 하나) the other (나머지 하나)
  예 I have three friends.
  One is Sam, **another** is Alice, and **the other** is Kate.

- one thing / another: ~와 ~는 별개이다

예 To say is **one thing**, and to do is **another**(x).
= Saying is quite **different from** doing.

6. 영어 시험을 위한 효율적인 영문법 학습법

영문법이 영어 시험 공부의 전부인 것처럼 여겨지던 시절이 있었죠. 어휘력과 함께 영문법의 실력이 마치 영어 시험의 합격의 당락을 결정하는 결정적인 요인으로 간주되었어요. 따라서 최고의 영어실력을 갖춘 선생님은 곧 영문법을 잘 가르치는 선생님으로 통했어요. 그런데 시간이 지나면서 실용 영어를 강조하면서 독해와 대화체의 생활영어 관련 문제 출제비율이 증가하면서 영문법의 비중이 급격하게 감소되었죠. 대학입시를 위한 수능 시험이나 경찰이나 공무원영어 시험에서도 한 두 문제만 출제되고 있음이 이를 잘 반영하고 있어요. 다만 영작문제 또한 문법문제에 관련되기 때문에 이를 감안해도 3문제 정도가 최대이죠. 중고교의 영어교과서도 몇 년 전부터는 실용영어를 강조하면서 문법 관련 내용이 많이 줄었어요.

이러한 상황에도 불구하고 여전히 영어공부에서 문법의 비중은 높을 수밖에 없어요. 왜 그런 것일까요? 그 대답은 간단해요. 우선, 여전히 문법을 강조한 시험문제의 패턴이 여전히 유지되고 있기 때문이에요. 중고등학교의 중간고사와 학기말의 영어 시험에서는 해당 영어교과서의 진도에 맞추어 출제되는 성향으로 인해 서술형으로 나오는 구식의 문법내용의 유형을 크게 벗어나지 않고 그대로 출제되고 있어요. 특히 공무원 영어의 시험스타일은 이러한 구식스타일을 유지하는 경향이 더 강해요. 게다가 토익, 텝스와 같은 공인영어 시험에서 문법부분의 시험이 따로 배정되어 있을 만큼 여전히 문법의 비중이 높은 편이에요. 또한 말하기나 쓰기 등의 실용적 영어가 아닌 영어 시험을 위한 영어교육의 현장인 학교나 학원에서는 문법지향적인 영어지도에 익숙한 영어교사와 강사들이 아직 주류를 이루고 있어요.

안타까운 것은 이러한 영어교육의 상황을 무시하고 비현실적인 근본적인 실용영어교육을 위한 비현실적인 개혁만을 쏟아내고 있어요. 바른 영어교육의 방향에 대해서는 대부분이 수긍해요. 하지만 현장에서의 적용가능성이 없는 혁신적인 주장들은 허공에 외쳐대는 메아리들로 그치고 있죠. 그 이유는 자명해요. 어휘와 영문법을 강조하는 독해위주의 영어교육에서 말하고 쓰는 실용적 영어로 시스템을 바꾸기 위해서는 영어책만 바꾼다고 되는 것이 아니에요. 실용영어교육을 위한 영어교사들의 선별과 채용, 그리고 실용적 영어교육과정의 개편과 평가시스템의 구축 및 관련 재료들의 선정 등 엄청난 예산이 소요되죠. 무엇보다도 기존의 영어 시험위주의 영어 학습에 익숙한 학생들이나 취업준비생이나 공무원 준비생들은 큰 혼란을 겪을 것은 불을 보듯이 뻔해요.

1) 기존의 영문법을 일본식 영문법이라고 비판만 하지 말고 현실에 맞게 활용 필요

주목할 현상은 기존의 영문법지도학습 체계가 일본영문법의 방식을 그대로 거센 비판이 일어난 것이에요. 첫 번째 배경에는 영어 시험의 핵심이라 할 수 있는 대학 입시 영어 시험의 변화에서 비롯되었죠. 대학별로 치르는 본고사가 폐지되고 예비고사 및 학력고사를 거쳐 수능 영어 시험이 독해와 듣기 위주로 개편되면서 문법의 비중은 급격히 줄었어요. 게다가 세부적인 문법사항들도 어법문제에서 거의 배제시켰죠. 그로 인해 '영문법 교재의 바이블'이라고 칭송받는 성문종합영어는 불필요하고 쓸모없는 문법내용들을 나열해 놓은 구닥다리 책이란 거센 비판을 받게 되었어요.

영문법의 왜색 논란의 두 번째 배경은 이론적인 문어체 영어에서 탈피하여 실용적인 구어체 영어의 중요성이 부각되면서부터예요. 미국이나 영국에서 공부하는 해외 유학생이 꾸준하게 늘고 영어교육을 연구하는 학자들이 증가되면서 우리가 배우는 영문법의 구조적 체계가 일본식 영문법이란 문제를 인식하게 되었어요. 학문적인 영어문장을 지향했던 성문종합영어는 일본식 영문법을 그대로 번역한 내용에 대한 지적과 질타가 일어나기 시작하며 자성의 움직임이 일어났어요. 실용적인 영문법 체계에 대한 관련 서적들이 봇물처럼 쏟아졌어요.

하지만 지난 수십 년간 성문종합영어의 한국식 영문법 교육체계의 형성과 발달에 끼친 상당한 위상과 공헌은 무시할 수 없어요. 가령 출판되어 온 거의 모든 영문법교재들이 성문종합영어로부터 영문법의 체계나 구성을 기본으로 하고 있기 때문이죠. 그리고 여전히 시험을 위한 영어교육의 현장에서 오랫동안 시행되어 오고 있는 '성문영문법식 교육'의 중요성을 간과할 수가 없어요. 시험에 나오는 지문이 길어지고 내용이 어려워지면서 짧은 시간 내에 정확한 독해력을 위해서는 어법과 구문력이 절대적으로 중요하기에 오히려 성문영문법식 학습이 도움이 된다는 주장도 있어요. 게다가 말하기와 쓰기 위주의 영어교육이 되지 않은 학교 현장에서 소위 단순화된 실용 영문법으로 인해 학생들의 영어독해 실력이 떨어지고 있다는 비판도 만만치 않아요. 예를 들어 영문법 실력의 부족으로 수능영어의 독해력 실력이 평균적으로 많이 떨어지고 있다는 현장의 영어교사들의 우려와 대학생들이 영문법실력의 부족으로 전공과목의 영어원서를 제대로 읽어내지 못한다는 교수들의 불만들을 들을 수 있어요.

하지만 영문법의 왜색에서 탈피한 실용영어를 위한 미래발전지향적인 한국식 영문법의 내용과 교육체계의 연구 개발을 위한 지속적인 노력은 계속되어야 해요. 다만 여전히 독해력 평가위주의 영어교육 시스템에서 기존의 성문영문법식 지도와 학습을 계속 유지하고 있는 현실을 우리는 싫더라도 받아들여야 해요. 다만 이제는 영문법 공부에만 치중한 기존의 지도 학습법에서 벗어나 영어 시험문제의 항목(어법, 독해, 쓰기)에 적합한 영문법의 차별화된 학습법과 활용의 지혜가 필요하다는 것이 필자의 주장이에요. 즉 '어법과 구문력', '독해력', '쓰기'에 따라서 영문법의 학습 활용법이 구분되어야 해요. 그럼 각 부문에서 영문법이 어떻게 학습하고 활용해야 하는지에 대해서 구체적으로 알아보죠.

2) 영문법 시험문제를 잘 풀기 위한 영문법 학습법

영어 시험용 영문법 내용은 각 시험유형에 따라 큰 틀에서는 거의 차이가 없지만 대체적으로 용어에 의한 부류에서 구조에 의한 분류 또는 기출문제 유형에 의한 분류로 변화해 왔음을 아래의 표에서 알 수 있어요. 물론 아래의 분류의 정확성에 대해 이의가 있을 수 있고 현실적으로 수능영어와 공무원 영어와의 영문법의 분류는 크게 차이가 나지 않는 것이 사실이죠. 단지 수능에는 독해용 어법문제가 있기에 문장구조론과 연결관계에 따라서 문법문제를 분류하였어요. 또한 토익이나 텝스 같은 국가 공인 영어 시험의 문법문제는 따로 구분하지 않았는데 이는 공무원영어 시험 유형에 속한다고 보았어요.

영어 시험 종류에 따른 영문법 내용의 분류

학교 영문법 분류	수능영어 시험용 영문법 분류	공무원시험용 영문법 분류
*** 문법용어에 의한 분류** 1. 음절과 어절, 구와 절 2. 동사의 종류 3. 동사의 시제 4. 명사 5. 관사 6. 대명사 7. 형용사 8. 부사 9. 부정사 10. 동명사 11. 조동사 12. 수동태 13. 가정법 14. 일치 15. 전치사 16. 접속사 17. 도치, 강조, 생략, 공통관계, 삽입, 동격	*** 문법용어에 의한 분류** 1. 주어 찾기 2. 시제 3. 수동태 4. 형용사와 부사 5. 비교구문 6. 준동사: 부정사, 동명사, 분사 7. 접속사와 관계사 8. 대명사와 조동사 9. 문장전체 구조와 병렬 구조 *** 구조에 의한 분류** 1. 문장구조론과 동사 (1) 동사의 종류 및 문장의 형식 (2) 동사의 시제 (3) 조동사 (4) 가정법 (5) 부정사 (6) 동명사 (7) 분사 2. 문장의 연결관계 (1) 접속사 (2) 관계사 (3) 관사 (4) 대명사 (5) 비교 (6) 일치와 화법 (7) 도치, 강조, 생략	*** 기출문제 유형에 의한 분류** 1. 기초 문법 문장 성분 문장의 5형식 8품사 구와 절 2. 문장 성분 (1) 주어와 동사 (2) 목적어와 보어 (3) 명사와 관사 (4) 대명사 (5)형용사와 부사 3. 동사 (1) 동사의 종류 (2) 수 일치 (3) 시제 (4) 능동태와 수동태 (5) 조동사 4. 준동사 (1) 부정사 (2) 동명사 (3) 분사 5. 접속사와 절 (1) 접속사 (2) 명사절 (3) 부사절 (4) 형용사절 6.특수 구문 (1) 비교 구문 (2) 병치, 도치 구문

중고등학교 내신 영어 시험, 수능영어 시험, 그리고 공무원영어 시험과 토익이나 텝스와 공인 영어 시험 등의 모든 영어 시험에서 영문법 관련 문제는 크게 두 가지로 압축돼요. 첫째, 지문안의 문장 속에서 정확한 해석과 적합한 문법 포인트를 물어보는 독해용 문법문제예요. 둘째, 주어진 짧은 문장에서 어법상 옳지 않은 것을 고르는 문법문제예요. 독해용 문법문제의 범위는 어법용 문법문제보다 범위가 좁은 편이에요. 즉 독해용 문법문제는 동사 관련한 시제, 부정사, 동명사, 분사, 수동태, 조동사, 가정법에 치중해요. 그리고 주어진 한글 문장을 올바르게 영어로 작성한 것을 고르거나 영어로 잘못 옮긴 것을 고르는 영작문제도 어법의 정확한 지식을 묻는 영문법 문제에 속해요.

중학교부터 고등학교까지 배우는 문법용어의 개념과 활용법에 관한 기초영문법에 관한 공부법은 학교에서뿐만 아니라 영어학원에서 시행하는 공통적이고 일반화된 지도학습법에 따르면 되는 것이기에 본서에서는 생략했어요. 그 대신 영어 시험의 어법문제의 유형의 분석을 통해 효율적인 영문법 공부의 패턴화에 대한 아이디어를 여기서 제공하려고 해요. 이는 필자의 오랜 영문법 지도의 과정에서 형성된 나름대로의 노하우(Knowhow)라고 할 수 있어요. 어법문제를 푸는 방식의 패턴들을 다음과 같이 제공하니 독자들의 시험을 위한 영문법 학습 향상에 도움이 되기를 바래요.

a. 패턴화 1: 선택지의 밑줄 친 단어들 중에 동사관련 단어부터 체크 필요

어법문제의 진위여부를 고르는 문제의 80%가 동사관련에서 답이 나와요. 즉 대부분의 어법문제에서 선택해야 하는 밑줄 친 단어들 중에서 그 문장의 본동사이거나 동사의 성질을 가진 형태가 변형된 동사관련 단어들이 답이 돼요. 동사 관련된 영문법 항목은 시제, 부정사, 동명사, 분사, 수동태, 조동사, 가정법, 도치, 병렬 등이 있어요. 따라서 선택지 중에서 우선적으로 동사관련 단어를 먼저 체크하는 풀이 방식을 패턴화 하는 것이 중요해요. 동사관련 단어들에서 답이 나오지 않으면 관계사, 접속사, 형용사, 부사의 순서대로 체크해야 돼요.

b. 패턴화 2: 빈도수가 많은 문제 유형을 관련 문법 부문별로 목록화

다음은 동사 관련된 영문법 항목들로 예를 들어보았어요. 빈도수가 많은 문법문제 유형들을 아래와 같이 세분화시켜 목록화하여 각 예문을 외워놓은 것이 좋아요. 왜냐하면, 다양한 범위의 기출 어법문제들을 풀 때에는 목록으로 패턴화시킨 내용들을 적용시킬 때에는 내용들보다는 관련 영어의 예문을 통해서 잘못된 부분을 찾아내는 것이 더 효과적이기 때문이죠.

1. 동사 관련 부문(시제, 부정사, 동명사, 분사, 수동태, 조동사, 가정법, 강조와 도치, 병렬)
2. 관계사(관계대명사와 관계부사)
3. 접속사(등위 접속사와 종속 접속사)
4. 명사와 대명사
5. 형용사와 부사(비교급과 최상급, 부사의 기능)
6. 관사(정관사와 부정관사의 용법)

아래의 내용들은 독해의 지문 내용들 중에서 또는 주어진 문장들 속에서 문법적인 오류를 찾아내는 어법문제들에서 동사와 관련된 문법부문들만 선정해서 출제 빈도수가 높은 내용들을 정리해보았어요. 각 예문들은 간단한 단문을 이용하여 독자들이 이해를 잘 이해할 수 있도록 하였어요.

(1) 동사 수의 일치

a. 동사 수의 일치는 빈도수가 아주 높은 문법 유형이에요.
b. 명사인 주어가 단수명사이면 단수 동사를 복수명사이면 복수 동사를 써야 해요.
c. 주어 형태(부정사, 동명사, 절)는 모두 단수이기에 단수 동사를 써야 해요

예 Enclosed in this letter <u>is(x)</u> the detailed instructions for fixing the machine.
→ are

* 복수명사 the detailed instructions(세부적인 설명들)가 주어이므로 동사는 are이 되어야 해요.

예 Even 80 percent of the population in this country **are(x)** literate.
→ is

* population(인구)은 단수 명사이기에 are를 is로 써야 해요.

(2) 시제

시제 관련 문제는 다음의 4가지 유형에서 문법문제의 빈도수가 높아요.

① 시간부사절과 조건부사절에는 미래형을 못쓰고 현재형을 써야 되요.

예 They will tell him as soon as the results **will come out(x)**.
→ come out

* as soon as로 시작되는 시간의 부사절에서는 미래시제를 못 쓰고 현재시제를 써야 해요.

예 Nowadays, they have no job opening, but if you **will hand in(x)** your resume, they will
→ hand in(제출하다)
keep it on the file.

- 시간부사절을 이끄는 접속사: when, after, before, after, as soon as, since, until, by the time
  조건부사절을 이끄는 접속사: if, unless, on condition (that), provided /providing (that) suppose/supposed (that)

- when이 언제, if가 whether(-인지 아닌지)의 뜻으로 쓰이는 명사절에는 미래형을 쓸 수 있어요.

예 **When will** he come here tomorrow?
I do not know **if he will** come here next month.

② 과거시점을 나타내는 단어(구)가 있으면 완료형을 쓰면 안돼요.

예 Vietnam's economy **has grown(x)** by more than 10% last year.
→ grew(성장했다)

* last year의 과거시점의 부사에서 과거형을 써야 해요.

예 A study of Korean families shows that disposable income **has decreased(x)** from 2005 to 2008.
→ decreased(줄었다)

* from 2005 to 2008는 과거 시점의 부사이므로 decrease의 과거시제를 써야 해요.

- 과거 시점을 나타내는 부사어들: yesterday, -ago, last week/month/year, 과거연도 just now, the other day, then, at that time, those days.

③ 과거완료와 미래완료 문장을 써야 하는 경우는 다음과 같아요.

예 She **has been(x)** working for the firm for 10 years before she was promoted.
→ had been

* 과거이전의 일은 과거완료로 나타내야 해요.

예 We **will save(x)** enough money to buy the car by next year.
→ will have saved

* by next year란 한정된 미래시점의 부사구가 있어 미래완료형을 써야 해요.

④ 진행형을 쓰지 않는 동사에 유의해야 되요

예 Recently, he **is resembling(x)** his father
→ resembles(닮다)

* resemble 동사는 진행형을 못 쓰죠

예 She **is liking(x)** her new job.
→ likes

* like 동사는 진행형을 쓰지 않아요.

- 진행형으로 쓰지 못하는 동사: resemble
- 소유의 뜻을 지닌 동사: have, possess, belong, own
- 지각동사: see, look, feel, listen, watch, smell, hear, taste

(3) 부정사

부정사관련 어법문제는 주로 3가지 유형이 출제 빈도수가 높아요. 첫째, 부정사를 목적어로 취하는 동사 여부, 둘째, 완료부정사(부정사의 과거형)의 사용여부, 셋째, 사역동사와 지각 동사 뒤에는 원형부정사.

① 부정사를 목적어로 취하는 동사

예 It took six months for them **finishing(x)** reading this book.
→ to finish

* it take 기간 다음에는 to 부정사가 와요.

예 Jane became great by allowing herself **learn(x)** from mistakes.
→ to learn

* allow는 to 부정사를 목적보어로 취해요

- 부정사를 목적어로 취하는 동사들
  : expect, hope, want, wish, would like to, agree, choose, decide, fail, hesitate, intend manage, need, plan, prepare, promise, refuse

- 부정사를 목적보어로 취하는 동사들
  : enable, get, force, order, advise, allow, ask, expect, invite, persuade, tell, want

② 부정사의 과거형은 to have PP

예 Something seems **to happen(x)** there during the past 3 years.
→ to have happened

* 지난 3년 동안에 something이 발생했었던것 같다의 의미로 to happen의 과거형인 to have happened를 써야 해요.

예 The building is believed **to be built(x)** in the 12th century.
→ to have been built

* 그 건물은 12세기의 과거에 지어졌기에 to have been built를 써야 해요.

③ 사역동사의 목적보어로 동사원형이 오고 지각동사의 목적보어는 동사원형 또는 현재분사가 와요

예 We had a gardener <u>**to trim**(x)</u> the trees.
→ trim

* have는 사역동사이기에 목적보어는 동사원형이 와야 해요.

예 Some of them have been <u>**open and close**</u> their eyes while they sleep.
→ to open and closed

* 지각동사와 사역동사는 수동태 문장에서는 동사원형인 목적보어를 to 부정사로 써야 해요.

- 사역동사: have, make, let, help

* 준사역동사인 get은 to 부정사를 목적보어로 취해요.

- 지각동사: see, look, hear, listen to, smell, taste, feel, watch, notice

(4) 동명사

① 동명사를 목적어로 취하는 동사

예 The truck drive stepped on the brake to avoid <u>**to hit**(x)</u> the taxi.
→ hitting

예 If he considers <u>**to use**(x)</u> the medicine, he should consult his doctor first.
→ using

* avoid와 consider은 동명사를 목적어로 취하는 동사이죠

- 동명사를 목적어로 취하는 동사들

: enjoy, finish, avoid, deny, escape, miss, put off, resist, shirk, abominate, mind, detest, loathe

② 동명사(부정사)가 주어일 때는 단수동사가 와야 해요.

예 Lying(To lie) about it <u>**are**(x)</u> only making the matter worse.
→ is

* Lying인 동명사가 주어이기 때문에 단수 동사인 is가 와야 해요.

예 I think reading and writing a lot of books **is(x)** painful
→ are

* 주어가 reading과 writing이기에 복수 동사 are를 써야 해요.

③ 목적어를 동명사와 부정사가 옴에 따라서 의미의 변화가 있는 동사들

: stop, forget, remember, forget, regret, try

예 More and more Koreans have wanted to **stop to smoke(x)** since the documentary on lung
→ stop smoking
cancer was aired.

* stop to V 는 V 하기 위해 멈추다, stop V-ing는 V하는 것을 그만두다의 뜻이죠.

예 We **regret informing** you that we can't offer you employment at present.
→ regret to inform

* regret 다음에 동명사가 오명 후회한다는 뜻, 부정사가 오면 유감이란 뜻
이 문장에서는 유감이란 뜻이 적합해요.

- forget + to 부정사 = -할 것을 잊어버리다
- forget + 동명사 = -했던 것을 잊어버리다
- remember + to 부정사 = -할 것을 기억하다
- remember + 동명사 = -했던 것을 기억하다
- try + to 부정사 = -하려고 애를 쓰다
- try + 동명사 = -를 시도해 보다
- stop + to 부정사 = -하기 위해 하던 것을 멈추다
- stop + 동명사 = -하는 것을 중지하다(끊다)
- regret + to 부정사 = -하는 것을 유감으로 생각하다
- regret + 동명사 = -했던 것을 후회하다

④ 동명사의 과거형은 having PP

예 She denies **stealing(x)** the money two years ago.
→ having stolen

* 2년 전에 돈을 훔쳤기에 stealing의 과거형인 having stolen을 써야 해요.

예 The gentlemen couldn't remember **seeing(x)** any of them before.
→ having seen

* 그 신사가 전에 그들을 본 것이 기억하기 이전이기에 having seen을 써야 해요.

⑤ need(want)뒤의 동명사는 수동의 부정사와 같은 의미

예 The computer **needs to repair(x)** as soon as possible.
→ needs repairing(to be repaired)

* need가 동명사를 목적어를 취하면 수동의 부정사형태와 같은 의미이죠.

예 The vending machine **wants to carry(x)** sooner.
→ wants to carry(to be carried)

* want가 동명사를 목적어를 취하면 수동의 부정사형태와 같은 의미이죠.

(5) 분사(현재분사와 과거분사)

① 명사 다음에 동사ing형(현재분사형)과 동사ed 또는 ed형(과거분사)의 선택

명사와의 관계가 능동이냐 수동이냐에 따라서 결정

예 He came to know a man **naming(x)** Tom from his history class.
→ named

* naming은 이름을 지어준의 뜻이다. 여기서는 이름이 붙여진 -의미의 named를 써야 해요.

예 Chocolate has a special chemical substance **calling(x)** phenylethylamine.
→ called

* phenylethylamine가 부르는 것이 아닌 불리는 특별한 화학물질을 초콜릿이 가지고 있어요.

② 주체가 사람이면 감정형 분사는 과거분사로, 사물(상황)이면 현재분사로

예 There remain some **exciting(x)** fans on the ground.
→ excited

예 People was **shocking(x)** by the news.
→ shocked

* 흥분하게 하는(exciting)이 아닌 흥분한(excited)한 팬들, 사람들이 충격을 받았다(shocked).

③ 분사구문에서의 현재분사와 과거분사 구별하기

예 While **worked(x)** at a gift shop, he saw his first air show.
→ working

* 의미의 분명한 전달을 위해 접속사 while를 생략하지 않은 분사구문으로 주어가 he이기에 능동의 현재분사인 working이 와야 해요.

예 She appeared to trust his explanation, never **considered(x)** the possibility that you had
→ considering
made it up.
* considered는 주어 she와의 관계가 능동이 되어야 하기에 considering을 써야 해요.

(6) 조동사

① 조동사의 각 원래의 의미와 공통된 추측의 의미와 시제 구분하기

예 The task **can not be finished(x)** by her now.
→ must not be finished.
* 그녀에 의해서 그 업무가 지금 끝나질 리가 없다(cannot be) 라는 의미가 어색
그 보다는 지금 끝나져서는 안된나(must not be)가 석합하다.

예 The company **may already offer(x)** Johnson a job before we made our offer
→ may have already offered
* 우리가 제안을 한 시점이 과거이므로 그 이전의 회사가 제안한 것도 추측의 과거이에요.

② 조동사 + have + pp(과거분사) 형태의 의미 확실히 하기

예 The street is in very dirty condition and it **should be cleaned(x)** a week ago.
→ should have been cleaned
* should have PP. 의 의미(--했어야 했는데)를 알아야 해요.

예 All roads are wet. It **must rain(x)** last night.
→ must have rained
* 과거에 대한 추측인 must have pp를 써야 한다.

• 조동사 + have pp 유형 및 의미

must have pp: --했었음에 틀림없다.
could have pp: --했었을 수도 있다.
should not have pp: --안했어야 했다.
might have pp: --했을 것이다.
can't have pp: --했을 리가 없다.
should have pp: --했어야 했다.
may have pp: --했을 것이다.
need not have pp: -할 필요가 없었다.

③ 목적의 부사절인 in order that 문장의 부정은 lest that -should

예 You had better take your coat lest you **do not get(x)** a cold.
→ should get

예 Lest that you **should not forget(x)**, Ms. Kim, he is a soldier of war.

→ should forget

* lest (that) -should 구문은 --하지 않도록 의미로 lest 때문에 not를 붙이면 안 되요.

④ used to V, be used to V, be used to V-ing

예 His mother **used to enjoying(x)** walking her dog in the country.

→ used to enjoy

* 과거의 규칙적인 습관을 나타내는 used to 동사원형

예 They got **used to get up(x)** early.

→ used to getting up

* 이 문장은 get used to-ing는 -에 익숙해지다의 뜻이 맞이요.

(7) 수동태

① 타동사와 자동사의 구별(자동사는 수동태를 쓸 수 없다.)

예 The Assembly election **holds(x)** every 4 years in Korea.

→ is held

* hold 개최하다의 타동사이므로 is held(개최되다)로 써야 해요

예 Recently, the price of this unique item has **been risen(x)** a lot

→ risen

* rise는 자동사로서 수동태를 쓸 수 없어요.

- 수동태를 쓸 수 없는 동사들(1형식과 2형식의 동사들이 대부분)

  : exist, look, happen, appear, seem, occur, rise, remain, prove, result, take place, proceed, arrive

(8) 가정법

① 가정법 과거와 가정법과거완료의 구문 형태 구별하기

혼합가정법 문장

예 Were it not for the sun, man **could not have lived(x)** at all.

→ could not live

* if가 생략된 도치된 가정법과거 문장이기에 주절에는 조동사 과거형이 와야 해요.

② 가정법 문장의 시제

It is (high) time that -,

주어 + wish + that 문장

주어 + looks(act) as if 문장

예 It is high time they **learn(x)** to correct these mistakes.
→ learned

* it is (high) time that-구문은 가정법 과거문장이에요. learn의 과거형을 써야 해요.

예 We wish he **is(x)** here with us now.
→ were

* wish 가정법 문장으로 현재사실의 반대인 과거동사를 써야 해요.

③ 주장, 요구, 명령, 제안의 동사 뒤의 문장에는 should가 오는데 생략가능해요.

예 The law required that everyone **took** a test for a drivers' license.
→ (should) take

* require의 목적어 구문에는 당위의 의미가 있기에 should + 동사원형을 써야 해요.

예 They insisted that the critical issue **is discussed(x)** immediately.
→ (should) be discussed

* insist의 목적어 구문에는 주장의 의미가 있기에 should + 동사원형을 써야 해요.

• 주장, 요구, 명령, 제안의 동사들
: insist, demand, order, suggest, recommend, require, advise

④ 가정법 미래: If +주어 + should / If + 주어 + were to 동사원형

예 If we **will(x)** win the lottery, what would we do?
→ should

* 가정법 미래구문으로 종속절의 will 대신 should가 와야 해요.

예 If she were to be born, she **will(x)** be born as a man.
→ would

* 종속절에 were to가 있는 가정법 미래문장이기에 will을 would로 써야 해요.

(9) 도치

① 문두에 장소의 부사구로 시작 될 때 주어와 동사의 위치를 바꾸어야 해요(도치)

예 So hot **it was(x)** that they had to leave early.
→ was it

* so -that 구문에서 so +형용사를 문두에 쓰면 주어와 동사를 도치해야 돼요.

예 Not until she came home **she had noticed(x)** that her bag was missing.
→ had she noticed

* Not until의 부정의 부사구사 문두에 왔기에 주어와 동사는 도치해야죠.

② 문두에 부정부사(구)로 시작될 때 주어와 동사의 위치를 바꾸어야 해요(도치)

예 Rarely he **blamed(x)** his employees for their jobs.
→ did he blame

* Rarely의 부정 부사어 문두에 있기 때문에 주어(he)와 동사(blamed)가 도치 되어야 해요.

예 Under no circumstances, **they accept(x)** the bribery.
→ do they accept

* Under no circumstances의 부정 부사구가 문두에 있기 때문에 주어(they)와 동사(accept)가 도치 되어야 해요.

③ 도치 문장을 이끄는 부정 부사어들: little, seldom, never, only, not until,

④ 간접의문문 문장

예 I wonder **what is a his father(x)** like.
→ what his father is

* what 의문문이 문장의 목적어이기에 주어(his father)와 동사(is)가 도치되어야 해요.

예 What do you think **will the future(x)** bring?
→ the future will

* 간접의문문 앞에 think, believe, imagine, guess, suppose 등이 있을 경우에는 의문사가 문장 처음으로 도치되어야 해요.

(10) 병렬

등위 접속사(and, but, so등)의 앞과 뒤의 문장의 동사의 형태가 같아야 해요.

예 She loves listening to music, reading books, and **to watch(x)** movies.
→ watching

* listening, reading, to watch는 love의 목적어로 등위 접속사로 연결되어 있는 병렬구조이기에 to watch는 watching이 되어야 해요.

예 The coach advised that I should eat healthily, exercise regularly, and that **joining(x)** a
→ should join

gym would make this easier.

* should eat과 should eat의 병렬구조가 되어야 해요.

7. 영어 시험의 독해력을 위한 영문법 활용법

문법문제와 독해문제를 풀 때에 영문법의 활용은 차별화되어야 해요. 짧은 시간 안에 정확한 독해력을 요구하는 독해시험에서 문법 분석을 통한 독해 방식은 시간이 걸리면서 독해문제가 요구하는 초점을 흐리게 하는 치명적인 단점이 되기 때문이죠. 따라서 영문법은 독해지문을 해석하기 위한 구문을 이해하는데 기본적인 지식만 제공해야 돼요. 그렇지 않고 지문의 모든 문장들을 어법문제 풀듯이 분석을 하면 시간이 많이 소요되어 정해진 시간에 독해문제들을 다 풀지 못해요. 더욱 문제가 되는 것은 올바른 답안을 찾기 위한 글의 요지나 주제를 파악하거나 일관성 있는 문장의 흐름의 여부, 또는 논리적 추론력을 요구하는 독해기술들을 제대로 발휘하지 못해 독해실력이 향상되지 않아요. 이러한 취지하에 영문법의 지식을 독해력을 위해서 어떻게 활용할 수 있는지 아래와 같이 정리해보았어요.

1) 가주어 it와 가목적어 it

가주어 it과 가목적어 it은 문장에서 없다고 생각하고 해석해요. 다만 가주어 it과 가목적어 it의 용법을 완전히 알고 있어야 하는 전제에 한해서이죠.

a. 가주어 it을 쓰는 문장형태들

(1) It is to V

: It is safe to drink this well's water.
안전하다 마시는 것이 이 우물의 물을

(2) It is --that + S + V

: It is clear that the he intends to finish this mission.
명확하다 그가 이 임무를 마칠 의도가 있음이

(3) It is -whether + S + V

: It is not ceratin whether they come here or not.
확실하지 않다 그들이 여기 올지 안올지는

(4) 의문사 + S + V

: (It) is mystery why the animal got extinct.
미스테리하다 왜 그 동물이 멸종된 것인지

b. 가목적어 it

가목적어를 쓰는 동사(believe, think, find, make, consider) + it + 목적보어 + to V

예 We believed (it) impossible to change the plan
우리는 믿었다 불가능하다고 바꾸는 것을 그 계획을

예 They consider (it) difficult to move out next month.
그들은 여긴다 어렵다고 이사하는 것이 다음 달에

2) 관계대명사(who, which, that, whose)

- **관계대명사의 기능(선행사가 관계대명사 다음의 문장에서 주어 또는 목적어 역할을 한다)을 잘 이해하고 있으면 독해할 때는 관계대명사는 없다고 생각해서 빼고 해석해야 돼요.**

예 Anyone (who) is interested in the job can apply before next month.
어떤 사람도 관심이 있는 그 일에 (그는) 지원할 수 있다 다음달 이전에

We found an old woman **(whose)** shoes were dirty.
우리는 발견했다 한 노파를, 그녀의 신발이 더러웠다.

She is the girl whom I gave a flower yeaterday.

The lady **(whom)** they want to see is now on vacation.
그 숙녀, 그들이 보길 원하는 (그녀는) 지금 휴가 중이다.

That car **(which)** is red is very fast.
저차, 빨간 색인 (그차는) 매우 빠르다

This is my cat **(whose)** hair is brown.
이것은 나의 고양이 **그의** 털이 갈색이다.

They have a house **(of which)** the living room is nice.
그들은 가지고 있다 한 집을, **그 집의** 거실이 멋지다.

He didn't eat the food **(which)** I like the best.
그는 먹지 않았다 그 음식을, **(그것은)** 내가 제일 좋아하는 것이다.

(What) is beautiful is not always good.
아름다운 것이 항상 좋지는 않다.

(All) **(that)** glitters is not gold.
모든 것, 빛나는 **(모든 것)**이 금은 아니다

- **독해에서 동격의 접속사 that과 관계대명사 that은 모두 무시하고 해석하면 효율적이에요.**

idea, fact, opinion, belief, thought 뒤의 that은 일반적으로 동격의 접속사로 여겨요. 하지만 이러한 명사들 뒤의 that 문장이 완전한 문장인가? 아니면 주어나 목적어가 빠진 불완전한 문장인가?에 따라 접속사인지 관계대명사인지를 구분해요. 하지만 독해 문장에서는 이러한 구분없이 that을 무시하고 해석하면 더 효율적이죠.

예 We have the belief **(that)** the economic situation will get better sooner.
우리는 가지고 있다 그 믿음, 경제 상황이 좋아질 것이라는 (그 믿음을) 곧

We have the belief **(that)** they will understand some day.
우리는 가지고 있어요 그 믿음, 그들이 이해할 (그 믿음을) 언젠가는

3) 관계부사(where, when, why, how)

관계부사는 선행사를 언급하고 'where은 그곳에서', 'when은 그 때', 'why를 그 이유 때문에', 'how를 그 방식'으로 해석하면 매우 효율적이에요.

예 This is the mansion (where) she lives.
이곳은 대저택이다 **그곳에서** 그녀가 산다.

Sunday is the day (when) we don't go to school.
일요일이 그날이다. **그 때** 우리는 학교에 가지 않는다.

Do you know the reason (why) he didn't come?
너는 아느냐 그 이유를 **그 이유 때문에** 그가 오지 않았던.

You have to tell her (how) you solved the problem.
너는 말해야 한다 그녀에게 **그 방식을** 너가 해결했던 그 문제를

4) 현재분사

한 문장에 이어서 ,(콤마) 뒤에 현재분사(-동사 ing)로 이어지는 문장에서는 그 현재분사 해석은 두 가지예요: -하면서(-하여지면서) 또는 그래서 -했다(하여졌다)에서 상황에 맞게 고르면 돼요.

예 He came toward us, **smiling** brightly.
그는 왔다 우리를 향해, **웃으면서** 밝게

They kept him waiting outdoors, **making** him angry.
그들은 계속 그를 기다리게 했다 야외에서, **그래서 화나게 했다** 그를.

5) 부대상황 분사구문

현재분사는 '--한 채로, 하면서', 과거분사는 '--하여진채로' 해석을 패턴화하면 효율적이죠.

예 She used to take a walk along the lake with her dog (being) **following** her.
그녀는 산책하곤 했다 그 호수를 따라서 그의 개가 그녀를 **따르면서**

The child is reading a comic book with his legs (being) **crossed**.
그 아이는 읽고 있다 만화책을 다리가 **접어진채로(꼰채로)**

6) 부정사 용법

부정사의 부사적(목적, 원인, 결과, 이유, 판단의 근거, 형용사 수식 등)용법과 형용사적 용법에 구분에 신경을 쓰지 말고 어순에 따라 편하게 해석해야 해요. 독해 지문에서는 부정사가 무슨 부사적 용법인지 또는 형용사 용법인지에 대한 문제가 없어요. 따라서 편한 대로 해석을 한다고 해도 그 문장의 의미 전달에는 상관이 없어요.

예 I got up early **to catch** the first bus.
나는 일어났다 **일찍 잡기위해(그리고 잡았다)** 그 첫 버스를

She was happy **to hear** that news.
그녀는 행복했다 **들었기 때문에(들어서)** 그 소식을

The lake is dangerous **to swim in**.
그 호수는 위험하다 **수영하기에는(수영한다면)**

Tom woke up **to find** himself famous.
톰은 깨워 보니 **알게 되었다(깨어났다 그리고 알았다)** 그 자신이 유명한 것을

They must be witty **to solve** all the problems.
그들은 재치가 있음에 틀림없다 **풀다니(그래서 풀었다)** 모든 그 문제들을

They have no book **to read**.
그들은 책을 가지고 있지 않다 **읽을(읽기 위한)**

The homeless man needs something <u>to eat</u>.
그 노숙자는 필요하다 어떤 것 <u>먹을(먹기 위한)</u>

7) 시제는 미래, 과거, 현재의 3가지로만 해석

독해 지문에서는 한글과 같이 과거, 현재, 미래의 세 가지 시제로만 해석하면 편해요. 독해문제를 풀 때는 그 내용이 중요한 것이기 때문이에요. 가령 현재완료형 시제는 모두 과거형으로 해석해도 무방해요. 현재완료문장을 계속, 경험, 결과, 완료의 용법에 따라 분석하여 해석하려는 어법적 독해는 독해지문을 읽는 시간을 길게 하는 문제점만 생겨나요.

예 Have you ever seen a lion?(현재완료 경험)
너는 사자를 본 적이 있느냐? → **너는 사자를 봤느냐?**

He has been ill since last month.(현재완료 계속)
그는 지난 달 이후로 앓아오고 있다 → **그는 지난 달 이후로 아팠다.**

We had heard that the apartment had been sold.(과거완료)
우리는 그 아파트가 팔렸었다고 들었다. → **우리는 그 아파트가 팔렸다고 들었다.**

The movie will have started by the time they go here.(미래완료)
그 영화는 그들이 여기에 막 도착했을 때 시작했을 것입니다.
→ 그 영화는 그들이 여기 도착할 때 시작할 것입니다.

8) 전치사의 활용

한글에 조사가 있다면 영어에는 전치사가 있어요. 전치사의 기능은 다양해요. 명사, 대명사, 동명사 등 앞에 놓여서 이들을 목적어로 취하죠. 부사로도 사용되고 숙어를 만들어내기에 하나의 전치사가 여러 가지 의미를 가져요. 전치사의 종류는 매우 다양하며 용법은 크게 시간(때), 장소(위치와 방향), 목적, 방법, 수단, 행위자 등으로 다음과 같이 분류될 수 있는데 기준에 따라서 더 세부적으로 분류되기도 해요.

1. 시간(때)의 전치사: at, on, in, for, by ,during, through, from, since 등
2. 장소(위치와 방향)의 전치사: at, on, in, over, before, beside, out of, between, among 등
3. 목적의 전치사: for, on
4. 방법과 수단의 전치사: by, with

독해를 할 때 전치사의 문맥상의 의미를 잘 활용하면 전치사 앞에 놓인 단어를 몰라도 그 문장을 해석할 수 있는 큰 이점이 있어요. 특히 전치사는 대부분 동사와 함께 쓰이기 때문에 동사의 뜻을 몰라서 그 문장을 해석하기 힘들 때 그 모르는 동사와 수반된 전치사의 뜻을 이해하면 해석에 큰 도움이 돼죠. 사실, 영어쓰기를 능숙하게 한다면 이러한 전치사의 문맥적 의미와 활용에 관해서 쉽게 이해할 수 있어요. 하지만 읽기 위주의 영어교육에서는 어휘의 사전적 의미와 같이 전치사에 대한 단편적인 의미만 외우기 때문에 이러한 전치사의 중요한 활용법이 간과되고 있어요. 영어 시험의 독해 지문에 빈도수가 높은 전치사들을 선정하여 다음과 같이 전치사의 문맥적 의미를 정리해 보았어요.

독해를 위한 주요 전치사의 문맥적 의미들

(1) around

- 주위나 주변, 주변의 여기저기
  She wasn't **around** when the party started. (파티가 시작했을 때 그녀는 근처에 없었다.)
- 돌아서 이동하거나 대상을 중심으로 움직이는
  Is there a rumor going around? (소문이 돌고 있니?)
- 동의, 찬성하게 하는
  They were against his proposal, but he brought them around.
  (그들은 그의 제안에 반대했지만, 그는 그들을 설득시켜 동의하게 했다.)

(2) along

- 어떤 대상을 따라 쭉 이동하는

  He walked along the road. (그는 도로를 따라 걸었다.)

- 진행되다

  Is everything coming along well? (모든 게 잘 진행되고 있니?)

- 도착하는, 동의하는

  The train will be along soon. (기차가 곧 도착할 것이다.)

(3) against

- 맞대어, 기대어 있는

  She put the picture against the wall. (그녀는 그림을 벽에 기대어 놓았다.)

- 대립하는, 사이가 안 좋은

  I don't want to go up against that guy. (나는 그에게 맞서고 싶지 않다.)

(4) at

- ~에 있는

  Your friend is at John's. (네 친구는 John의 집에 있어.)

- ~을 하는

  They are at work. (그들은 일하는 중이다.)

(5) away

- 멀어지는, 도망가는, 회피하는, 안 보이게 치우는

  He ran away. (그는 도망갔다.)

  I told him to put away his clothes. (나는 그의 옷들을 치우라고 그에게 말했다.)

- 줘버리는, 폭로하고 누설하는

  She gave away her textbooks to other students. (그녀는 다른 학생들에게 교과서를 주었다.)

(6) across

- 가로지르는, 맞닥뜨리는

  She is in the building across the street. (그녀는 길 건너 건물에 있다.)

- 무언가를 전달하거나 이해시키는

  He is putting his meaning across well. (그는 의사전달을 잘 하고 있다.)

(7) aside

- 한쪽으로 치워 놓거나 제쳐놓는, 옆으로 비켜서는

  He put money aside for his retirement. (그는 퇴직을 대비해 돈을 저축한다.)

  Step aside, please! (비켜주세요!)

(8) ahead

- 시간, 공간적으로 앞에 있거나 순서상 앞선, 경쟁 등에서 앞서있는

  I have to study hard to keep ahead. (계속 앞서려는 열심히 공부해야 한다.)

  She's ahead of schedule. (그녀는 일정보다 앞서 나가고 있다.)

(9) after

- 시간, 순서, 위치상 뒤에, 나중에

  Let's meet after lunch. (점심 먹은 뒤에 만나자.)

- ~의 뒤를 따라가는, 쫓아가는, 추구하는

  Why are they after you? (왜 그들이 너를 쫓고 있니?)

  I hope she's not after your money. (그녀가 돈 때문에 널 만나는 게 아니길 바란다.)

(10) apart

- 산산이 흩어지거나 분리되는, 분리되어 멀어지거나 갈라놓는

  Nothing can break them apart. (그 무엇도 그들을 갈라놓을 수는 없다.)

(11) back

- 원래의 자리로 되돌아가거나 뒤로 움직이는

  I want to take my words back. (나는 내가 한 말을 취소하고 싶다.)

- 뒤에 남는, 물러나는, 주저하는

  As they approached he backed off. (그들이 다가오자 그는 물러났다.)

- 뒤로 숨기는, 자제하고 억누르는

  I could no longer hold back my tears. (나는 눈물을 더 이상 참을 수 없었다.)

(12) before

- 시간, 순서, 위치상 앞에, 먼저

  I arrived before you. (내가 너보다 먼저 도착했다.)

(13) behind

- 뒤에 있는, 뒤쳐진

  She is behind you. (그녀는 네 뒤에 있다.)

  They are behind schedule. (그들은 일정보다 늦었다.)

(14) by

- 바로 옆에, 곁에 있는, 옆을 지나가는

  I stopped by her office yesterday. (나는 어제 그녀의 사무실에 잠깐 들렀다.)

  She decided to get by with her bike until she can afford a car.

  (그녀는 차가 살 여유가 생기기 전까지는 그녀의 자전거로 지내기로 결정했다.)

(15) down

- 낮아지는 것, 무엇을 내려놓거나 몸을 낮추는 것

  Put her down right now! (그녀를 당장 내려놔!)

- 낙심하는, 실망하는

  Don't bring him down. (그를 실망시키지 마.)

- 잠자는, 몸 상태가 안 좋은, 죽은, 고장 난

  She's down with the flu. (그녀는 감기로 몸이 좋지 않다.)

- 무엇을 고정하는, 적어두는, 사실로 여기는

  You have to write it down. (넌 그것을 꼭 적어둬야 해.)

(16) for

- ~을 향해, ~을 위한, ~을 찬성하는

  She's looking for her daughter. (그녀는 그녀의 딸을 찾고 있다.)

  I made this doll for you. (너를 위해서 이 인형을 만들었어.)

  I'm all for you. (나는 너한테 전적으로 찬성한다.)

(17) from

- 어떤 기점을 중심으로 거기서 출발하거나 떨어져 나가는

  She began to walk away from me. (그녀는 나에게서 멀리 걸어가기 시작했다.)

(18) in

- 시간, 공간, 상황 등의 범위 안에 있는

  The cat is in the box. (고양이는 박스 안에 있다.)

- 끼어드는, 참여하는

  I want to be in too. (나도 참여하고 싶다.)

(19) into

- 밖에서 내부로 들어가거나 어떤 상황에 빠지는 것, 안으로

  I threw the book into the fire. (나는 책을 불 속에 집어 던졌다.)

- 변화하는

  The fruit can be made into wine. (그 과일로 와인을 만들 수 있다.)

(20) out

- 밖에 있는, 나가는, 내보내는

  She went out. (그녀가 밖으로 나갔다.)

- 어떤 상태 밖에 있거나 그 상태를 벗어나는

  Is he out of debt now? (그는 지금 빚이 없니?)

- 눈에 띄는, 나타나는

  Make your assignment stand out. (눈에 띄는 과제를 만들어라.)

(21) on

- ~에 붙어 있는, 착용하는, 복용하는, 일을 하는, 휴가 중인

  My father is on medication for blood pressure. (나의 아버지는 고혈압으로 약을 복용 중이다.)

  The staffs are on vacation now. (직원들은 현재 휴가 중이다.)

  He has on a ski jacket. (그는 스키자켓을 착용 중이다.)

- 전원이 켜진, 작동 중인, 진행 중인

  The air conditioner is on. (에어컨이 작동 중이다.)

(22) off

- 떨어져 나가서 없어지는, 시작하는

  The piece came off the wall. (조각이 벽에서 떨어졌다.)

- 동작을 완료하는, 중단하는

  Unfortunately, the wedding is off. (불행하게도 결혼식은 취소되었다.)

- 눈에 띄는, 드러나는, 폭발하는, 방출하는

  Fortunately, the bomb didn't go off. (다행히 폭탄이 폭발하지 않았다.)

(23) over

- 위에 있거나 덮는

  Put the cloth over her hand. (그녀의 손에 천을 덮어라.)

- 넘어가는, 극복한, 끝나는

  The war is over. (전쟁이 끝났다.)

(24) to

- 대상, 장소, 방향, 동작을 향해 이동하는, 접근하는

  She came to my house yesterday. (그녀는 어제 내 집으로 왔다.)

(25) through

- 어떤 대상을 관통하거나 돌파해서 지나가는

  The thief got in through the window. (그 도둑은 창문을 통해 들어왔다.)

- ~를 거치는, 겪는, ~동안 내내

  I can watch it all through the year. (나는 그것을 일 년 내내 볼 수 있다.)

- ~이 끝나는, ~을 마치는

  His goal is to get through school in three years. (그의 목표는 학교를 3년 안에 마치는 것이다.)

(26) together

- 결합하는, 함께하는, 단결하는

  Two colleges came together and created a new university.

  (두 개의 단과대학들이 합쳐져서 새로운 종합대학이 설립되었다.)

(27) under

- 아래에 있는, 억압되는

  Exams don't put me under stress. (시험은 나를 스트레스 받게 하지 않는다.)

- 가라앉는, 망하는

  The company went under last year. (그 회사는 작년에 망했다.)

(28) up

- 위치상 높아지거나 위로 올리거나 세우는

  Get up and leave the room. (일어나서 방을 나가.)

- 수치나 양이 증가하거나 강도가 세지는, 끝까지 하는

  The price of noodles has gone up. (라면 값이 올랐다.)

- 나타나는, 다가오는

  Something bad came up. (나쁜 일이 생겼다.)

(29) with

- 함께 있는, ~을 가지고 있는

  He is with his mother. (그는 그의 어머니와 함께 있다.)

  The magazine comes with a lipstick. (잡지를 사면 립스틱이 딸려온다.)

(30) without

- ~이 없는

  People can't live without air. (사람들은 공기 없이는 살 수 없다.)

8. 영작문을 위한 영문법 활용법

영어 쓰기에 있어서 적합한 영어 단어의 선택만큼 중요한 것은 어순의 정확한 배열이에요. 영어는 어순에 따라 의미가 달라지기 때문이죠. 따라서 영문법을 적용한 영어 쓰기는 어순의 규칙성을 가진 영어 문장들을 쓰는 것을 의미하죠. 영어 시험에서 선택형이든 서술형이든 영작문제는 문법문제에 포함되기에 문장의 올바른 구문에 따른 영어쓰기의 학습법으로 큰 효과를 볼 수 있어요. 특히 '왜 쓰는가?'와 '어떻게 쓰는가?'의 두 기준에 의한 영작문을 패턴화의 숙달이 중요해요.

간단한 영어 단문쓰기에서 긴 장문을 쓰는 방법으로 영어 품사의 기능과 어법의 지식을 기본으로 하여 세 가지로 영어 쓰기의 패턴화를 할 수 있어요. 첫째, 쓰고자 하는 중심내용을 표현을 문장의 5형식 구조를 바탕으로 한 〈단문의 표현 패턴화〉. 둘째, 중심내용을 표현한 단문을 연결사를 통해 수식어를 활용해 길게 문장을 만들어가는 〈연결어 표현의 패턴화〉. 셋째, 쓰고자 하는 내용들을 다양한 스타일을 통해 좀 더 세련되게 표현하려는 〈style 표현의 패턴화〉가 있어요.

본서에서 영어쓰기의 위에 언급한 세 가지 패턴화중에서 시험문제를 잘 풀기 위한 영문법관련 영어쓰기에 밀접한 관련이 있는 첫 번째 '5형식 문장의 구성에 따른 단문의 표현의 패턴화'에서만 구체적인 내역과 각 예문을 다음과 같이 설명하였어요. 이렇게 패턴화된 문장들을 구성하는 형식에 익숙해지면 올바른 구문의 형성실력의 향상으로 인해 영작을 하는 서술형 시험이나 잘못된 영작을 고르는 객관식 시험에 큰 도움이 돼요.

1) 1형식의 7가지 문장 패턴: 주어의 동작을 강조할 때 활용

1형식 문장이 주어와 동사만 있어도 문장이 성립된다고 해서 짧은 단문만으로 구성되어 있다는 편견을 가지는 경향이 있어요. 1형식은 다양한 형태를 가질 수 있어요. 즉 목적어와 보어를 필요로 하지 않는 1형식 문장의 동사 뒤에는 부사(구), 전치사구, 접속사, 부정사, 동명사, 분사 등의 다양한 구나 문장이 첨부되어 연결 될 수 있기 때문이죠. 따라서 다음의 1형식 문장의 7가지 문장의 패턴화의 숙달로 올바른 영작력을 키울 수 있어요.

(1) 주어 + 동사

Most efforts failed. (대부분 노력들이 실패로 돌아갔다)

(2) 주어 + 동사 + 전치사 부사(전치사가 부사로 쓰인 것)

Prices are going down. (물가가 내리고 있다)

(3) 주어 + 동사 + 부사

The door unlocks easily. (그 문은 쉽게 열린다)

(4) 주어 + 동사 + (전치사구·준동사·접속사 주어 + 동사)

Sparrows sing on the tree. (제비들이 나무 위에서 지저귄다)

We looked out of the window. (우리는 창밖을 내다보았다)

She left before he came back. (그녀는 그가 오기 전에 떠났다)

(5) 주어 + be동사 + (부사 · 전치사구 · 준동사 · 접속사 주어 +동사)

Nobody is there.(그곳에는 아무도 없다)

We were not in the bank. (우리는 은행에 없었다)

No one was here to meet them. (여기에 그들을 마중 나온 사람이 아무도 없었다)

She was not there when the traffic accident happened.

(그 교통사고가 났을 때에는 그녀가 그곳에 없었다)

(6) There + 주어 + 동사

There is no expecting what will happen in the future.

(미래에 무슨 일이 발생할 지 예상하기란 불가능하다)

(7) 가주어 + 진주어

It seems that they are right. (그들이 옳은 것 같다)

2) 2형식의 14가지 문장 패턴: 주어를 설명할 때 활용

주어와 동사 그리고 주격보어로 구성되어 있는 2형식 문장에서는 be동사와 상태동사를 강조하거나 보어에는 부사를 쓸 수 없고 형용사를 써야 한다는 문법적 규칙에 집중하는 경향이 있어요. 2형식 문장에서 보어는 형용사, 명사, 전치사구, 부정사, 동명사, 분사, 접속사 등 다양한 형태를 지닐 수 있어요. 따라서 다음과 같이 14가지에 이르는 문장의 패턴화를 기반으로 2형식 문장의 영작학습을 연습할 필요가 있어요.

(1) 주어 + be동사 + 형용사·명사

They very stubborn. (그들은 매우 고집이 세다)

My father is a big eater. (나의 아버지는 대식가이시다)

(2) 주어 + be 동사 + 전치사구

We are above them in rank. (우리는 그들보다 지위가 높다)

(3) 주어 + be동사 + 준동사(to 부정사·동명사·분사)

They are to come to the place tomorrow morning. (내일 아침 그들은 그 장소에 올 예정이다)

Her hobby is to collect old coins. (그녀의 취미는 오래된 동전들을 모으는 것이다)

They are amazing. (그들은 대단하다)

The meetingc was boring. (그 만남은 지루했다)

(4) 주어 + be 동사 + 접속사 + 주어 + 동사

The problematic fact is that the firm is short of its equity capital.

(문제적인 사실은 그 회사가 자기자본이 부족하다는 것이다)

(5) 주어 + be 동사 + 형용사·부사 + 뒤에 붙는 말

Recently, we are busy in preparing the new business.

(최근에 우리들은 새로운 사업을 준비하느라 바쁘다)

(6) 주어 + 일반동사 + 형용사

This fish tastes bad.(이 생선은 상했다)

(7) 주어 + 일반동사 + 전치사구

The book will go out of print soon. (그 책은 곧 절판될 것이다)

(8) 주어 + 일반동사 + 준동사(분사)

They sounds shocked. (그들의 말은 충격적으로 들린다)

(9) 주어 + 일반동사 + 명사

The girl will make wonderful singers. (그 소녀는 멋진 가수가 될 것이다)

(10) 주어 + 일반동사 + like + 명사

We didn't feel like trying anything at that time.

(그 당시에 우리는 어떠한 것도 시도하고 싶지 않았다)

(11) 주어 + 일반동사 + as + 명사

The work counted as a masterpiece. (그 작품은 걸작으로 간주되었다)

(12) 주어 + 일반동사 + to be

Things appear to be going strange. (상황들이 이상하게 되어 가고 있는 것 같다)

(13) 주어 + 1형식 동사 + 형용사·명사·현재분사·과거분사

He returned angry exited with the result. (그 결과에 그는 화가 나서 돌아갔다)

(14) 가주어·진주어

It is impossible to finish the project within three month.

(석달 달 이내에 그 프로젝트를 끝낸다는 것은 불가능하다)

3) 3형식의 13가지 문장 패턴: 주어의 동작과 그 동작의 대상에 대해 설명할 때 활용

주어와 동사, 그리고 목적어로 구성된 3형식 문장에서 목적어는 명사, 대명사, 부정사, 동명사, 접속사절, 전치사구 등이 될 수 있어요. 특히 목적어는 접속사절에 속한 목적어와 전치사의 목적어 등의 2개 이상의 다른 목적어 형태를 지닐 수 있음에 유의할 필요가 있어요. 다음의 13가지 문장의 패턴화로 3형식 문장으로 영작할 수 있음을 알아야 해요.

(1) 주어 + 동사 + 명사·대명사

They had no intention of hurting me. (그들은 나를 다치게 할 의도가 없었다)

(2) 주어 + 동사 + one's 명사 (one's + way)

They have to keep their words. (그들은 그들이 한 약속을 지켜야 한다)

(3) 주어 + 동사 + 재귀대명사

The cute baby cried herself to fall a sleep. (그 귀여운 여자 아기는 울다가 잠이 들어 버렸다)

(4) 주어 + 동사 + 준동사 (부정사·동명사)

She decided to buy the expensive apartment. (그녀는 그 비싼 아파트를 구입하기로 결심했다)

You forgot seeing me. (너는 나를 만났던 것을 잊었구나)

(5) 주어 + 동사 + 접속사 + 주어 + 동사

I think that she is a competent employee. (나는 그녀가 유능한 종업원이라고 생각한다)

(6) 주어 + 동사 + 부사 + 전치사 + 목적어

Finally, I got down to the high-tech business. (마침내 나는 그 최첨단 사업을 시작했다)

(7) 주어 + be동사 + 형용사·과거분사 + 전치사 + 목적어

You are poor at handling the task. (너는 그 업무를 처리하는 것이 미숙하다)

He is concerned about the impending matter. (그는 임박한 그 일에 대해 걱정이다)

(8) 주어 + 타동사 + 추상명사 + 전치사 + 목적어

He always finds fault with my working way.

(그는 나의 일하는 방식에 항상 흠만 잡으려 한다)

(9) 주어 + 타동사 + 목적어 + 전치사

He applied for admission to the sport club. (그는 그 스포츠클럽에 입회를 신청했다)

(10) 주어 + 동사구(동사 + 전치사·부사) + 목적어

His grandmother asked after us. (그의 할머님이 우리의 안부를 물으셨다)

You should answer for her honesty. (너는 그녀의 정직성에 책임을 져야한다)

(11) 주어 + 동사 + 부사 + 목적어

They did not turn the radio off. (그들은 그 라디오를 끄지 않았다)

The referee called the star player out. (심판은 그 유명 선수에게 아웃을 선언했다)

(12) 주어 + 완전자동사 + 목적어(동족어·유사어)

She lived a wonderful life. (그녀는 훌륭한 삶을 살았다)

They fought a very productive battle. (그들은 매우 생산적인 전투를 치렀다)

(13) 가주어·진주어 / 가목적어·진목적어

It is said that she is the poorest woman in the town.

(그녀는 마을에서 가장 극빈한 여자라고 한다)

4) 4형식의 3가지 문장 패턴: 주어의 동작 대상이 두 개 올 때 활용

두 개의 목적어를 취하는 4형식문장의 동사는 '--해 주다'라는 뜻을 가지기에 수여동사라고 일컫죠. 다음과 같이 3가지의 문장 패턴으로 4형식 문장의 영작은 이루어져요.

(1) 주어 + 동사 + 간접목적어 + 직접목적어(명사·대명사)

She donated the orphanage her piano. (그녀는 고아원에 피아노를 기증했다)

They did not tell her anything. (그들은 그녀에게 어떤 것도 말하지 않았다)

(2) 주어 + 동사 + 간접목적어 + 직접목적어(접속사 + 주어 + 동사)

His mom did not tell him where she bought it.

(그의 엄마는 그녀가 어디에서 그것을 샀는지 그에게 말해 주지 않았다)

(3) 주어 + 동사 + 간접목적어 + 직접목적어(접속사 + to 부정사)

We taught her how to operate the machine.

(우리는 그녀에게 그 기계를 어떻게 운영하는지 가르쳐 주었다)

5) 5형식의 8가지 문장 패턴: 목적어의 동작 대상과 그 대상을 설명할 때 활용

주어, 동사, 목적어, 그리고 목적격보어로 구성된 문장이 5형식이에요. 목적격보어는 부사를 쓸 수 없고 명사, 형용사, 부정사, 동명사, 분사 등의 다양한 형태를 취하죠. 또한 주목할 점은 5형식을 만드는 동사 종류들이에요. 사역동사(make, have, let)와 지각동사(see, watch, notice, look, hear, listen to, feel, taste, smell), 그리고 생각과 판단 동사(think, believe, judge), 간주 동사(consider, regard)등이 있어요. 다음과 같이 8가지 문장의 패턴화로 5형식문장의 영작이 이루어져요.

(1) 주어 + 동사 + 목적어 + 목적보어(명사)

We called him an invisible man. (우리는 그를 보이지 않는 사람이라 불렀다)

(2) 주어 + 동사 + 목적어 + 목적보어(형용사)

We can leave the door close. (우리는 그 문을 닫아두어도 된다)

(3) 주어 + 동사 + 목적어 + 목적보어(준동사)

We would like him to come to her birthday party.

(우리는 그가 그녀의 생일파티에 오기를 원했다)

They can't understand her behaving like this.

(그들은 그녀가 이렇게 행동하는 것에 대해 이해하지 못한다)

We wanted the vending machine fixed right away.

(우리는 그 자판기를 빨리 수리해 주기를 원했다)

(4) 주어 + 사역동사·지각동사 + 목적어 + 목적보어

Please let the boy go. (제발 그 소년이 가도록 내버려두라)

We did not see them coming in. (우리는 그들이 들어오는 것을 보지 않았다)

(5) 주어 + 생각·판단동사 + 목적어 + 목적보어(to be-)

We think not a few people to be suffering from the disease.

(우리는 적지 않은 사람들이 그 질병으로 고생하고 있다고 생각한다)

(6) 주어 + 간주동사 + 목적어 + 목적보어(as-)

They did not look upon the situation as serious.

(그들은 그 상황을 심각하다고 여기지 않았다)

(7) 가목적어·진목적어

The man found it very unpleasant walking in the rain.

(그 사람은 빗속을 걷는 것이 매우 불쾌함을 알았다)

He thinks it a pity that he could not achieve the plan.

(그는 그 계획을 완수하지 못했음을 유감으로 생각한다)

(8) 기타 Pattern

She pushed the window open. (그녀는 그 창문을 밀어서 열었다)

He overdrank himself 냐차. (그는 과음해서 병이 들었다)

6) 영문법문제 관련 영작문의 정확성 여부를 묻는 출제 빈도수가 높은 주요 구문들

다음으로 부정표현, 조동사, 접속사, 비교급, 최상급 등에 관한 관용표현들을 정리해 보았어요. 이런 문장들은 영문법 관련 문제에서 어법을 제대로 썼는지 아니면 영작을 바로 했는지에 대해서 자주 헷갈리게 해요. 그렇지만 출제빈도수가 높은 관용표현들이에요. 또한 이러한 주요 관용표현들의 의미를 알고 있으면 고교영어 내신 시험의 서술형문제, 수능이나 공무원 영어 시험의 문법이나 영작문 관련 문제, 토익이나 텝스의 문법 문제나 독해

문제 등에 큰 도움이 됨을 확신하니 독자들은 영어를 지도하거나 영어를 공부하는 모든 독자들이 잘 활용하기 바래요.

a. 절대부정표현: 전혀 --하지 않다.

예 1. This dress **does not** suit her **at all**. (이 드레스는 전혀 그녀에게 어울리지 않는다.)
2. They **did not at all** think that she would come back.
(그들은 그녀가 돌아오리라고는 전혀 생각하지 않았다.)
3. Tom is **not a bit** like his father. (탐은 전혀 그의 아버지와 닮지 않았다.)
4. The method had **no** effect **whatsoever**. (그 방법은 전혀 효과가 없었다.)
5. He was **by no means** poor when he was young. (그가 젊었을 때, 그는 결코 가난하지 않았다.)
6. Her words are **in no way** serious. (그녀의 말들은 전혀 진지하지 않다.)
7. There is **not the slightest** truth about the fact. (그 사실에 대해서는 조금도 진실한 것이 없다.)
8. We had **not the least** information about him. (우리는 그에 대한 정보가 전혀 없었다.)

b. 부분부정표현: 모두가 --그런 것은 아니다.

: all-not, not-always, not-both, never-the whole, not altogether, not exactly, not-everywhere, not necessarily, not quite, not entirely

예 1. **All** that glitters is **not** gold. (반짝이는 모든 것이 금은 아니다.)
2. The poor are **not always** unhappy. (가난한 사람들이 항상 불행한 것은 아니다.)
3. They do **not** recognize **both of** us. (그들은 우리 둘 다 알아보는 것은 아니다.)
4. Such a beautiful bird can **not** be found **everywhere**.
(그렇게 아름다운 새를 어디서나 발견할 수 있는 것은 아니다.)
5. She will **never** consider **the whole of** anything. (그녀는 그 모두를 고려하지는 않을 것이다.)
6. What he said is **not altogether** false. (그가 말한 것이 아주 거짓은 아니다.)
7. It is **not exactly** what we had expected. (그것은 우리가 기대했던 바로 그대로는 아니다.)
8. All of the best-seller books are **not necessarily** informative.
(모든 베스트 셀러 책들이 유익한 것은 아니다.)

9. The result was **not quite** satisfactory. (그 결과가 전적으로 만족스러운 것은 아니다.)

10. He is **not entirely** free from blame. (그가 비난 받을 점이 전혀 없다는 것은 아니다.)

c. 조동사 표현

(1) can not help 동명사 -ing / can not but 동사원형: -하지 않을 수 없다.

예 She **cannot help crying**. (그녀는 울지 않을 수 없다.)

= She **cannot but cry**.

= She **could not help crying**.

= She **could not but cry**.

= She **had no choice but to cry**.

= She **had nothing to do but cry**.

= There is **nothing for her but to cry**.

(2) can not-too: 아무리 --해도 지나치지 않다.

예 We **cannot praise** him **too**. (그를 아무리 칭찬해도 지나치지 않다.)

= We **cannot overpraise** him.

= It is **impossible to praise** him.

(3) cannot A till B: B하고서야 비로서 A할 수 있다.

예 They **cannot come back** here **till she leaves** there. (그녀가 그곳을 떠나야 그들은 여기에 돌아 올 수 있다.)

= They **don't came back** here **till she leaves** there.

= **Not until she leaves** there **do they come back** here.

= It **was not until she leaves** there **that they come back** here.

(4) would rather A than B: A하기보다는 차라리 B하겠다.

예 We **would rather** stay home **than** go out. (우리는 나갈 바에야 차라리 집에 머물겠다.)

= We **would sooner** stay home **than** go out.

= We **would as soon** stay home **as** go out.

= We **had better** stay home **rather than** go out.

(5) may well: --하는 게 당연하다.

예 He **may well speak** in favor of her. (그가 그녀의 편을 들어 이야기 하는 것은 당연하다.)
= It **is natural for him to speak** in favor of her.
= **No wonder he speaks** in favor of her.
= **He has good reason to speak** in favor of her.

(6) used to 동사원형: --하곤 했다. / be used to (동)명사: -하는 데 익숙하다

예 They **used to come** here to see him. (그들은 그를 보러 여기에 오곤 했다.)
= They **would often come** here to see him.
= They **are in the habit of coming** here to see him.

She **is used to running** on the sand. (그녀는 모래 위를 달리는데 익숙하다.)
= She **is accustomed to running** on the sand.

d. 접속사 표현

(1) as soon as: --하자마자

예 It began to rain **as soon as** they left home. (그들이 집을 나서자마자 비가 오기 시작했다.)
= **No sooner had they left** home **than** it began to rain.
= They **had sooner left** home **than** it began to rain.
= **Hardly had they left** home **when** it began to rain.
= **The moment they left** home, it began to rain.
= **Immediately they left** home, it began to rain.
= **On their leaving** home, it began to rain.

(2) Now (that) --: --때문에

예 **Now (that)** he is rich, he can live in comfort. (그는 부자이기 때문에 편히 살 수 있다.)
= **Because** he is rich, he can live in comfort.
= **Since** he is rich, he can live in comfort.

(3) so that + S + can(may) + V: S가 V하기 위해

예 They study hard **so that they can** pass the exam. (그들은 그 시험에 합격하기 위해 열심히 공부한다.)

= They study hard **in order that they will** pass the exam.

= They study hard **in order to** pass the exam.

= They study hard **so as to** pass the exam.

= They study hard **for the purpose of** passing the exam.

= They study hard **with the view of** passing the exam.

(4) lest S should V: S가 V하지 않기 위해

예 He worked hard **lest he** should be fired. (그는 해고당하지 않기 위해 열심히 일했다.)

= He worked hard **for fear** he would be fired.

= He worked hard **so that he would not** be fired.

= He worked hard **so as not to** be fired.

(5) never to V: --다시 V못했다. / only to V: 그러나 V했다.

예 She left her home town **never to** return. (그녀는 고향을 떠나 다시 돌아오지 못했다.)

He studied hard **only to** fail. (그는 열심히 공부했지만 실패했다.)

(6) provided (that)=providing (that), on condition that, suppose (that), if=--한다면

예 He will come back **provided(that)** he recovers his health enough.

(그는 건강을 충분히 회복하면 돌아올 것이다.)

= He will come back **providing (that)** he recovers his health enough.

= **In case** he recovers his health enough, he will come back.

= He will come back **on condition that** he recovers his health enough.

= **Unless** he recovers his health enough, he **will not** come back.

= **Suppose (that)** he recovers his health enough, he will come back.

(7) though=even though, although, with all=형용사 as S+V: --일지라도

예 **Though** she is rich, she is not happy. (비록 그는 부자이라 할지라도 불행하다.)

= **Although(Even though)** she is rich, she is not happy.

= **With all his wealth**, he is not happy.

= **Rich as he is**, he is not happy.

(8) if anything: 어느 편인가 하면, if any: 간혹 있다 하더라도 /

if ever: 가끔 있다하더라도 if a day: 아무래도 --틀림없다

예 They were, **if anything**, a little better yesterday. (어느 편이냐 하면 그들은 어제 좀 나아졌다.)

There are few, **if any**, flowers around the apartment.

(그 아파트 주위에는 꽃들이 있다고 하더라도 거의 없다.)

It hardly, **if ever**, rains in this area. (이 지역에는 비가 온다고 해도 좀처럼 오지 않는다.)

She is ninety years old, **if a day**. (그녀는 아무래도 아흔 살은 틀림없다.)

e. 비교급(최상급) 표현

(1) no more than = only: 단지, -밖에 / no less than = as much as: --만큼이나

예 We have **no more than** 10, 000 won. (우리는 만원밖에 가지고 있지 않다.)

We have **no less than** 10,000 won. (우리는 만원이나 가지고 있다.)

(2) not more than = at most: 기껏해야 / not less than = at least: 적어도

예 She has not more than 100 dollars. (그는 많아야 100달러 가지고 있다.)

She has not less than 100 dollars. (그녀는 적어도 100달러는 가지고 있다.)

(3) no A more than B: A가 아닌 것처럼 B도 아니다 / no less A than B = as A as B: A는 B만큼 하다

예 He is no more a genius that I (am). (그가 천재가 아닌 것처럼 나도 아니다.)

He is no less healthy than his older brother. (그는 그의 형처럼 건강하다.)

(4) not more A than B = not so A as B: A는 B만큼 하지는 않다 /

not less A than B = perhaps A more B: A는 (더하면 더했지) B 못지않다.

예 She is **not more beautiful than** you (are). (그녀는 너만큼 아름답지 않다.)

She is **not less beautiful than** you (are). (그녀는 너 못지 않게 아름답다.)

(5) not so much A as B = B rather than A = less A than B = not so much A but B /

= not so much A, more B = not A so much as B:A라기 보다는 B이다.

예 We are **not so much lovers than friends**. (우리는 애인이라기보다 친구이다.)

= We are **friends rather than lovers**.

= We are **lovers less than friends**.

= We are **not so much lovers but friends**.

= We are **not so much lovers, more friends**.

= We are **not lovers so much as friends**.

(6) all the better: -때문에 오히려, all the more because: --때문에 더욱더

none the less for: -에도 불구하고

non the better for: -해도 여전히 좋지 않다.

예 I love her **all the better** for her faults. (그녀가 결함들 때문에 나는 여전히 그녀를 더 사랑한다.)

My mother loved me **all the more because** I was blind.

(나의 어머니는 내가 봉사이기 때문에 더욱 더 나를 사랑하셨다.)

We like him **none the less for** his mistakes. (우리는 그가 실수들을 해고 여전히 그를 좋아한다.)

Her body condition is **none the better for** her exercise.

(그녀의 몸 상태가 운동을 해도 여전히 좋지 않다.)

(7) 원급과 비교급을 통한 최상급의 표현

예 She is **the shortest girl** in her school. (그녀는 학교에서 제일 작은 소녀이다.)

= She is **shorter than any other girl** in her school.

= **No other girl in her school is shorter than** she (is).

= **No other girl in her school is as short as** she (is).

Chapter 3.

영어독해 능력은 세 가지에 의해서 검증될 수 있어요.

첫째는 어휘력이에요. 해석하려고 하는 영어 단어의 대표적인 한글 뜻을 알아야 되기 때문이죠. 즉 영어 문장의 단어들을 읽어나갈 때 그 단어들의 사전적 의미들이 바로 떠오르면서 해석이 가능해요. 또한 영어 단어는 다의어가 많기 때문에 그 단어의 문장에서의 문맥적 의미까지 파악하는 어휘력도 필요해요.

둘째, 단어의 품사 기능과 문장 속에서 그 단어의 활용법을 통한 문법능력과 그 품사의 위치와 용도를 파악하는 구문력이에요. 각각의 영어 단어의 품사를 제대로 알고 나아가 품사에 따른 영어 단어의 사용방법을 알고 있는 능력을 의미하죠.

셋째는 주제문장을 통해서 또는 전체적인 글의 흐름을 파악을 통해 문제를 풀어야 할 때는 논리적인 추론력이 필요해요. 이는 그 문장의 구조를 파악할 수 있는 구문 분석능력과 문장의 함축된 의미까지 읽어내면서 정확한 해석으로 이끌 수 있어요.

1. 영어 읽기 방법들

1) 글을 읽는 다양한 방법들

일반적으로 글을 읽는 방법은 아래와 같이 다양해요. 정보화 시대에 우리는 매일 서적이나 인터넷을 통해서 엄청난 정보들을 접하는 이른바 '정보의 홍수'속에서 살고 있어요. 따라서 업무적이든 비업무적이든 이러한 방대한 정보들을 각자의 상황과 용도에 맞게 효율적으로 읽고 나서 필요한 적합한 내용들을 습득하는 지혜가 필요해요. 우선 글 읽기 방법들은 다음과 같이 분류할 수 있어요.

(1) 읽는 속도에 의한 분류

- 빠르게 읽기: 책을 빨리 읽는 방법으로 짧은 기간 내에 많은 분량의 책을 읽는 독서 방법.
- 천천히 읽기: 책을 느리게 읽고 시간을 많이 들이는 독서 방법.

(2) 읽는 깊이에 의한 분류

- 자세히 읽기: 자세한 부분까지 주의하여 빠진 곳이 없도록 깊이 생각하고 따지면서 읽는 방법.
  전문 서적이나 교과서를 읽거나 자세한 이해가 필요할 때 주로 사용한다.
- 훑어 읽기: 글 전체 내용을 훑어볼 필요시, 자세한 내용 이해가 필요하지 않을 때 읽는 방법.
  문예 작품이나 교양서적을 읽을 때 주로 사용.

(3) 읽는 양에 따른 분류

- 많이 읽기: 여러 종류의 책을 많이 읽는 독서법. 지나치면 남독과 난독의 역효과. 깊이 있는 지식의 습득 보다는 폭넓은 지식의 습득에 알맞음.
- 적게 읽기: 독서의 양이 별로 없는 방법.

(4)소리 내어 읽는 지 여부에 따른 분류(낭독과 묵독이 있다)

- 소리내어 읽기: 소리를 내어 읽는 방법으로, 다른 사람이 알아듣도록 읽어야 하거나, 문자나 말을 확인하며 읽는 방법. 시 낭송 등에 사용
- 눈으로 읽기: 소리를 내지 않고 눈으로만 읽는 독서 방법. 내용을 생각하며 읽을 수 있음. 주위 사람에게 방해가 되지 않으며, 읽는 속도가 빠름.
  글의 내용을 이해할 때 사용하는 가장 보편적인 방법

(5)기타 읽는 방법들

- 필요한 부분만 찾아 읽기: 한 권의 책 가운데서 자기에게 필요한 부분만 찾아 골라 읽는 방법. 사전류나 참고서를 읽는 데 적합함.
- 돌려 읽기
- 뜻을 밝혀 가며 읽기
- 뜻을 잘 생각하면서 읽기

외국어 습득을 위한 최고의 방법은 되도록 많은 책을 읽는 다독밖에 없다는 것이 영어 교육 전문가들의 공통된 주장이에요. 영어도 예외가 될 수 없어요. 모국어처럼 말하기와 듣기 또는 쓰기가 매일 일상화되지 않은 환경에서 시간을 내어서 가능한 한 많은 영어책 읽기를 통한 영어와의 지속적인 접촉만이 현실성 있는 방안이기 때문이죠. 그런데 놀라운 것은 영어의 많이읽기는 영어쓰기 뿐만 아니라 말하기와 듣기의 향상에도 결정적인 역할을 한다는 사실이에요. 책 속의 수없이 반복되는 영어문장들의 패턴이 잠재적으로 독자의 머리로 스며들며 저장되죠. 따라서 말을 할 때나 글을 쓸 때에도 이렇게 저장된 영어문장들의 패턴이 작용하여 유창한 영어실력이 될 수 있어요. 영어권 국가에서 대학이나 대학원 공부를 하면서 치열하게 많은 영어책을 읽어야 했던 필자와 같은 사람들은 '읽기만이 유창

한 영어능력의 왕도이다'라는 주장에 대해서 거의 이의를 제기하지 않고 수긍할 것이에요.

많이읽기는 글의 내용에 따라서 차별화된 다른 읽기능력의 향상을 수반하죠. 가령 전문서적이나 기술관련 책들은 자세히 읽어야 하는 필요성으로 정독하게 되죠. 영어에서는 전공 원서나 기술관련 서적들은 정독을 해야 되요. 반면 만화책이나 가볍게 읽는 기행문이나 수필 같은 글들은 대충 훑어 읽기에 의존하죠. 영어 만화책이나 영자신문이나 잡지같이 가벼운 내용의 글들도 건너뛰면서 관심부분만 읽는 통독을 주로 사용해요. 주위에 방해를 주지 않기 위해 눈으로만 읽는 묵독을 거의 사용하지만 말하기를 위한 읽기나 주의력 집중을 요하는 글들은 소리 내어 읽기를 해요. 영어는 발음의 정확성과 스피킹 향상을 위해서 소리내어 읽기을 하는데 주로 어린 아이들이 많이 사용해요. 업무나 시험을 위해서는 필요한 부분만 찾아서 읽는 방법인 훑어읽기을 활용할 수 있어요. 인터넷 검색을 통해 필요한 정보를 찾아서 읽는 것이 보편화된 요즘은 훑어 읽기가 가장 많이 사용되는 읽기 방법이 되었어요. 가령 영문 검색엔진인 구글이나 페이스북과 같은 SNS글을 읽는 방식은 전례 없는 훑어읽기와 찾아읽기의 필요성을 증가시켰어요.

2) 영어지문 읽기 방법

영어독해시험의 지문 읽기는 전공 영어서적이나 영어 소설 등을 읽는 방식과는 달라요. 우선은 짧은 시간(한 문제당 최대한 2분 30초 이내)안에 내용을 이해해야 하는 빠른 속도로 읽어야 해요. 게다가 각 문제가 요구하는 적절한 답안을 구하기 위한 리딩스킬도 병행해야 되죠. 일반적으로 독해의 속도를 느리게 하는 가장 근본적인 요인은 어휘력과 구문력의 부족에 있어요. 하지만 이 두 능력이 향상되더라도 독해속도에 가장 큰 걸림돌은 지문 전체의 내용을 완벽하게 해석하려는 집착에 있어요. 문제의 답안 찾기에 관련이 없는 문장들이 해석이 잘 안되어도 과감히 넘어가고 답안에 관련된 부분들을 정확히 해석해 나가는 지혜를 가지고 읽기를 해야 돼요. 영어지문의 읽기 방법에는 주요한 3가지가 있어요. 그들은 자세히 읽기(intensive Reading), 훑어읽기(Skimming Reading), 그리고 찾아읽기(Scanning

Reading)예요.

a. 자세히 읽기(Intensive Reading)

자세히 읽기는 일반적으로 새로운 교과 내용을 배울 때나 새 단어 또는 문법적 요소를 배울 때 교과서에 관련 내용들을 숙지하는데 사용되기에 '학습 읽기(study reading)'라고도 해요. 영어독해시험에서 자세히 읽어야 할 부분은 각 문제내용, 선택지 내용, 그리고 답안에 관련된 지문의 내용이에요. 문제내용을 끝까지 자세하게 읽지 않아 문제를 잘못 푸는 경우가 흔하게 발생해요. 예를 들어 '글의 요지로 적절하지 않은 것은?'란 내용을 끝까지 자세히 읽지 않고 글의 요지로 적절한 것으로 답안을 고르거나, '다음 글을 읽고 추론할 수 있는 사실이 아닌 것은?'란 문제 내용에서 '추론할 수 있는 사실을' 고르는 실수 등을 하죠. 이러한 실수를 예방하는 가장 좋은 방법은 아래의 (예시 1)에서 보듯이 문제내용이 부정적으로 끝나는 내용들 위에 'X'로 표시하고 선택지의 답안의 번호위에 X로 표시해놓는 것이에요. 이 방식은 영어 이외에 국어나 사회와 같은 다른 과목의 시험에서도 유용한 방법이 될 수 있어요. 하지만 최상의 방법은 문제내용을 끝까지 자세히 읽는 것을 습관화해야 돼요.

예시 1) 다음의 빈칸 _____ 에 들어갈 말로 적절하지 않은 것은?

Geese are migrating birds. They go places in flocks. They fly with a V formation. Scientists say that the V formation's flying produces air resistance. How does it work? The goose at the middle leads the flock. As it flaps its wings, it breaks the air. Therefore, the air flows over the other geese easily. This enables them to fly using less energy. The bird in front works the hardest, though. So, geese take turns to fly in front. With less effort, they can travel long distances. The formation has another ________. This is for keeping track of one another. Hence, they can see each other while they fly. Fighter pilots do this for the same reason.

① shape ② reason ③ function ④ purpose ⑤ use

예시 1 해설) 다음의 빈칸 ______ 에 들어갈 말로 알맞지 않은(X) 것은?

→ * 알맞지 않는 것에 X표시를 해요.

Geese are migrating birds. They go places in flocks. They fly with a V formation. Scientists
거위들 이주하는 새들(철새들) 무리 지어 V 형태

say that it produces air resistance. How does it work? The goose at the middle leads the
만들어내다 공기 저항 작용하다 중간에 있는 이끌다

flock. As it flaps its wings, it breaks the air. Hence, the air flows over the other geese easily.
무리들 퍼덕거리다 그러므로

This allows them to fly using less energy. The goose in front works the hardest though they
사용하면서 덜 에너지를 가장 힘들게

fly with less energy. So, geese take turns to fly in front. With less effort, they can travel
차례를 바꾸다 적은 노력으로 이동하다

long distances. **The formation has another** _________. This is for keeping track of one
긴 거리들 추적하다 서로서로를

another. Thus, they're able to see each other while they fly. Fighter pilots do this for the
전투기 비행사들

same reason.

① purpose ② reason ③ function ④ (X) shape(정답) ⑤ use

→ * 답에도 X 표시를 해 놓아요.
이렇게 X표시를 하며 문제를 풀면 문제를 잘못 읽는 실수를 피할 수 있어요.

예시 2) 다음 글의 제목으로 가장 적절한 것은 ?

How can we measure the value of a candle? We can't measure its value by light output, since the candle has lost its function as a means of lighting a room. The years that followed Thomas Alva Edison's invention of the lamp might have been called "the fall of the candle and the rise of the light bulb." But every night all over America millions of candles are still burning. We can not enjoy romantic dinner without candles on the table. Individual candles are sold for $20 or $30 each, much more than a light bulb. Unlike an electronic bulb, the value of a candle has nothing to do with relationship to its light output. Like the fireplace and the sailing ship, the candle has lost its function and turned into art.

① Danger of Using Candles at Home

② Using Candles as Therapy

③ Changed Value of a Candle

④ Handmade Scented Candles for Parties.

예시 2 해설) 다음 글의 제목으로 가장 적절한 것은 ?

How do you measure the value of a candle? We can't measure its value by light output,
측정하다 가치 빛 산출량
since the candle has lost its function as a means of lighting a room. The years that
기능 수단 몇 해들(세월)
followed Thomas Alva Edison's invention of the lamp might have been called "the fall of the
뒤따르다 발명 몰락 상승 그러나
candle and the rise of the light bulb." Yet every night all over America millions of candles are
이상 수백만 개의
still burning. No romantic dinner is complete without candles on the table. Individual candles
완벽한 개별적인 양초들
are sold for $20 or $30 each, much more than a light bulb. **Unlike an electronic bulb,**
전구 관계가 없다
the value of a candle has nothing to do with relationship to its light output. Like the
빛 산출량 -처럼
fireplace and the sailing ship, the candle has lost its function and turned into art.
벽난로 항해하는 배 기능 바뀌다 예술로

-> 본 지문에 없는 내용들에 대해서는 (X)표시를 해요.

① Danger(X) of Using Candles at Home

② Using Candles as Therapy(X)

③ Changed Value of a Candle

④ Handmade Scented(X) Candles for Parties.

선택지의 내용을 자세히 읽는 것도 매우 중요해요. 짧은 시간 내에 지문을 해석하기에 급급한 마음에 선택지 내용을 꼼꼼히 읽지 않고 대충 읽으며 답안을 고르는 경향으로 인해 맞출 수 있는 문제를 틀리는 경험도 자주 하는 실수들 중의 하나이죠. 특히 다음의 예시 3)과 같이 지문 내용의 일치, 불일치를 찾는 문제유형에서 선택지의 문장들 안의 특별한 시점이나 수량화를 나타내는 단어들이나 빈도부사(hardly, scarcely, barely, seldom) 등이 답이 되는 결정적인 단서일 경우가 많아요. 그런데 이들 부분을 자세히 읽지 않음으로써 문제를 틀리는 경우가 적지 않아요. 따라서 지문을 읽기 전에 선택지를 대충 훑어 읽기를 먼저하고 지문을 읽은 다음 문제를 풀 때 선택지의 내용들을 자세히 읽기를 습관화하여 이런 실수를 최소화해야 돼요.

예시 3) Smith Clark에 관한 다음 글의 내용과 일치하지 않는 것은?

Smith Clark is a genius who started speaking in sentences at just five months old. When he had an inner ear problem, he was just four months old. At six months, when he had an inner ear problem, his mother took him to the doctor. Clark who was just a tiny boy shocked the doctor by saying, "Actually, I have a left ear infection." Clark was the youngest person ever to study for a college degree. He began studying for a science degree at the age of eight, with the hope of becoming a famous scientist. He *graduated from Stanford University, California, USA, at the age of 11. In 1995, he gained a Master of Science degree from Middle Tennessee State University-at the age of 15.

① 생후 5개월 만에 문장 단위의 말을 했다.
② 어렸을 때 귓병을 앓은 적이 있다.
③ 최연소 대학 입학생이었다.
④ 14세에 전문대학을 졸업했다.

예시 3 해설) Michael Kearney에 관한 다음 글의 내용과 일치하지 않는 것은?

Smith Clark is a genius **who started speaking in sentences at just five months old**.
① 문장으로
When he had an inner ear problem, he was just four months old. At six months, when
내귀(귀의 안쪽) ②
he had an inner ear problem, his mother took him to the doctor. Clark who was just a tiny
단지 작은
boy shocked the doctor by saying, "Actually, I have a left ear infection." Michael was **the
사실은 왼쪽 귀 감염
youngest person ever to study for a college degree**. He began studying for a science
③ 학위
degree at the age of eight, with the hope of becoming a famous scientist. He ***graduated
from** Stanford University, California, USA, at **the age of *11**. In 1995, he **gained a Master of**
④ 받았다
Science degree from Middle Tennessee State University-at the age of 15.
석사학위

* 진하게 밑줄 친 문장들은 선택지 내용과 연관해서 자세히 읽어야 하는 부분들이에요.

① 생후 5개월 만에 문장 단위의 말을 했다.

② 어렸을 때 귓병을 앓은 적이 있다.

③ 최연소 대학 입학생이었다.

④ 14세에 전문대학을 졸업했다. → 지문을 보면 대학 졸업을 한 나이는 11세.

지문의 내용 중에 답안과 관련이 있는 문장들은 꼼꼼하게 읽어야 해요. 대표적인 문장이 주제문장이죠. 일반적으로 영어지문은 하나의 주제문장에 여러 개의 보조문장으로 되어 있거나 한 주제문장하에 한두 개의 소주제문장들, 그리고 관련된 보조문장들로 구성되어 있어요. 요지나 주장을 찾는 문제 또는 추론에 관련된 문제들은 주제문장의 내용여부에 따라 답안이 결정되기에 주제문장을 자세히 읽어야 해요. 그런데 답안과는 관련이 없는 예시나 비교 등을 통한 보조문장들의 내용이 어려워 해석하는데 많은 시간을 지체하는 것이 문제이죠. 아래의 (예시 4)에서 보듯이 주요문장들을 자세히 읽고 나머지 문장들은 대충 읽고 과감하게 건너뛰는 방식을 습관화해야 돼요.

예시 4) 다음 글의 요지로 가장 적절한 것은?

Have you thought that vampires only come out at night or during Halloween. Well, You Know? They are everywhere, working 24 hours a day, using energy at our house. Vampire energy, also called standby power, refers to the electric power consumed by home electronic devices even when they are turned off or not being used. You think you have turned them off, but they are still running. The wasted standby power of household electronic devices is typically very small, but the sum of all such devices within the household becomes significant. TVs, VCRs, DVD players, computers, microwaves, coffee machines, etc. are the everyday secret users of vampire energy.

① 에너지 부족으로 전기사용료의 인상이 불가피하다.
② 절전형 가전제품이 대중들에게 인기를 얻고 있다.
③ 모기퇴치용 전기 제품으로 전력이 낭비되고 있다.
④ 가전제품은 대기 상태에서도 전력을 소모한다.

예시 4 해설) 다음 글의 요지로 가장 적절한 것은?

Have you thought that vampires only come out at night or during Halloween. Well, You
흡혈귀 있잖아
know? They are everywhere, working 24 hours a day, using energy at your house. **Vampire**
(너 그거 아니?)
energy, also called standby power, refers to the electric power consumed by home
불리는 남아 있는 전력 언급되다(의미하다)
electronic devices even when they are turned off or not being used. You think you have
전자 장치들 끄다
turned them off, but they are still running. **The wasted standby power of household**
여전히 작동중 많은 가전
electronic devices is typically very small, but the sum of all such devices within the
제품 장치들 합계 -안에
household becomes significant. → *주제문장으로 자세히 읽어야 한다. TVs, VCRs, DVD players,
가구 중요한
computers, microwaves, coffee machines, etc. are the everyday secret users of vampire energy.

* 찐하게 밑줄 친 문장들을 자세히 읽고 나머지는 훑어 읽어야 해요.
선택지 내용들을 꼼꼼히 읽으면서 지문에 없는 어휘나 내용에는 (X)표시를 해요.

① 에너지 부족으로 전기사용료의 인상이 불가피하다(X).
② 절전형 가전제품(X)이 대중들에게 인기를 얻고 있다.
③ 모기 퇴치용 전기 제품(X)으로 전력이 낭비되고 있다.
④ 가전제품은 대기 상태에서도 전력을 소모한다.

b. 훑어 읽기(Skimming Reading)

훑어 읽기는 글의 핵심부분을 골라 읽으면서 줄거리를 파악하는 읽기 방식이에요. 즉 영어지문에서 글의 요점, 문제가 요구하는 정보 등을 파악하기 위해 훑어 읽기를 이용하죠. 건너뛰기(Skipping Reading)는 내용을 다 읽지 않고 문단의 첫 문장이나 끝 문장 같은 중요한 부분만 읽으며 건너뛰며 읽는 방식인데 넓은 의미의 훑어 읽기에 속한다고 할 수 있어요.

영어 시험 문제의 유형에 따라 지문을 읽는 훑어 읽기의 스킬은 차별화되어야 해요. 이를테면 요지나 제목 또는 주제를 고르는 문제들에서는 해당 지문을 읽을 때는 문제를 푸는데 필요한 Key Words 즉 핵심 단어들을 되새기면서 전체 내용을 훑어 읽어야 해요. Key Word에 관련된 주제 내용을 발견하였을 때 그 부분을 자세히 읽는 방법을 적용해야 돼요.

모든 영어문제의 선택지들은 지문을 읽기전 훑어 읽기는 각 문제의 지문 내용을 읽어 내려갈 때 두 가지의 이점을 가질 수 있어요. 첫째, 선택지의 단어들이 지문의 모르는 단어들을 해석할 때 도움을 주죠. 선택지가 영어문장으로 되어 있는 불일치를 고르는 문제나 추론할 수 없는 사실을 고르는 문제 등에서 이 효과는 극대화돼요. 둘째, 지문을 훑어 읽어 나갈 때 선택지에서 미리 읽은 내용들이 답안을 고르는 데 주요한 단서를 제공한다는 것이에요. 특히 주제나 주장을 찾는 문제에서 이러한 이점의 활용성이 커요.

따라서 영어 시험에서 모든 문제는 선택지부터 훑어서 읽는 것을 습관화해야 돼요. 그런데 지문을 읽고 난 후에 선택지를 읽고 문제를 푸는 결과가 선택지를 먼저 읽고 지문을 읽고 푸는 결과와 크게 다르지 않다는 흥미로운 연구결과들도 있어요. 하지만 주어진 시간

안에 빨리 풀어야하는 영어 시험의 상황에서는 선택지를 먼저 보고 난 후에 지문을 읽는 방식이 훨씬 효과가 있다는 의견들이 영어교육자들 뿐만 아니라 영어 학습자들의 일반적인 공통된 의견이에요.

예시 5) 다음 글의 주제로 가장 적절한 것을 고르시오.

> Four English scientists had been studying the hibernation habits of the bears and found that the bears always make their caves on slopes where the snow does not melt until spring. What tells the bears that the right day has come? The first day of hibernation was always cold and snowy. In 1967, the weather was very unusual, changing from warm to cold. On October 20, snow began to fall. The bear went towards their caves, but did not go inside. Five days later the sun came out again, melting the snow. The bears were sleepy, but they still waited near their caves. At last, the scientists found that the bears had been waiting for a heavy snow which would cover their tracks and hide their caves.

① 곰의 겨울잠 시작 시기
② 곰이 겨울잠을 잘 동굴 위치
③ 곰의 겨울잠 습관
④ 곰의 겨울잠 기간

예시 5 해설) 다음 글의 주제로 가장 적절한 것을 고르시오.

Four English scientists had been studying **the hibernation habits of the bears and**
연구해 오고 있다 동면 습관
found that the bears always make their caves on slopes where the snow does not melt
동굴 경사진 녹지 않는다.
bears that the right day has come? The first day of hibernation was always cold and snowy. In
곰들에게 정확한(알맞은 날)
1967, the weather was very unusual, changing from warm to cold. On October 20, snow

began to fall. The bear went towards their caves, but didn't go inside. Three days later the
향해서

sun came out again, melting the snow. **The bears were sleepy, but they still waited near**
녹는 졸리는
their caves. At last, the scientists found that the bears had been waiting for a heavy
마침내
snow which would cover their tracks and hide their caves.
덮다 흔적들 숨다

① 곰의 겨울잠 시작 시기

② 곰이 겨울잠을 잘 동굴 위치(x)

③ 곰의 겨울잠 습관(x)

④ 곰의 겨울잠 기간(x)

c. 찾아 읽기(Scanning Reading)

찾아 읽기는 특정 정보를 빨리 찾고 싶을 때 사용하는 읽기 방법이에요. 영어 시험에서는 일치/불일치 문제유형이나 추론할 수 있는 내용의 여부, 또는 빈칸을 단어로 완성하기 등의 문제유형에서 주로 활용돼요. 지문의 내용보다는 선택지의 내용과 관련 있는 부분만 지문에서 찾기에 관련이 없는 정보는 무시하고 넘어가는 과감성이 필요해요. 답을 찾는데 도움이 될 수 있는 단서적인 어휘나 내용을 찾아서 읽어야 해요.

일치를 찾는 문제에서는 선택지의 내용이 답을 제외하고는 지문의 내용들을 담고 있어요. 따라서 지문을 읽어 내려갈 때 먼저 읽은 선택지의 내용과 관련 있는 내용들의 유사어휘나 빈도부사 등을 찾아 읽으면서 답을 고를 수 있어요. 그런데 일치를 묻는 문제에서 특히 선택지의 내용들이 영문의 긴 문장이라면 답안을 제외하면 지문의 내용들과 관련이 없거나 틀린 내용들이기에 읽는 시간이 많이 걸려요. 따라서 더 신속한 찾아 읽기의 기술을 필요로 하죠.

예시 6) 다음 글의 미국의 선거권에 대한 설명 중에서 글의 내용과 일치하지 않는 것은?

You can vote if you are an American citizen and are 18 years old or over in the United States, However, it has not always been easy to vote. In 1776, Americans had to fight the British for the right to vote. For almost a hundred years after the war, only white men could vote. Over the years, several Amendments have expanded the right to vote;

- In 1870, after the Civil War, the 15th Amendment gave all men of any race the right to vote.
- In 1920, the 19th Amendment gave women the right to vote.
- In 1971, the 26th Amendment lowered the voting age from 21 to 18.

Some Americans think it's a bother to vote. But they should remember that it took a long time to vote.

① 18세 이상의 시민은 누구나 선거권이 있다.
② 현재의 선거연령은 1971년에 정립된 것이다.
③ 1920년도부터 여성도 선거권을 가지게 되었다
④ 처음에는 백인남성에게만 선거권이 있었다.

예시 6 해설) 다음 글의 미국의 선거권에 대한 설명중에서 글의 내용과 일치하지 않는 것은?

You can vote if **you are an American citizen and are 18 years①** old or over in the United
투표하다 18세 또는 이상

States, However, it hasn't always been so easy to vote. In 1776, Americans have fought the British for the right to vote. **For almost a hundred years after the war, only white men**
몇 년에 걸쳐서

could vote④. Over the years, several *Amendments have expanded the right to vote:
몇몇의 개정안 확장하다

- In 1870, after the *Civil War, the 15th Amendment gave **all men of any race the right to vote**.
인종

- **In 1920, the 19th Amendment gave women the right to vote③**.

- **In 1971, the 26th Amendment lowered the voting age from 21 to 18②**.

Some Americans think it's a bother to vote. But they should remember that it took a long time to vote.
번거롭다

→ 앞의 지문에서 진하게 밑줄 친 부분들이 선택지와 비교해 찾아서 읽어야 할 부분들이에요.
지문에서 선택지 내용이 관련 있는 부분은 선택지의 번호를 표시하여 답을 골라야 해요.

① 18세 이상의 시민은 누구나 선거권이 있다.

② 현재의 선거연령은 1971년에 정립된 것이다.

③ 1920년도부터 여성도 선거권을 가지게 되었다

④ 처음에는 백인남성에게만 선거권이 있었다.

⑤ 남북전쟁후 인종과 성차별이 동시에 없어졌다(X). → 인종에 관계없이 투표권리가 주어져요.

예시 7) 글의 내용과 가장 일치하는 것을 고르시오.

The Special Wild-Food Festival takes place in the old mining town of Centreville on the east coast of the US. This year, as the organizations are preparing for more than 28,000 curious visitors from all over the world, a 10 percent increase in attendance over last year' s crowd is expected. Each year, the chiefs invent more and more exotic dishes, and you may need to have a strong stomach and be open-minded to try them. This year they are offering new foods such as insect eggs, scorpions, and venison tongue. Last year's favorites are still available: kangaroo and emu steaks fresh from neighboring Australia, and of course, earthworms and snails. There are full of sheep in this country, but you can not expect to eat any of them here.

① The Special Wildfoods Festival takes place in England

② More than 23,000 visitors attended last year's festival.

③ Kangaroo steak is one of this year's new food.

④ Sheep steak is one of last year's favorites.

예시 7 해설) 글의 내용과 가장 일치하는 것을 고르시오.

The Special Wildfoods Festival takes place in the old mining town of Centreville
개최되다 오래된 탄광 마을
① on the east coast of the US. This year, as the organizations are preparing for more than
조직들 이상
23,000 curious visitors from all over the world, a 10 percent increase in attendance over
호기심 있는 증가 참석
last year's crowd.-is expected. Each year, the chiefs invent more and more exotic dishes, and
작년의 군중 매년 요리사들 이국적인 음식들
you may need to have a strong stomach and be open-minded to try them. This year they
튼튼한 위 개방된
are offering new foods such as insect eggs, scorpions, and venison tongue. **Last year's**
제공하다 음식들 이를테면 전갈들 사슴(고기) 혀 작년에
favorites are still available: **③ kangaroo and emu steaks** fresh from neighboring America,
가장 선호된 음식들 이용 가능한 타조류 새의 고기 신선한 근접한
and of course, earthworms and snails. **It's a country full of sheep, but ④ you can't expect**
지렁이 달팽이 기대하다(예상하다)
to eat any of them here.

* 위 지문에서 진하게 밑줄 친 부분들이 선택지와 비교해 찾아서 읽어야 할 부분들이에요.
(X)표시는 관련부분과 내용이 맞지 않음을 의미해요.

① The Special Wildfoods Festival takes place in England(X). → 영국이 아닌 미국의 동해안

② More than 23,000 visitors attended last year's festival.

③ Kangaroo steak is one of this year's new food(X). → 작년에 선호하는 음식(Last year's favorites)

④ Sheep steak is one of last year's favorites(X). → you can not expect to eat any of them

d. 영어독해문제를 풀 때 세 가지 읽기 방법의 활용법

문제 유형에 따라 지문을 읽는 방법은 차이가 있어요. 하지만 공통적으로 지문과 선택지를 읽을 때 자세히 읽기(intensive Reading), 훑어읽기(Skimming Reading), 그리고 찾아읽기(Scanning Reading)을 효과적으로 단계별로 사용하는 방식을 다음과 같이 정리해 보았어요.

<1 단계> 문제의 내용을 자세히 읽기

문제 내용을 끝까지 꼼꼼하게 읽어서 적절하거나 알맞은 내용을 고르는지 아니면 적절하지 않거나 알맞지 않은 내용을 고르는지에 대한 문제의 내용을 명확하게 읽어야 해요.

<2 단계> 선택지의 내용을 훑어 읽기

① 지문을 바로 읽지 말고 선택지가 있으면 선택지의 내용들을 훑어 읽어야 해요.

② 특히 동사의 긍정과 부정의 표현, 빈도부사, 시점 등을 기억하면서 읽어야 해요.

<3 단계> 지문은 자세히 읽기와 훑어 읽기를 문제 유형에 따라서 차별적으로 활용하기

① 삽입이나 배열문제에서 일반적으로 시작하는 '주어진 문장'은 자세히 읽어야 해요.

② 영어지문의 첫 문장과 두 번째 문장은 자세히 읽어야 해요.

③ 중요 내용(상황 및 소재)이 제시되는 주제문장이 앞에 나오는 두괄식 형식이 대부분이에요.

<4 단계> 부사적 표현 문장들을 눈여겨보기. (관련 영어어구들 추가 필요!)

지문의 내용들을 읽어 나갈 때 접속사, 부사구/절, 강조형 부사, 빈도부사 또는 시간부사 등이 포함된 부사적 표현의 문장들을 체크해야 해요.

<5 단계> 문제의 유형에 따라 답안과 관련이 있는 문장들은 체크하면서 읽기

① 주장이나 의사표현을 나타내는 문장: 주요 내용으로 전개될 내용을 미리 예시하거나 확증하는 내용이 전개돼요. 의사표현 문장에 사용되는 동사들은 mean, represent, show, express, display, find out, suggest, imply, claim, argue 등이 있어요.

② 이유나 목적을 나타내는 문장: 답안과 관련된 확률도 아주 높아요. 또한 내용의 흐름을 파악하는데 중요한 단서를 주죠. 이유나 목적 표현의 어휘들은 so (~ that--), in order to, with a view to aim, reason, goal, objective, purpose, because, now that, since, for, due to, thanks to, owing to 등이 있어요.

③ 열거 또는 나열식 중요도를 나타내는 문장: 사실 진위여부 문제로 출제되죠. 열거와 중요도 순서 표현의 어휘들은 primary, first, second, third 등이 있어요.

<6 단계> 지문의 마지막 2문장은 대체적으로 주요 내용을 정리 또는 강조하니 자세히 읽기

지문의 전체적인 이해를 묻는 사실, 추론, 요약 등에 관한 문제들로 in brief, shortly speaking, in conclusion, consequently 등의 어휘들이 지문 마지막 부분에 나타나는 경우가 많아요.

<7 단계> 선택지들을 자세히 읽으며 답안을 유추해 가기

지문 내용에 없는 어휘나 내용 및 문제의도에 부합하지 않은 선택지의 내용들은 과감하게 배제해야 돼요.

<8 단계> 답안을 선택한 후 그 답안에 관련된 문장으로 최종 확인하기

빈칸이나 삽입 등의 문제일 경우에는 고른 답안을 넣어서 그 문장 앞뒤를 자세히 읽으면서 해석해야 돼요.

2. 영어지문을 읽는 기술

영어는 주어와 동사를 먼저 언급하는 문장구조를 가지고 있어요. 반면 한글의 문장은 동사를 마지막에 언급하고 필요할 말부터 앞에서 뒤로 이어나가는 구조를 가지고 있지요. 이러한 이유로 한글과 같이 해석하기 위해 영어문장을 뒤에서부터 해석하는 '한글문장식 해석'의 문제점이 발생해요. 문장을 읽고 다시 뒤에서 해석하려고 하면 그 문장을 2번 이상 읽어야 하기에 많은 시간이 소요되는 것이 문제가 되죠. 시간제한을 두지 않는 영어전공이나 영어소설 등을 읽을 때는 한글문장식 해석은 정확한 해석과 문학적인 문장의 뜻을 음미하는데 효과적일 수 있어요. 하지만 각 문제를 짧은 시간 안에 풀어야 하는 영어지문의 역주행 해석은 치명적인 독이 될 수 있어요. 즉 몇 문제만 풀고 나머지는 시간초과로 인해 아예 지문을 읽는 시간도 없어요. 따라서 그냥 선택지의 번호를 무작위로 고르는 문제가 발생하곤 하죠. 이러한 문제점을 해결하여 신속하고 정확하게 영어지문을 읽으면서 문제를 풀 수 있는 방법으로 직독직해와 끊어읽기가 있어요.

1) 직독직해

직독직해란 영어문장을 읽을 때 보이는 영어 단어 순서대로 의미를 파악하며 빠르게 읽어나감을 의미해요. 주요한 포인트는 빠르게 이해하며 읽는 것이죠. 직독직해가 가능한 것은 한글의 구조가 어순에 구애받지 않고 해석이 되는 언어구조이기 때문이에요. 따라서 영어문장도 우리말을 읽는 방식대로 보이는 단어부터 의미를 파악하며 읽을 수 있어요. 직독직해를 위해서는 우선 각 문장에서 단어들을 연결해주는 구문에 대한 정확한 이해와 의미단위에 의한 묶음별로 끊어 읽기가 선행되어야 해요. 즉 각 단어의 품사적인 기능과 용법을 알 수 있는 영문법적인 지식이 기반이 되어야 해요. 영어문장의 기본적인 어순은 '주어 + 동사(상태나 진행) + 목적어 + 부사구 (장소, 방법, 시간)'으로 되어 있어요. 직독직해를 적용하면 누가(주어) → ~한다(동사) → ~에게, ~를(목적어 → 어디서, 어떻게, 언제(부사구)의 영어순서대로 해석해 나갈 수 있어요.

처음에는 단어 하나하나를 우리말로 바꾸면서 문법적인 기능을 토대로 해석해요. 여기서 유의할 점은 그 문장이 전달하는 의미를 파악만 하면 된다는 것이에요. 번역이 매끄럽게 되지 않더라도 개의치 않아야 해요. 결국 숙달이 되어감에 따라 영어 단어 하나하나를 우리말과 일대일로 대응시키지 않고 영어문장을 어순대로 읽는 동안 의미 단위로 묶음(구나 절의 단위)별로 적절하게 끊어가며 해석하며 나가게 돼요.

예 1. Jane practices Volleyball in the indoor gym with her friends every Friday.

* 직독직해: 제인은 연습한다 배구를 실내 체육관에서 그녀의 친구들과 매주 금요일에
* 한글문장식 해석: 제인은 매주 금요일에 친구들과 실내체육관에서 배구를 연습한다.

2. His uncle has taught us a self-defense martial art at his house for 3 years.

* 직독직해: 그의 삼촌은 가르쳐오고 있다 우리에게 호신술을 그의 집에서 3년동안
* 한글문장식 해석: 그의 삼촌은 3년동안 그의 집에서 우리에게 호신술을 가르쳐 오고 있다.

3. His uncle who used to be a Hapkido instructor has taught us a self-defense martial art, whose skills are so practical, at his house for 3 years.

* 직독직해: 그의 삼촌, 이전에 합기도 사범이었던, 그는 가르쳐 주고 있다 우리에게 호신술을, 그것의 기술들이 매우 실용적인, 그의 집에서 3년동안
* 한글문장식 해석: 이전에 합기도 사범이었던 그의 삼촌은 3년동안 그의 집에서 우리에게 매우 실용적인 호신술기술들을 가르쳐 오고 있다.

위의 예시들은 직독직해와 한글 문장식 해석의 차이점을 완연하게 보여주고 있어요. 한글문 장식으로 해석하려고 하면 해당 문장을 최소한 두 번 이상 읽으면서 한글방식으로 표현해야 하기 때문에 많은 시간을 잡아먹는 것을 우리는 너무 잘 알고 있어요. 특히 <예시 3>과 같이 관계사의 접속으로 문장이 길어질수록 시간 지체의 문제점은 더 심각해져

요. 물론 빠르게 보이는 데로 해석하다보면 매끄럽지 않은 해석의 찝찝한 느낌을 지울 수 없어요. 하지만 영어독해시험에서 지문읽기의 목적이 '번역을 통한 감상'이 아님을 인정하고 명심해야 돼요 . 영어문제를 빠른 시간 내에 정확하게 풀기 위한 효율적인 지문 읽기임을 명심해야 돼요. 그런데 올바른 직독직해를 위해서는 의미단위의 묶음별로 끊어서 읽는 기술이 필수적이에요.

2) 끊어 읽기

직독직해의 기본 원리인 끊어읽기에 있어 문장의 어느 부분을 반드시 끊어 읽어야 한다는 정규화된 법칙은 없어요. 왜냐하면, 영어 읽기의 목적이 다양하기 때문이죠. 이를테면 구어체와 문어체에 따른 표현방식에 따라 문장 구조가 다양해질 수 있어요. 또한 전문서적이나 전공서적, 영어소설, 영어 잡지나 영자신문, 영어 소설 등의 장르에 따라 읽는 방법과 방식이 다르기 때문에 끊어읽는 방식도 달라질 수밖에 없기 때문이에요. 따라서 분야별로 영어를 지도하시는 열성적인 영어선생님들과 강사분들이 유용하고 유익한 패턴식의 끊어 읽기 규칙들을 아래의 표인 '끊어 읽기의 패턴별 종류'와 같이 제공하여 왔어요.

본서에서는 영어독해시험에서 영어지문의 효율적인 직독직해을 위한 끊어 읽기에 초점을 맞추었어요. 끊어 읽기 방법에 대한 여러 좋은 정보들을 취합하여 다음과 같이 정리하였어요. 의미단위에 의한 공통적인 끊어 읽기의 원칙적인 틀인 "주어 뒤와 동사 앞, 목적어와 부사절(구)앞, 그리고 접속사, 의문사, 관계사 앞에서"를 기반으로 하면서 문법적인 기능에 따라 좀 더 세부적으로 끊어 읽기의 원칙적인 내용들과 적절한 예시들에 의한 읽기방법으로 구분해 보았어요.

<끊어 읽기의 패턴별 종류>

<table>
<tr><td>Pattern 1</td><td>1. 주어 앞에 오는 부사구와 부사절은 주어 앞에서 끊어 읽는다.
2. 주어 뒤, 동사 앞에서 끊어 읽는다.
3. 긴 목적어나 부사절(구) 앞에서 끊어 읽는다.
4. 접속사, 의문사, 관계사 앞에서 끊어 읽는다</td></tr>
<tr><td>Pattern 2</td><td>1. 주어가 길 때의 주어의 묶음 뒤에서 끊어 읽기
2. 타동사 뒤에 목적어로 명사나 대명사가 나올 때 그 뒤에서 끊어 읽기
3. 타동사 뒤에 목적어의 묶음이 길게 올 때 목적어 앞에서 끊어 읽기
4. 수식어 앞에서 끊어읽기
(1) 전치사 + 명사의 묶음 그 앞에서
(2) 명사 + -ing/pp/형용사 그 앞에서
(3) 명사 + 관계사가 올 때 그 앞에서
5. to 부정사 앞에서</td></tr>
<tr><td>Pattern 3</td><td>1. 주어 앞에 오는 부사구와 부사절은 주어 앞에서 끊어 읽는다.
2. 긴 주어 뒤에서 끊어 읽는다.
3. 긴 목적어 앞에서 끊어 읽는다.
4. 진주어 또는 진목적어 앞에서 끊어 읽는다.
5. 접속사 앞에서 끊어 읽는다.
6. 관계대명사와 선행사 사이에서 끊어 읽는다.
7. 삽입구나 삽입절의 앞과 뒤에서 끊어 읽는다.</td></tr>
<tr><td>Pattern 4</td><td>1. 부사, 부사구, 부사절이 주어 앞에 오면 끊는다.
2. 주어가 길 때 동사 앞에서 끊는다
3. 구 앞에서 전치사, 부정사, 동명사, 분사 앞에서 끊는다
4. 절 앞에서 접속사, 관계사 앞에서 끊는다.</td></tr>
<tr><td>Pattern 5</td><td>1. 주어 뒤에서 끊어주기
2. 동사 뒤에서
3. 문장부호(,:; “” ! ?) 뒤에서
4. 전치사 앞에서
5. 접속사 앞에서 “
6. -ing로 시작되는 문장 혹은 ‘-하면서-로 해석하기
7. Be동사 뒤 ’-ed’는 ‘어떤 행위를 당한 것’것으로 해석하기
8. 같은 부류로 이루어진 병력 구조 나누기 (A and B, A or B)</td></tr>
</table>

a. 끊어 읽기의 원칙적 내용들

(1) 원칙 하나: 주어와 본동사를 찾아야 해요.

영어의 모든 문장에는 주어와 본동사가 존재하죠. 따라서 글을 읽어 내려가면 그 문장의 주어와 본동사의 위치를 파악해야 되요. 주어는 다음과 같이 명사나 대명사뿐만 아니라 구나 절의 다양한 형태를 취하고 있어요. 그리고 삽입구나 삽입문장으로 인해서 문장의 주어의 위치가 바뀌어요.

• 주어의 다양한 형태

① 명사구(to 부정사 / 동명사)가 주어

To dislike a black person from France(주어) because they are black is racist.

It (would be) ungrateful **not to drink his health(주어)**.

② 동명사(구)가 주어

Reading books(주어) is much more beneficial to you than playing games.

It is very pleasant **walking in the country road(주어)**.

③ 명사절(접속사절, 관계사절, 의문사절)이 주어

That she will join the Cabinet as Minister of Gender Equality(주어) is certain.

What money we have(주어) will be yours when we die.

What precisely triggered off last night's riot(주어) is still unclear.

동사 또한 문장이 길어질수록 접속사가 속한 종속문장, 연결된 관계사(관계 대명사 또는 관계부사), 삽입문장 등에 속한 보조동사들이 늘어나면서 본동사의 위치를 찾기가 쉽지 않는 경우가 있어요.

주어와 본동사의 잘못된 선택은 전체문장의 의미가 완전히 달라지는 문제가 발생해요.

예 1. Whether it turns out to be a good idea or a bad idea / **is (본동사)** absolutely up to his decision of customers.

2. What is little known and most often overlooked / **is (본동사)** the fact that potatoes were implicated in one of the greatest tragedies in the history.

3. Where and when rain falls, and what happens to it after it hits the ground / **are (본동사)** crucial in determining the health and prosperity of human societies.

(2) 원칙 둘: 접속사, 의문사, 관계사 앞에서 끊어서 읽어야 해요.

동사 어미의 다양한 변화로 문장을 이어주는 한글과 달리 영어는 문장과 문장을 연결해 주는 접속사, 의문사, 관계사의 세 가지의 기능이 있어요.

접속사(and, but, because, so, when, if, although, whether,]after, before 등) 의문사(who, what, which, where, when, why, how) 관계사(관계 대명사, 관계 형용사, 관계 부사 등으로 which, who, whom, where, when, how). 따라서 주요문장과의 구별을 위해 연결어인 접속사, 의문사, 관계사 앞에서 끊어서 읽어야 해요.

예 1. Will you lend me that book / **when** you're finished with it?
2. Do you know / **when** they will come here?
I have a computer / **with** which I can make a phonecall.

(3) 원칙 셋: 준동사(부정사, 동명사, 분사(구))앞에서 끊어 읽어야 해요.

영어문장에서 준동사(부정사, 동명사, 분사)는 문장의 기본 골격을 형성한다고 할 만큼 중요한 기능을 지녀요. 왜냐하면 부정사와 동명사는 주어, 목적어, 보어의 역할을 하는 명사적 용법을, 부정사와 분사는 명사(구)를 수식하는 공통된 형용사적 용법을 가져요. 또한 부정사는 본동사를 수식하는 원인, 이유, 목적, 판단, 원인, 조건 등의 부사적 용법까지 겸하고 있기 때문이에요. 따라서 준동사 앞에서 끊어 읽음은 문장의 올바른 해석을 위한 문맥을 잡기 위함이죠.

예 1. He came to a big city / **to apply for (부정사)** the job.
2. **Making much money (동명사)** / was not the end of his life.
3. The police finally found the money / **stolen (분사)** in the robbery.

(4) 원칙 넷: 전치사(구) 앞에서 끊어 읽어야 해요.

전치사 또는 전치사구(전치사 + 명사어구)는 문장에서 명사, 대명사 앞에 놓여 형용사구나 부사구의 수식어 역할을 해요. 전치사는 명사(구)의 상대적인 위치나 방향, 관계등을 나타내는 품사예요. 그 명사(구)는 전치사의 목적어 역할을 하죠. 예컨대, about(~에 대해), by(~옆에, ~에 의해), as(~로서), of(~의, ~중), for(~을 위해, ~을 댓가로), from(~로 부터), on(~위에), in(~안에), under(~아래에), to(~로), with(~와 함께) 등으로 전치사의 종류와 기능은 매우 다양해요.

예 The gas station installed / **within** the building used / **by** South Korea's agency / **for** managing the industrial zone will move / **to** the newly built three-floor building.

b. 끊어 읽기 방법

(1) 주어 앞에 오는 부사구와 부사절은 주어 앞에서 끊어 읽기

a. Under the situation / **we** are able to carry out the project.

b. To make matters better, / it began to rain.

c. Without Saying a word, / he got on the bus.

d. After they finished the project, / they could take a full rest.

(2) 긴 주어 뒤에서 끊어 읽기

a. To finish the mission / is her duty.

b. Making much money / is not the end of life.

c. That he is a genius / is generally admitted.

d. What we are trying to say / is 'Be optimistic.'

(3) 긴 목적어 앞에서 끊어 읽기

a. They told us / that they had finished the work.

b. Can you tell her / where she can catch my train?

c. If her mother knew / what she had done, / she would be furious.

(4) 진주어 또는 진목적어 앞에서 끊어 읽기

a. It is very difficult / for him to complete the program.

b. It is very kind / of her to invite us.

c. I find it quite hard / to lie to them.

(5) 타동사 뒤에 목적어로 명사나 대명사가 올 때 그 뒤에서 끊어 읽기

a. They know all the people / standing over there.

b. He love us / very much.

(6) 타동사 뒤에 목적어의 묶음이 길게 올 때 목적어 앞에서 끊어 읽기

a. We will learn / that most good things must be earned through their efforts.

b. He can't remember / how much money he lost.

(7) 접속사 앞에서 끊어 읽기

a. The problem was so difficult / that we could not solve it.

b. Jane attended the meeting, / but Mary didn't.

c. Could you bring me the notebook / when you finish using it?

(8) 관계대명사와 선행사 사이에서 끊어 읽기

a. This is the book / which I bought.

b. That is the house / in which I live.

c. They have a scale / with which they can weigh

(9) 삽입구나 삽입절의 앞과 뒤에서 끊어 읽기

a. He is, / I'm sure, / a really capable teacher.

b. Pusan, / the second largest city in Korea, / is famous for its beautiful beaches.

c. The concert, / which had been held at the Seoul Arts Center yesterday, / was excellent.

(10) 수식어구 앞에서 끊어 읽기: 전치사 + 명사의 묶음 앞에서 끊어주기

a. A person / with these characteristics / will become a good co-worker

b. Energy / from the dammed-up water / can be changed / into electric power / for homes and factories.

(11) 수식어구 앞에서 끊어 주기: 명사 +~ing/pp/형용사가 올 때 그 앞에서 끊어 읽기

a. Police / investigating the crime / are looking for them.

b. They never found the values / stolen in the hotel.

(12) 수식어구 앞에서 끊어 읽기: 명사 + 관계사가 올 때 그 앞에서 끊어 읽기

a. The Internet becomes a great force / that takes up our free time.

b. Some people / who were not satisfied with the referee's decision / rushed onto the field.

(13) to 부정사 앞에서 끊어 읽기

a. She got up at 5:30 every morning / to deliver the newspapers to her customers.

b. He went out / to walk his dog.

3. 영어지문의 종류

1) 문학적 글(소설, 수필, 우화)과 비문학적 글(설명문, 논설문, 기사문, 사업성 편지글)

중고등학교의 영어 시험, 수능이나 공무원 영어독해시험, 토플이나 토익, 텝스와 같은 영어공인시험 등에서 영어지문은 아래의 표와 같이 문학적 글(소설, 수필, 우화)과 비문학적 글(설명문, 논설문, 기사문, 사업성 편지글)등 다양한 종류의 글들을 포함하고 있어요. 따라서 지문 글의 소재는 교육, 정치, 금융, 철학, 과학, 인물, 예술, 문학, 실생활 등 다양한 형태를 가져요. 일반적으로 초등학교의 영어지문은 간단한 단편소설이나 우화와 흥미로운 수필, 인물 등의 문학적 글들이 주를 이루고 있어요. 중학교부터 학년이 올라갈수록 설명문, 논설문, 기사문 등의 비문학적 글들의 비중이 점점 커지면서 수능이나 공무원 영어 시험에서는 설명문과 논설문이 영어지문의 대부분을 차지해요.

<영어지문의 글의 종류>

지문글의 종류	구성 내용 및 특징	출제 문제 유형
설명문	1. 설명할 대상이나 소재의 언급으로 시작 2. 글의 구성은 토픽에 대한 정보를 설명하는 방식 3. 비교, 예시, 대조등 다양한 방법을 통해 구체화 4. 글 소재의 자세한 묘사	1. 내용 일치/불일치 2. 지칭 추론
논설문	1. 특정 논점에 대한 글쓴이의 주장과 의견 2. 글의 구성은 주장(주제문)에 대한 객관적인 근거 제시 3. 다양한 정보에 의한 주장을 뒷받침하는 논증과 논거 활용	1. 글의 요지, 주장 2. 빈칸 완성 3. 문단 요약
수필	1. 글쓴이의 경험적 사건을 작성한 글 2. 경험적인 일화를 통한 느낌이나 교훈을 서술	1. 글의 요지 2. 빈칸 완성
소설	1. 허구로 만든 등장인물들에 의한 다양한 이야기들 2. (심리적)묘사나 서술을 통해 상황과 장면의 세밀한 표현 3. 허구성 이야기를 통해 재미나 교훈을 전달	1. 필자의 심경 2. 글의 분위기

지문글의 종류	구성 내용 및 특징	출제 문제 유형
기사문	1. 일반 대중에게 시사성 강한 사건, 사실 또는 의견 전달 2. 구성은 설명문 또는 논설문과 유사. 3. 비판적 성향이 강함	1. 글의 요지, 주제, 제목 2. 빈칸 완성
우화	1. 짧은 이야기로 흥미로운 교훈 전달. 2. 완결된 이야기 구조.	1. 글의 요지 2. 속담(격언) 추론
사업성 편지	1. 회사 홍보, 제품소개, 전시회, 고객 불만, 고용 정보 등에 관한 서식 2. 대상에 따라 일정한 격식을 갖춘 글의 작성 필요 3. 의례적 표현의 포함.	1. 글의 목적
광고문	1. 특정 제품이나 서비스 판매 목적을 위한 글 2. 구어체적 성격 강함.	1. 글의 목적

2) 영어지문 대부분은 설명문과 논설문으로 구성

고등학교의 영어 시험부터 가장 뚜렷하게 나타나는 현상은 문학적 영어지문 글에 관련된 필자의 어조나 글의 분위기 또는 내용의 진위여부를 묻는 문제유형의 비중이 학년이 올라갈수록 서서히 적어진다는 것이에요. 그 대신에 설명문과 논설문으로 이루어진 영어지문의 글이 대부분을 차지하게 되죠. 이러한 설명문과 논설문으로 구성된 비문학적 지문에서 문제를 풀기 위한 독해력에서는 사실적 이해력, 추론적 이해력, 비평적 이해력이 필수적으로 요구돼요.

사실적 이해력은 명시적인 글로 표현된 정보를 파악하는 능력, 추론적 이해력은 명시적이지 않은 내용을 추론하는 능력, 비평적 이해력은 글의 내용을 통해 글 쓴 사람의 의도나 생각을 분석하는 능력을 의미해요. 이러한 이해력을 바탕으로 한 독해능력이 전체내용 이해와 관련된 주제(요지, 제목, 주제, 주장, 목적)를 파악하는 문제, 부분적인 내용들에 관련된 일치, 불일치 찾아내는 문제, 글의 일관성(삽입, 삭제, 배열, 추론) 여부 문제, 글의 어조와 태도 파악하는 문제, 그리고 빈칸 추론 등의 다양한 문제유형들을 푸는데 기본적이며 필수적이에요.

영어독해 시험이 중학교 때까지는 학교에서 배운 영어교과서의 본문내용이 시험에서 그대로 나오는 지문관련 문제풀이가 대부분이죠. 그런데 고등학생이 되자마자 3월에 치르는 전국 고1영어모의고사를 치른 학생들은 이러한 설명문과 논설문 성향이 강한 글들이 영어지문의 대부분을 차지하면서 위에 언급한 다양한 문제유형들을 접하면서 갑자기 영어가 어려워지는 체험을 절실하게 느끼게 돼요. 이로 인해서 중학교부터 이러한 수능식 영어모의고사에 대비한 선행학습을 하지 않은 학생들은 갑자기 늘어나는 어휘수와 지문의 구문해석에 어려움을 겪게 되는 것이 현재 영어교육의 현실이에요. 그런데 이러한 설명문과 논설문 위중의 지문 관련한 영어문제유형은 수능영어, 공무원 영어 시험, 그리고 토플, 토플, 토익, 텝스와 같은 영어공인 시험에도 계속 이어진다는 것이에요.

게다가 영어지문 글의 또 하나의 특징은 주제와 관련된 지문 글의 의도와 성격을 제대로 파악하는데 지문의 길이가 너무 짧다는 것이죠. 가령, 지문이 2문단 이상으로 구성된 장문보다는 한 문단으로 된 지문이 독해시험에서 대부분이에요. 앞 뒤 문단의 문맥적 내용 없이 지문의 요점을 파악하기가 힘든 경우에 시험문제를 풀 때에는 그 지문 내용에 대한 배경지식에 의존해야 하는 어려움이 있어요. 하지만 다행히 많은 지문을 읽으면서 문제를 푸는 패턴이나 요령을 터득할 수 있어요.

4. 영어지문의 전개방식과 구조의 종류

영어지문의 구조는 글의 구성방식과 전개방법을 의미해요. 대부분의 영어지문은 설명문과 논설문으로 구성되어 있어요. 설명문과 논설문을 각 의미와 특성, 그리고 읽는 방법을 잘 알고 있으면 지문내용의 의미파악이 더 용이하다는 의견은 일리가 있죠. 이러한 취지에서 설명문과 논설문을 비교하여 설명한 좋은 정보들을 인터넷이나 참고서적을 통해서 얻을 수 있어요. 아래의 표는 이들 중에서 설명문과 논설문의 비교해 놓은 글을 선정하여 도움이 될 수 있게 잘 정리해 보았어요.

그런데 실상은 어떠한가요? 문제를 풀기 위해 짧은 시간내에 지문을 읽어나갈 때 이러한 설명문과 논설문을 구분하며 글의 특징을 되새기면서 해석할 수 있는 여유가 없어요. 더욱이 모르는 단어가 나오면 그 뜻을 파악하기 위해 애써야 하고 복잡한 구문을 접하면 문법적 분석에 의해 올바른 해석을 해야 하는 어려움도 따르죠. 그리고 해석에 급급하다보면 문장과 문장과의 의미적인 연결성을 놓쳐버려요. 그 결과 지문을 두세 번 반복해서 읽게 됨으로써 시간 조절에 실패하여 뒤에 남은 문제들을 다 풀지 못하는 경우가 많아요. 이러한 문제점을 해결하기 위해 필자는 지문의 구조를 '주제문장과 보조문장(Why & How)'로 파악하는 방법을 설명하려고 해요.

<〈설명문과 논설문의 비교〉

	설명문	논설문
의미	사물의 현상, 지식 등에 대하여 독자들이 이해하기 쉽게 풀이하여 쓴 글. 정보 전달을 목적으로 함	자신의 주장이나 의견 등을 타당한 근거를 들어 독자를 설득시키기 위한 글 학술 논문, 평론, 신문 사설, 광고문, 연설문 등의 종류가 있음
특성	① 사실성: 지식과 정보를 사실에 근거하여 설명 ② 객관성: 글쓴이의 의견이나 주관을 배제하고 있는 그대로 설명 ③ 명료성: 분명한 뜻이 전달되도록 간결하게 설명 ④ 평이성: 내용을 잘 이해하기 위해 쉬운 용어 사용 ⑤ 체계성: 글을 일정한 순서에 따라 짜임새 있게 구성	① 주관성: 글쓴이의 주장이나 의견이 나타남 ② 명확성: 주장이나 근거가 명백하고 확실 ③ 타당성: 주장을 뒷받침하는 근거나 이유가 타당하고 합리적이어야 함 ④ 체계성: 논리 전개가 일정한 방법에 의해 체계적이고 통일성을 갖춤
구성	① 처음(머리말)—설명할 대상이나 글을 쓴 동기를 밝히고, 독자의 흥미와 관심을 유도 ② 중간(본문)—다양한 방법을 통한 대상의 구체적인 설명 ③ 끝(맺음말)—중간(본문)의 내용을 요약, 정리	① 서론(처음): 글을 쓰는 동기·목적 등을 밝히고, 문제를 제기하여 독자의 관심을 끔 ② 본론(중간): 여러 가지 타당한 이유나 근거를 들어 자신의 주장이나 의견을 밝힘 ③ 결론(끝): 앞의 내용을 요약·정리하고, 주장을 강조. 경우에 따라서 앞으로의 전망, 독자에 대한 당부의 말을 덧붙임
읽는 방법	① 설명하는 대상이 무엇인지 파악하며 읽기 ② 글의 기본 내용을 정확히 이해하며 읽기 ③ 설명 방법을 파악하고, 글을 쓴 의도를 파악하기	① 글의 내용을 객관적 사실과 주관적 의견으로 구분하며 읽기 ② 지시어나 접속어 등을 잘 파악하여 논리 전개과정을 이해

1) 영어지문의 구조는 "하나의 주제문장과 여러 개의 보조문장들(Why & How)!"

영어지문의 구성과 전개방법은 아래와 같이 크게 3가지의 원리(일반적 진술, 구체적 진술, 재진술)를 지니고 있어요.

- 일반적 진술: 구체적인 개념을 제시하고 그 개념을 중심개념화 즉 일반화시킨 진술
  글쓴이가 전달하려는 글의 주제와 중심 내용이 함께 들어간 주제문의 형식
- 구체적 진술: 일반화(중심)개념을 종류나 부분으로 세부적인 하위개념으로 구분하여 나열하는 진술.

  중심내용을 뒷받침하는 내용들
- 재진술: 주제문장과 보조문장을 언급한 후 주제 문장을 강조 또는 부연의 형식

영어지문의 대부분은 주제문장이 앞부분에 나오는 두괄식 형식이에요. 따라서 첫 번째 문장에서 주제문장인 일반적 진술을 찾으면 그 다음에 전개될 내용이 주제문을 보충 설명하는 구체적 진술을 예측할 수 있기 때문에 글에 대한 이해뿐만 아니라 문제를 푸는 데 상당한 도움이 되요. 예를 들어 주제, 주장, 제목, 목적, 요지를 찾는 문제들과 내용일치문제 또는 지문 전반부의 빈칸 문제인 경우에는 글의 요지 또는 주제가 답인 경우가 많기에 주제문장의 위치파악은 문제를 얼마나 쉽게 정확하게 푸는데 결정적인 역할을 해요.

모든 영어지문이 주제문장이 문장 전반부에만 나타나는 것은 아니에요. 역접 등의 연결사를 통해서 주제문장이 지문의 중반부나 후반부에 나타날 수도 있지요. 또한 하나의 주제문장과 여러 보조문장으로 이루어지기도 하고 2, 3개의 소주제 문장들과 각각의 보조문장들로 구성되기도 해요. 주제문장과 보조문장은 의미의 관련성으로 이들을 구분할 수 있어요. 그런데 문장들 간의 의미 연결이 되지 않으면 이러한 구분하는 작업이 쉽지가 않아요. 이를 해결하는 방법은 Why & How에 의한 보조문장들의 내용파악이죠. 예를 들어 'A가 B이다'라는 주제문장이 있으면 "왜 A가 B가 되는지 또는 어떻게 A가 B가 되는지"에 대한 내용들이 모든 보조문장들의 공통적으로 구성하는 내용들이에요. 이러한 'Why & How'식의 해석방식은 주제문장을 고르는데 도움이 될 뿐 아니라 나아가서 문장들간의 연관성을 이해하는데 큰 도움이 되요.

예시 1) 다음 글의 주제로 알맞은 것은?

There is a gas which is essential to all forms of life in the upper part of Earth's atmosphere. We call it 'Ozone.' It is necessary because the Ozone protects plants and animals from the harmful ultraviolet rays of the sun. In the atmosphere, the ultraviolet rays from the sun are reflected by the Ozone. In this way, Ozone keeps a large amounts of ultraviolet radiation from reaching Earth. This is crucial for plants because crops such as rice and wheat yield smaller harvests if too much ultraviolet radiation reaches them. It is also vital for human beings, since excessive ultraviolet radiation can cause skin cancer.

① 오존의 피해
② 대기오염의 피해
③ 자외선의 이점
④ 오존의 이점

예시 1해설) 다음 글의 주제로 알맞은 것은?

* There is a gas which is essential to all forms of life in the upper part of Earth's atmosphere. We call it 'Ozone. (모든 생명체에게 필수적인 가스가 '지구 대기의 상층부에 있다. 우리는 그것을 오존층이라고 부른다) → **주제문장**

(1) It is necessary because it protects plants and animals from the harmful ultraviolet rays of the sun. (오존은 태양의 해로운 자외선으로부터 식물과 동물을 보호하므로 필요한 존재다.)
→ Why(왜) 오존층은 모든 생물에 필수적인가? ①

(2) In the atmosphere, the ultraviolet rays from the sun are reflected by the ozone
(대기중 자외선온 오존에 의해 반사된다.) → **How(어떻게) 오존층이 역할하나? ①**

(3) In this way, ozone prevents a large amounts of ultraviolet radiation from reaching Earth.
(이런 식으로 오존은 많은 양의 자외선이 지구에 도달하는 것을 막아준다)
→ How(어떻게) 오존층이 역할하나? ②

(4) This is important for plants because crops such as rice and wheat yield smaller harvests if too much ultraviolet radiation reaches them
(쌀과 밀 같은 곡식들이 너무 많은 자외선에 노출되면 수확량이 적어지기 때문에 오존은 식물에게도 중요하다)
→ Why(왜) 오존층이 식물에 필요하나? ②

(5) It is also vital for human beings, since excessive ultraviolet radiation can cause skin cancer. (또 과도한 자외선은 피부암을 일으킬 수 있기 때문에 오존은 인류에게도 필수적이다.)
→ Why(왜) 오존층이 인류에게 필요하나? ③

① 오존층의 피해 ② **오존층의 이점**
③ 자외선의 이점 ④ 대기오염의 피해

예시 2) 다음 글의 요지로 가장 적절한 것은?

You may feel guilty when you think you have done something wrong. Guilt can be a healthy emotion. For instance, if you have actually done something wrong, your guilt will help to you take responsibility and correct the situation. On the other hand, the sense of guilt can be unhealthy if you blame yourself for something you didn't actually do. If your friend loses his temper, you may believe you caused her to feel that way. You might think, "I should have done something different so that she would be happy." Many people have been trained to think that they are responsible for the feelings of others. So they feel guilty when others are upset. However, if you have not deliberately caused these emotions, this is unhealthy guilt. It's significant to understand that it's not your fault.

① The emotions of others have nothing to do with your actions.
② There is no need to feel guilty when you do something wrong.
③ Guilt is an emotion that people feel for a variety of reasons.
④ It is good to recognize which feelings of guilt are unhealthy.

예시 2 해설) 다음 글의 요지로 가장 적절한 것은?

You feel guilty when you think you have done something wrong. (당신은 뭔가를 했을 때 죄책감을 느낀다)

*__Guilt can be a healthy emotion. (죄책감은 건강한 감정일 수 있다)__ → **소주제 ①**

(1) For example, if you have actually done something wrong, your guilt will help you take responsibility and correct the situation.(예를 들어, 당신이 정말로 뭔가를 잘못 했다면 죄책감은 당신이 책임감을 가지고 그 상황을 바로잡는데 도움이 될 것이다.)

→ 소주제 1의 How: 어떻게(How) 죄책감이 건강한 감정일 수 있나?

* __On the other hand, guilt can be unhealthy if you blame yourself for something you didn't actually do__.

(반면에, 당신이 실제로 하지 않았던 일에 대해 스스로를 비난한다면 죄책감은 해로울 수 있다) → **소주제 ②**

(2) If your friend loses his temper, you may believe you caused her to feel that way.
(당신의 친구가 화가 났다면, 당신이 그녀가 그렇게 느꼈다고 만들었다고 생각할지도 모른다)
→ **소주제 ②의 How: 어떻게(How) 죄책감은 해로울 수 있다.**

(3) You might think, "I should have done something different so she would be happy."
(당신은 "그녀가 기뻐하도록 다르게 행동했어야 했어"라고 생각할 수도 있다)
→ **소주제 ②의 How: 어떻게(How) 죄책감은 해로울 수 있다.**

(4) Many people have been trained to think they are responsible for the feelings of others. So they feel guilty when others are upset. (많은 사람들이 다른 사람들의 감정에 책임이 있다고 생각하도록 배워왔다. 그래서 그들은 다른 사람들이 화가 났을 때 죄책감을 느낀다)
→ **소주제 ②의 How: 어떻게(How) 죄책감은 해로울 수 있다.**

* **However, if you have not deliberately caused these emotions, this is unhealthy guilt. It's important to understand that it's not your fault.**(그러나 당신이 이러한 감정들을 고의로 유발하는 것이 아니라면 이것은 바람직하지 못한 죄책감이다. 그것이 당신의 잘못이 아니라는 것을 아는 것이 중요하다) → **주요 주제문**

① The emotions of others have nothing to do with your actions.
(타인의 감정은 당신의 행동과는 무관하다)

② There is no need to feel guilty when you do something wrong.
(잘못을 했을 때 죄책감을 느낄 필요는 없다)

③ Guilt is an emotion that people feel for a variety of reasons.
(죄책감은 여러 가지 이유로 사람들이 느끼는 감정이다)

④ It is good to recognize which feelings of guilt are unhealthy.
(불건전한 즉 바람직하지 않은 죄책감을 인식하는 것이 중요하다)

2) 영어 지문의 종류

시험의 목적이나 취지에 따라서 다소 차이는 있어요. 하지만 일반적으로 영어독해시험에 출제되는 지문의 구조의 종류는 아래와 같이 11종류의 유형으로 구분할 수 있어요.

a. 통념에서 신정보

- 지문의 필자가 통념(잘못된 일반적인 의견)을 먼저 제시하고 이에 대한 반론으로 필자의 주장을 전달하는 글의 전개방식을 가리키죠. 즉 다수의 사람들이 주장하거나 인정하고 받아들인 통념(기존의 사실이나 관념들)들에 대해서 지문의 첫 부분에 언급되죠.
- 통념에 대한 문장들은 People say(think, believe) that--, Some people argue(claim) that-. We regard(think of, look upon) X as Y, X is considered Y, There is a tendency- There are those who-, It is said(thought, believed) that-, It seems that-, 등으로 첫 문장이 시작되는 경우 많아요.
- 통념에 대한 근거내용으로 보충 설명을 하는 두 번째와 세 번째 문장이 뒤를 이어요. 그리고 난 뒤에 지문 중간에 역접 연결사인 however, but, still, yet, though로 시작되는 문장은 이러한 통념에 대한 비판과 반박의 내용을 보여줘요. 그리고 통념과는 상반되는 새로운 정보나 사실을 제공하며 이를 뒷받침하는 구체적인 이유나 사례로서 지문의 글을 마무리해요.
- 그런데 신정보에 대한 내용을 전개할 때는 기존의 통념을 비판하는 글의 성격이 강해요. 비판의 글임을 암시하는 표현으로는 This is not true, This is not the case, from my experience, in my opinion, Nothing can be further from the fact, But I don't think so 등이 있을 수 있어요.

  유의할 점은 이 지문의 핵심내용은 역접 연결사 뒤에 있다는 거예요.

예시) 아래 글의 가장 적절한 요지를 고르시오.

While roberts are not physically dangerous, robots can do such a repetitious and dull work that it debase any human mind to engage in it for a long time. As industrial robots come to take over the unsafe and repetitious jobs, human beings will freely turn to more creative endeavors. Still, that is not the case. We have to remember that being "liberated from an undesirable job" may well be translated into "thrown out of work." It also means that when we make efforts in order to improve factory automation may result in an increase in the use of industrial robots, our future tasks will be unmanned and we will become unemployed. A job might appear undesirable to someone viewing it from outside. However, for the person working at it, it is a livlihood. In other words, the robot causes the threat of technological unemployment, the loss of economic security and the disappearance of self-respect.

① 반복적이고 지루한 일들을 로봇들이 대신할 필요가 있다.
② 로봇을 대신 이용하면 더 나은 삶이 가능해 진다.
③ 로봇의 출현은 인간의 삶에 많은 문제를 초래할 수 있다.
④ 기술적 진보로 인해 미래에 더 많은 직업 창출이 가능하다.
⑤ 기술 진보는 노동으로부터 인간을 영구히 해방시켜 줄 것이다.

예시 해설) 아래 글의 가장 적절한 요지를 고르시오.

* While roberts are not physically dangerous, robots can do such a repetitious and dull work
육체적으로 위험한 매우 반복적이고 지루한
that it debase any human mind which engages in it for a long time. As industrial robots come
저하시키다 종사하다
to take over the unsafe **and repetitious jobs, human beings will freely turn to more creative**
관심을 돌리다 더 창조적인 노력들
endeavors. → *통념 Still, that is not the case. We have to remember that being "liberated from
그러나(반박의 역접 접속사) 자유로운 것
an undesirable job" may well be translated into "thrown out of work." It also means that when
비바람직한 일 당연히 옮겨질 것이다 노동으로부터 내쫓기는
we make efforts in order to Improve factory automation may result in an increase in the
노력하다 공장 자동화 결과를 낳다
use of industrial robots, our future tasks will be unmanned and we will become unemployed.
무인화되는 실업자가 되다
A job might appear undesirable to someone viewing it from outside. However, for the person
바람직하지 않은 것 같다 바라보는 외부로부터
working at it, it is a livlihood. In other words, **(*주제문장 → the robot causes the threat of**
생계(수단) 초래하다 위협
technological unemployment, the loss of economic security and the disappearance of
기술적 실업 상실 경제적 안정성 상실
self-respect.)
자기 존중

① 반복적이고 지루한 일들을 로봇들이 대신할 필요가 있다.
② 로봇을 대신 이용하면 더 나은 삶이 가능해 진다.
③ 로봇의 출현은 인간의 삶에 많은 문제를 초래할 수 있다.
④ 기술적 진보로 인해 미래에 더 많은 직업 창출이 가능하다.
⑤ 기술 진보는 노동으로부터 인간을 영구히 해방시켜 줄 것이다.

b. 문제해결

- 첫 문장에서 어떤 이슈에 대한 문제점을 제기하면서 시작되죠.
- 문제점 내용의 설명에는 부정의 뜻을 지닌 단어나 어구가 나오는 경우가 많아요. 특히 건강이나 환경과 같은 사회적 문제가 주요 소재가 되죠.
- 주어진 문제점에 대한 심각성이나 부정적인 영향들을 언급한 뒤에 지문의 중후반부에 해결방안을 제공하는 흐름으로 글이 전개돼요. 일반적으로 주어진 문제점에 대한 해결책을 제시하거나 해결과정을 서술하는 글의 전개방식을 띠죠.

① **도입부분의 문제 관련 어휘들:** serious, hard, difficult issue(question, problem, matter)
② **문제 제시 관련 동사들:** bring about, cause, end up, lead to, result in
③ **해결 관련 어휘들:** alternative way, answer, key method, solution,
④ **해결책 관련 표현어구들:** The best answer, The only solution, The best solution for the problem, The final(ultimate) answer to this question

하지만 해결책에 대해서는 언급은 없고 문제를 제기한 내용만 지문을 차지하는 전개 방식도 있어요. 이럴 경우에는 문제제기 내용이 해당 지문의 주제문이 되거나 글을 쓰게 된 이유 또는 동기가 되기도 해요. 주로 글의 주제나 주장을 고르는 문제유형과 빈칸 추론 문제 유형으로 사용되는 경우가 많아요.

예시) 다음 글의 주제로 가장 알맞은 것은?

From time to time, all a good cheese which needs to prevent it from going bad is sympathetic ear. Researchers in Australia have come up with an ultrasonic sensor that can listen to cheese as it matures and warn cheese makers of defects. Cheese producers must downgrade up to 1/4 of their produce due to undetected faults. If the new device does work well, that problem could be decreased. The technique involves sending a low frequency ultrasonic signal through the cheese to a sensor at the other side. By measuring the change in the speed and size of the emerging signal, the moisture and *porosity of the cheese can be mapped.

① 치즈 생산량 감소 원인의 규명　　② 치즈를 숙성하는데 필요한 시간과 습도 조절
③ 국가별 치즈 생산 방법의 특징들　　④ 초음파 감지기를 이용해서 치즈의 결함을 탐지
⑤ 치즈의 영양 분석을 위한 초음파를 이용하는 방법

예시 해설) 다음 글의 주제로 가장 알맞은 것은?

(From time to time, all a good cheese which needs to prevent it from going bad is
가끔씩 방지하다 상하게 되는 공감적인
ear: 문제 제기하는 도입부 문장) <u>**(Researchers in Australia have come up with an ultrasonic**</u>
귀 생각(개발)해 왔다
<u>**sensor that can listen to cheese as it matures and warn cheese makers of defects: 주제**</u>
초음파 감지기 숙성하다 경고하다 결함들
<u>**문장)**</u>. Cheese makers must downgrade up to one-fourth of their produce due to undetected
품질을 낮추다 1/4 농산물
faults. **(*문제 해결의 암시 문장: If the new device does work well, that problem could be**
새 장치 작동하다
decreased.) The technique involves sending a low frequency ultrasonic signal through the
줄어들다 포함하다 낮은 주파수의 초음파 신호
cheese to a sensor at the other side. By measuring the change in the speed and size of the
다른 편에 측정함으로써 그 변화
emerging signal, the moisture and *porosity of the cheese can be mapped.
나타나는 신호 습기 다공률 정밀하게 묘사될 수 있다

① 치즈 생산량 감소 원인의 규명　　② 치즈를 숙성하는데 필요한 시간과 습도 조절
③ 국가별 치즈 생산 방법의 특징들　　<u>**④ 초음파 감지기를 이용해서 치즈의 결함을 탐지**</u>
⑤ 치즈의 영양 분석을 위한 초음파를 이용하는 방법

c. 인용을 통한 주장

- 어떤 현상이나 상황에 대해 주장을 할 때 적합한 예시나 객관적인 내용의 인용을 통해서 필자의 주장을 뒷받침 하는 글로 전개하는 방식이에요.
- 전문가의 연구결과나 검증된 의견 등을 인용하며 그 주장을 지지하는 표현을 하기도 해요. 즉 설득 과정으로 공신력 있는 권위자의 말 또는 연구 내용으로 주장을 관철시키려는 성향이 강한 내용의 지문에서 나타나기도 해요.
- 인용을 예측할 수 있는 어휘(구)들로는 anthropologist(인류학자), expert(전문가), research(연구), sociologist(사회학자), scientist(과학자),professor(교수), university(대학), the study suggests that —(그 연구가 that이하 내용을 암시하다), the research shows that-(그 연구가 that 이하 내용을 보여주다). the scholar insists that -(그 학자가 that 이하 내용을 주장하다) 등이 있어요.

예시) 다음 글의 주제로 가장 적절한 것을 고르시오.

> Well-known the psycho-social development theorist, Erik Erikson, argues that the first issue an infant faces right after birth is trust. He emphasizes that trust is the most important factor in the development of child's personality. And the quality of love is the key. Erikson mentions that basic trust involves having the courage to let go of the familiar and take a step toward the unknown. Studies found that when a healthy trust is formed from the start of life, it leads one to moral, honest, balanced conduct in relations with others.

① 유아기의 언어 습득과 지능 발달의 관계
② 유아기의 체계적인 정서교육의 중요성
③ 유아의 성격 형성에 있어서 신뢰감의 중요성
④ 신체 활동이 유아의 성격 형성에 미치는 영향
⑤ 유아의 행동 발달에 끼치는 부모의 영향

예시 해설) 다음 글의 주제로 가장 적절한 것을 고르시오.

Well-known the psycho-social development theorist, Erik Erikson, argues that **(*주제문장:**
잘 알려진 심리 사회적 발달 이론학자 주장한다

the first issue an infant faces right after birth is trust.) He emphasizes that trust is the
유아 직면하다 출생 후 바로 신뢰 강조하다

most important factor in the development of child's personality. And the quality of love is
요인 인성 질적인 사랑

the key. Erikson mentions that basic trust involves having the courage to let go of the familiar
중요하다 기본적 신뢰 포함하다 용기 버리다 친숙한 것

and take a step toward the unknown. Studies and take a step toward the unknown. Studies
한 걸음 나아가다 미지의 세계로

found that **(* 주제문 강조문장: when a healthy trust is formed from the start of life, it leads**
건전한 신뢰 형성되다 이끌다

one to moral, honest, balanced conduct in relations with others.)
도덕적인 균형 잡힌 행동 관계들

① 유아기의 언어 습득과 지능 발달의 관계

② 유아기의 체계적인 정서교육의 중요성

③ 유아의 성격 형성에 있어서 신뢰감의 중요성

④ 신체 활동이 유아의 성격 형성에 미치는 영향

⑤ 유아의 행동 발달에 끼치는 부모의 영향

d. 원인과 결과

• 어떤 문제나 논쟁에 관한 원인이나 이유 등을 먼저 언급하고 그에 따른 결과나 영향 등을 나타내는 글의 전개방식으로 due to, because of, thanks to, owing to, now that, because, as, since 등의 원인관련 어구와 therefore, hence, thus, consequently, as a result등의 결과 어구 등을 주로 사용해요.

• 어떤 상황이나 사건 사이에 존재하는 원인과 결과를 설명하며 환경, 교통, 범죄 등 주로 시사성 있는 내용의 지문으로 자주 이용돼요. 또한 원인을 강조를 하는 문장구조(원인이 주어부분이고 결과가 술어부분)에서 표현으로는 cause, is the caused of, bring about, give rise to, lead to, result in 등이 있어요.

• 반면 결과를 강조를 하는 문장구조(결과가 주어부분이고 원인이 술어부분)에서 표현은 is due to, result from, is produced by, is a consequence of, is the result of, is caused by 등이 있어요.

(1) 원인에서 결과로 연결될 때 사용되는 관련 어휘들

① 그러므로, 결과적으로: accordingly, so, therefore, hence, thus, subsequently, consequently

② 마침내, 결국: finally, in the long run, in the end

③ 간단히 요약하면: briefly, in brief, to be brief, in short, in summary, in a word

④ 이런 이유로: in this way, for this reason, this is why-, as I have said, By -ing

⑤ 초래하다. -에 이르다, -에 영향을 주다: bring about, cause, create, have an influence(impact) on, have an impact on, be likely to

(2) 결과에서 원인으로 연결될 때 사용되는 관련 어휘들

① 왜냐하면, -때문에: because, as, since, now that, thanks to, owing to, due to, this is because

② -결과로부터, -에 기인되어: result from, be attributed to, depend on

예시) 다음 글의 빈칸에 들어갈 가장 적절한 것을 고르시오.

A lot of difficulties and stress today come from our thinking that there is not enough time. As you know, time itself remains unchanged in the sense that it carries on in the same way as it has for millions of years. We need to see that different circumstances and our increased workloads put too much pressure upon us. Nevertheless, most of us try to adjust our attitudes and behaviors to a rapid pace of living and working. The secret does not lie in finding smart ways to do more. It is in how we manage the relationship between the things we have to do and ________________.

① the ability to do them
② the way to avoid stress
③ the place we live in
④ the strong desire we have
⑤ the time available to do them in

예시 해설) 다음 글의 빈칸에 들어갈 가장 적절한 것을 고르시오.

(*주제문장: A lot of difficulties and stress today come from our thinking that there is not
어려움들 스트레스
enough time.) As you know, time itself remains unchanged in the sense that it carries on
충분한 시간이 없다 시간 자체는 남아있다 변하지 않고 -라는 점에서
in the same way as it has for millions of years. We need to see that different circumstances
같은 방식으로 수백만 년 동안 다른 상황들
and our increased workloads put too much pressure upon us. Nevertheless, most of us try
증가되는 일의 양 가하다 많은 압박 우리가 알아야 할 필요에도 불구하고
to adjust our attitudes and behaviors to a rapid pace of living and working. **(스트레스 해결에**
적응하다 태도들 행위들 속도 삶 일

관해 제시하면서 주제문장 강조: The secret does not lie in finding smart ways to do more,

but it is in how we manage the relationship between the things) we have to do and
어떻게 관리하는가 관계들 상황들(일들)

________________.

① the ability to do them
② the way to avoid stress
③ the place we live in
④ the strong desire we have
⑤ the time available to do them in

e. 비교, 비유, 그리고 대조

- 비교성 글의 전개는 항목별 또는 특성별로 비교해 가는 대립방식과 비교대상들 중에 하나만 전부 설명하고 나머지는 요점별로 비교해 나가는 교차방식이 주로 사용돼요.
- 비유구조는 X대상과 Y대상을 비유하면서 공통점을 찾아서 요약하거나 일반화하는 글의 전개방식이에요. 주로 연결사 Likewise 또는 similarly 또는 비유의 compare X to Y, liken (X to Y)등의 표현을 사용해요.

① 공통점 비교시 사용 어휘: alike, similarly, such as, just as, likewise, in the same way

② 차이점 대조시 사용 어휘: but, yet, however, unlike, conversely, in contrast, on the contrary, differ from, be different from, while, nevertheless, nonetheless, whereas, in spite of, instead, on the other hand.

예시) 아래 글의 제목으로 가장 적절한 것은?

It is interesting to know that just as humans use complex language, ants interact in complex colonies, spiders weave complex webs, beavers build complex dams, and chimpanzees have complex problem-solving strategies. Yet there is a difference which tells our intelligence from those of all the other species. Unlike the spider that stops at web weaving, the human child has the potential to take its representations as objects of cognitive attention. Normally, human children not only become efficient users of language, they but also have the capacity to become little grammarians. By contrast, ants, spiders, beavers, and probably even chimpanzees do not have the potential to analyze their own knowledge.

① 인간과 비인간적 존재와의 유사성
② 생명체의 문제를 해결하는 전략
③ 인간의 언어 발달에 대한 분석
④ 인간 지능의 특이성
⑤ 생명체가 사용하는 다양한 언어들

예시 해설) 아래 글의 제목으로 가장 적절한 것은?

It is interesting to know that just as humans use complex language, ants interact in complex
마치 인간이 사용하듯이 복잡한 언어를 개미들 상호작용하다 복잡한 군집속에서
colonies, spiders weave complex webs, beavers build complex dams, and chimpanzees have
짜다 복잡한 거미줄 위버들
complex problem-solving strategies. **(*역접 접속사로 시작되는 주제문장: Yet there is a difference**
문제 해결 전략들
which tells our intelligence from those of all the other species.) Unlike the spider that stops
그러나 구별하다 지능
at web weaving, the human child has the potential to take its representations as objects of
잠재력 대표성을 취하다 대상들
cognitive attention. Normally, human children not only become efficient users of language,
인지적인 주의력 정상적으로 효율적인
they but also have the capacity to become little grammarians. **(대조의 의미를 지닌 문장: By**
능력 문법학자들
contrast, ants, spiders, beavers, and probably even chimpanzees do not have the potential
대조적으로
to analyze their own knowledge.)
분석하다 그들 자신들만의 지식

① 인간과 비인간적 존재와의 유사성
② 생명체의 문제를 해결하는 전략
③ 인간의 언어 발달에 대한 분석
④ 인간 지능의 특이성
⑤ 생명체가 사용하는 다양한 언어들

f. 질문과 답변

- 경제, 환경, 건강, 교통, 범죄 등의 시사성 있는 문제점들 제시하고 그것을 해결해 나가는 과정으로 의문문의 형태를 띤 질문형의 첫 문장이 일반적으로 제기되는 경우가 많아요.
- 이 질문자체가 소개문이나 주제문장과 관련이 있어요. 질문에 대한 답이 주제문일 경우가 많아요.
- 지문 후반부에는 질문에 대한 긍정적이거나 부정적인 대답, 아니면 명확한 대답이 나올 경우가 많으니 신중하게 끝까지 지문을 읽어야 해요.
- 의문문에 대한 대답형식의 어구는 That's because--(그것은 --때문이다), That is why--(그것은 --이유이다), Because--(왜냐하면), Otherwise(그렇지 않으면) 등이 있어요.

① 긍정적인 답 표현 관련 어휘: advantages, benefits, of course, reasons for, reasonable, yes

② 질문에 대한 반론 표현 관련 어휘: but, not true, no, nevertheless, however, opposite, on the contrary, that is not true, the other side

③ 연구와 보고 관련 어휘: research, report, statistics, survey, study

④ 전문가의 의견 표현 관련 어휘: expert, researcher, scientist, psychologist, professor

⑤ 지문 필자의 직접적 의견 표현 관련 어휘: keep in mind that-, in my opinion, as for me, I think(believe), It is (necessary, important, essential, indispensable, fundamental)

예시) 다음 글의 제목으로 적절한 것은?

Can a modern music composer be your first choice for a hero? Or can you think of the painter of a contemporary masterpiece? If you and most people are alike, the answer to both questions is "NO." More likely, a movie star or a sports hero would be your first choice. The worlds of contemporary art and music seems to have failed to offer people works that reflect human achievements. As, people, have lost interest in modern arts, they have turned to sports and other popular figures to find their role models.

① 음악 교육의 활성화 ② 현대 예술의 문제점 ③ 예술과 스포츠의 관계
④ 고전 음악의 유래 ⑤ 대중 예술의 장점

예시 해설) 다음 글의 제목으로 적절한 것은?

(질문으로 문장 시작: Can a modern music composer be your first choice for a hero? Or
현대 음악 작곡가
can you think of the painter of a contemporary masterpiece?) (질문에 대한 응답 문장: If you
동시대의 걸작
and most people are alike, the answer to both questions is "NO.") More likely, a movie
비슷하다면 더 가능성 있는 것은
star or a sports hero would be your first choice. The worlds of contemporary art and music

seems to have failed to offer people works that reflect human achievements. As, people
반영하다 인류의 업적들
have lost interest in modern arts, they have turned to sports and other popular figures to
잃어버리다 흥미를 현대 예술들에 관심을 돌리다 스포츠 종목들 인기 있는 인물들
find their role models.

① 음악 교육의 활성화 **② 현대 예술의 문제점** ③ 예술과 스포츠의 관계
④ 고전 음악의 유래 ⑤ 대중 예술의 장점

g. 예시와 열거

- 어떤 사건이나 사물에 대한 특징들이나 장단점을 열거 방식으로 글을 전개해 나가는 나열구조이에요. 중요도, 순서, 시간과 공간적인 순서 등 다양한 기준을 사용해요.
- 열거나 나열의 진술 방식에 사용되는 어구들은 First, second, third, finally, lastly 등의 순차적인 표현이나 one, another, also, in addition, besides, the other, some, others등과 같은 첨가나 그룹 내의 부분들에 대한 표현을 사용해요.
- 토론하고 있는 화제가 무엇인지를 파악하는 형식의 지문내용도 있어요. 콜론(:)은 나열 역할을 하고 세미콜론(;)은 앞 문장의 부연 설명할 때 사용해요.
- **예시 또는 열거 관련 어휘: for example, for instance, another, one, some, other, still, others, as well, and, or besides, in addition (to), on top of(that), furthermore, moreover, what is more, what is better, what is worse, even more**

예시) 다음 글의 주제로 가장 적절한 것은?

In order to get their own benefit, companies try to have various ways of offering lower prices. A trade discount is one way of doing this. It is offered to the shops or business that buys goods on a large scale and sells them. There is also a quantity discount. That is offered to individuals who want to order large quantities of a product. The company gives a price break to these purchasers because they help cut the costs of selling, storing, shipping and billing. In the end, a cash discount is a lower price, which is offered to people who pay in cash.

① How to Buy Products in Cash
② Ways of improving Products
③ Discount Pricing's Types
④ Locations of Discount Stores
⑤ How to Start a Business

예시 해설) 다음 글의 주제로 가장 적절한 것은?

(주제문장: In order to get their own benefit, companies try to have various ways of offering lower prices.) A trade discount is one way(나열의 연결어) of doing this. It is offered to the shops or business that buys goods on a large scale and sells them. There is also(나열의 연결어) a quantity discount. That is offered to individuals who want to order large quantities of a product. The company gives a price break to these purchasers because they help cut the costs of selling, storing, shipping and billing. In the end(나열의 연결어), a cash discount is a lower price, which is offered to people who pay in cash.

(어휘 풀이: get 얻기 위하여 / various ways 다양한 방법들 / offering 제공하는 / lower prices 낮은가격들 / trade discount 동업자간 할인 / goods 물건들 / on a large scale 대규모로 / quantity discount 양적 할인 / costs 비용들 / selling 판매 / storing 보관 / shipping 선적(운송) / billing 청구서 작성 / In the end 마지막으로 / cash discount 현금 할인 / a lower price 더 낮은 가격 / offered 제공되는 / pay 지급하다 / in cash 현금으로)

① How to Buy Products in Cash
② Ways of improving Products
③ Discount Pricing's Types
④ Locations of Discount Stores
⑤ How to Start a Business

h. 분류

- 특정한 부분이나 특징을 설명할 때 어떤 기준에 따라 공통점이나 유사성끼리 범주화하여 서술하는 글의 방식들이에요. 이를테면 체육지도자를 학교체육선생, 생활체육지도사, 경기체육지도사로 분류하는 전개 방식이에요.
- several types(몇몇 타입의), many types(많은 타입의), some kinds(sorts) of(몇몇 종류의), a variety of types(다양한 타입의), classified(분류되는), divided(나뉘는), consist of(구성되는) 등의 어구가 사용되는 경향이 많아요.

예시) 다음 글을 읽고 빈칸에 가장 적절한 것을 고르시오.

Professional sports players are reluctant to agree on ___________. Some sports star players claim that their role is not to be a role model for young people, but a great player. They insist that "We are not paid to be role models." They strongly believe that their private lives should be their own business. On the contrary, other sports star players do not agree with the view. They think they need to be sports stars role models for people even though they may not want to be. They say, "We are chosen to be role models. So, our choice can be whether to be good models or bad ones."

① what makes models popular
② how they can become star players
③ what their roles should be
④ why sports are son entertaining
⑤ why they only think about their privacy

예시 해설) 다음 글을 읽고 빈칸에 가장 적절한 것을 고르시오.

Professional sports players are reluctant to agree on ________. **(Some sports star players claim that their role is not to be a role model for young people, but a great player: 롤 모델에 대한 프로 스포츠 스타 선수들의 생각을 2 분류로 설명하고 있음을 알 수 있다)**. They insist that
주장하다
"We are not paid to be role models." They strongly believe that their private lives should be
돈을 받지 않는다 롤 모델이 될려고 그들의 사생활은
their own business. On the contrary, other sports star players do not agree with the view.
그들만의 일 대조적으로
They think they need to be sports stars role models for people even though they may not want to be. They say, "We are chosen to be role models. So, our choice can be whether to
선택 받았다
be good models or bad ones."

① what makes models popular
② how they can become star players
③ **what their roles should be**
④ why sports are son entertaining
⑤ why they only think about their privacy

i. 사건이나 우화

- 어떤 사건이나 일화를 설명하는 글이에요. 필자나 주변인들의 경험적인 이야기들이 주를 이루죠. 또한 격언이나 속담에 관계된 우화적인 글이나 유명 인물의 에피소드를 나타내기도 해요.
- 지문의 전체적인 흐름을 파악해야 하며 글의 피상적인 내용보다는 관련된 속담이나 격언을 암시하는 내용을 잘 알아야 해요.
- 교훈이나 비판성이 있는 풍자의 내용을 담고 있는 표현들이 해석이 잘 안 되는 경우를 대비하여 속담이나 격언들이 품고 있는 숨은 뜻들을 평소에 잘 숙지해두어야 해요. 특히 일화적인 내용에서는 마지막에서 반전이 일어나는 경우가 많기에 끝까지 읽으면서 요지를 파악하는 것이 중요해요.

예시) 다음 글에 적절한 속담은?

Tom Johnson has a small machine shop. For a long time his business was really slow. Johnson once spent weeks without any new orders. It was difficult for him especially because some of the other shops in our area were really busy. But then, one day he got a small order. Then the following week he got another order. Business seemed to recover. He started to get orders every week. Recently he got an offer to do a really big job, and he took it without considering how much work it would be. However, he wish he hadn't accepted it because now he has too much work to do.

① No news is good news.
② Too may cooks spoil the broth.
③ A leopard can't change its spots.
④ A bad workman argues with his tools.
⑤ Don't bite off more than you can chew.

예시 해설) 다음 글에 적절한 속담은?

Tom Johnson has a small machine shop. For a long time his business was really slow.
작은 기계를 다루는 가게
Johnson once spent weeks without any new orders. It was difficult for him especially
한 때 보냈다 몇 주를 어떠한 새 주문 없이 특히
because some of the other shops in our area were really busy. But then, one day he got a
어느 날
small order. Then the following week got another order. Business seemed to recover. He
그리고 나서 다음 주 장사가 회복되는 것 같았다
started to get orders every week. Recently he got an offer to do a really big job, and he took
최근에
it without considering how much work it would be. However, he wish he hadn't accepted it
고려하지 않고 얼마나 많은 일을 해야 하는지 바랬다 주문을 받지 않았기를
because now he has too much work to do.

① No news is good news. (무소식이 희소식이다)

② Too may cooks spoil the broth. (사공이 많으면 배가 산으로 오른다)

③ A leopard can't change its spots. (타고난 천성은 고칠 수 없다)

④ A bad workman argues with his tools. (서투른 목수가 연장 탓한다.)

⑤ Don't bite off more than you can chew. (과욕을 부리지 마라)

j. 묘사

- 지문의 내용을 읽어나갈 때 그림같이 장면들이 떠오는 듯 한 느낌을 주는 묘사의 구성방식을 가진 글이에요.
- 필자의 기행문이나 체험담 또는 문학 작품 등이 묘사적인 표현 글이 많아요.
- 독자의 감각에 호소하는 글로써 내용의 일치나 불일치를 묻거나 지칭 추론 또는 필자의 심경, 어조, 글의 분위기를 파악하는 문제의 지문으로 주로 쓰여요.
- 감상이나 판단 등의 종합적 이해를 통한 독해력이 요구되요.
- 묘사적인 어휘는 다음과 같이 분류될 수 있어요.

<Descriptive Words>

① 분위기: boring, busy, cheerful, festive, gloomy, lonely, relaxing, romantic, sad
② 심경: angry, anxious, envious, joyful, nervous, pleased, worried
③ 얼굴표정: dedicate, frown, lively, peaceful, painted, scowling, vivacious
④ 목소리: booming, deep, harsh, melodious
⑤ 촉감: rough, sharp, silly, smooth
⑥ 맛: bitter, bland, salty, sour, spicy, sweet

예시) 다음 글에서 white fox에 관한 내용과 일치하는 것은?

The white fox often acts in ways that seem so crafty. Trappers who seek white foxes must clean their equipment well so as to rid it of human smells, or the foxes will not come near. The foxes also manage to dig up hidden traps and set them off without being caught. White foxes have even been known to use a pedestrian underpass rather than cross a highway. On the other hand, white foxes are sometimes extremely careless. They often come running in response to an imitation of their bark, regardless of danger. They readily return to areas where they have been heavily hunted in the past. Thus, whether or not the white fox is especially intelligent is an open question.

① 숨겨진 덫을 파헤치기도 한다.
② 사람 냄새를 맡고 가까이 온다.
③ 고속도로 위로 다닐 만큼 대담하다.
④ 지능이 높은 것으로 입증되었다.
⑤ 과거에 쫓겼던 지역에는 돌아오지 않는다.

예시 해설) 다음 글에서 white fox에 관한 내용과 일치하는 것은?

The white fox often acts in ways that seem so **<u>*crafty(묘사어)</u>**. Trappers who seek white
하얀 여우 행동하다 방식으로 지극히 교활하게 덫 사냥꾼 찾다
foxes must clean their equipment well so as to rid it of human smells, or the foxes will not
깨끗이 하다 장비 제거하기 위해 인간의 냄새를 그렇지 않으면
come near. The foxes also manage to dig up hidden traps and set them off without being
오지 않는다 근처에 ② 간신히 ① 파헤치다 숨겨놓은 덫들 덫들을 풀어 버린다 걸리지 않고
caught. White foxes have even been known to use a pedestrian underpass rather than cross
③ 보행자용 지하통로 가로지르기보다는
a highway. On the other hand, white foxes are sometimes extremely careless. They often
고속도로(찻길) 반면에 지극히 부주의한
come running in response to an imitation of their bark, regardless of danger. They readily
반응하여 흉내 짖는 소리상관하지 않고 쉽게
return to areas where they have been heavily hunted in the past. Thus, whether or not the
⑤ 돌아오다 지역들 사냥을 많이 당하는 장소들 과거에
white fox is especially **<u>*intelligent(묘사어)</u>** is an open question.
지능적인 ④ 확실치 않은 문제

<u>① 숨겨진 덫을 파헤치기도 한다.</u>
② 사람 냄새를 맡고 가까이 온다. → 조금의 사람냄새가 나면 주변에 오지 않는다.
③ 고속도로 위로 다닐 만큼 대담하다. → 고속도로보다는 보행자용 지하통로를 이용한다
④ 지능이 높은 것으로 입증되었다. → 지능에 대해서는 확실히 모른다
⑤ 과거에 쫓겼던 지역에는 돌아오지 않는다. → 사냥을 많이 당하는 상소들에 쉽게 돌아온다

k. 시간적 순서

- 시간적인 순서, 시간의 경과, 논리적인 순서나 단계, 과정, 절차 등에 의한 글의 전개방식을 띠는 지문이에요.
- 이런 지문의 내용들은 기원이나 유래를 설명하거나 미래상을 보여주는 글들로 직접적이고 명확한 것이 특징이라 할 수 있어요.
- 또한 변화하고 발전해 가는 모습들을 묘사하거나 시대별 차이 등을 설명하는 내용들도 포함되죠.
- **시간적 또는 단계적으로 진행되는 글에서 주로 사용되는 어휘들: first, at first, now, later, finally, at last, now, recently, lately, before, next, then, while, when, for ages, at the same time**

예시) 다음 공고문의 내용과 일치하는 것은?

* Tomorrow's bus service on Twisty Road will be changed between the hours of 8:00 a.m. and 1:30 p.m.
* The parade will take place from 10:00 a.m. to 12: 30 p.m..
* Number 5, 11, 15, 17, and 25 buses will turn left onto Gravel Road, right onto Clemenceau Avenue and left onto Twisty Road below the parade route.
* In case of morning rain, the changes will begin from 2:00 p.m. and the parade shortly after.

① 내일 오전 9시부터 오후 1시 30분까지 행진이 진행된다.
② 5, 11, 15, 17, 25번 버스가 행진에 참가한다.
③ 오전에 비가 오면 버스 노선은 오후 2시부터 변경된다.
④ 비가 오면 행진은 예정대로 진행된다.

예시 해설) 위 공고문의 내용과 일치하는 것은?

* Tomorrow's bus service on Twisty Road will be changed between **the hours of 8:00 a.m. and 1:30 p.m. (시간적 진행)**

* The parade will take place **from 10:00 a.m. to 12: 30 p.m.(시간적 진행)**
행진 개최되다

* Number 5, 11, 15, 17, and 25 buses will turn left onto Twisty Road, right onto Clemenceau Avenue and left onto Gravel Road below the parade route.
오른쪽으로

* In case of morning rain, **the changes will begin from 2:00 p.m. and the parade shortly after.**
-경우에 아침에 비가 오는 (시간적 진행)

① 내일 오전 9시부터 오후 1시 30분까지 행진이 진행된다. → 오전 8시부터 오후 1시 30분까지

② 5, 11, 15, 17, 23번 버스가 행진에 참가한다. → Twisty Road에서는 왼쪽으로 둘러서 가고 Clemenceau Avenue에서는 오른쪽으로 돌아감

③ 오전에 비가 오면 버스 노선은 오후 2시부터 변경된다.

④ 비가와도 행진은 예정대로 진행된다. → 비가 오면 오후 2시부터 시작하는 변경사항이 생김

5. 영어지문의 독해분석기술

영어지문의 읽기 방법인 자세히 읽기, 훑어읽기, 그리고 찾아읽기를 바탕으로 독해문제에 답안을 고르기 위해 사용되는 영어지문의 독해전략이 있어요. 즉, 독해전략은 지문을 읽어가면서 단어의 사전적 의미와 문맥적의미를 문맥 속에서 추론하고 문장의 짜임새를 파악하면서 주제문이나 요지를 파악하는 영어문장을 해독하는 기법들을 의미해요. 이 기법들은 영어문제유형들과 풀이기법들을 숙지하기 위해서는 반드시 전제조건으로 알아야 할 지식이에요. 본서는 이러한 영어독해전략에 대해서 영어지문의 독해에 적용하여 선별과 응용방식으로 설명하였어요. 효과적인 영어지문 독해전략은 어휘공략기술과 내용공략기술로 구분될 수 있는데 각각의 세부적인 내용들에 대해서 다음과 같이 알아보기로 해요.

1) 어휘분석기술

어휘공략기술이란 지문을 읽어나갈 때 이미 알고 있는 사전적 의미의 어휘들을 바탕으로 해서 모르는 단어의 뜻을 문맥적 의미의 추론으로 이해하고자 할 때 사용하는 기술이에요. 이는 지문의 독해과정에서 문제를 푸는데 상관이 없고 불필요한 문장속의 단어들은 무시하고 건너뜀으로써 시간을 줄이는데 효과적이죠. 이를 위해서는 뜻을 모르는 어휘의 이해파악을 방해하는 어구들을 다루는 전략들(구조적 단서의 이용, 문맥적 단서에 의한 추론)이 요구돼요.

a. 구조적 단서의 이용

구조적 단서는 모르는 단어의 뜻을 알아내는데 단서, 즉 실마리가 될 수 있는 포인트를 짚어내는 전략이라 할 수 있어요. 문장 속에서 단어의 위치와 형태를 통한 문법적인 기능을 파악하거나 그 단어의 내부적 구조의 이해가 단서가 돼요. 왜냐하면 단어의 품사에 따른 형태 변화 등의 문법적 기능은 그 어휘의 의미를 알려주는데 결정적인 역할을 하기 때문이죠. 또한 단어를 구성하는 구조(복합어 또는 합성어)를 통한 의미의 추측인데 접두사, 접미사, 어근 등을 통해서 의미 파악이 가능해요. 어휘관련문제와 어법문제풀이를 위해 필요한 읽기 기술이에요.

b. 문맥적 단서에 의한 추론

구조적 단서로 단어의 의미를 파악할 수 없으면 그 단어가 속한 문장의 문맥을 추론하여 추측할 수 있는 단어의 문맥적 단서를 알아내는 전략이에요. 이러한 새로운 단어의 문맥적 의미를 알아내기 위해서는 지문을 빨리 읽어 내려갈 때 앞문장의 의미와의 연관성 의미를 추론해야 되요. 또는 지문들 속에서 논리적 유사성으로 전개되는 문맥적 단서의 추정을 통해 그 단어의 의미를 알아낼 수 있어요. 빈칸 어휘 완성문제 또는 연결사 문제 풀이에 필요해요.

2) 내용분석기술

지문의 전체 내용을 이해하기 위해서는 내용공략 독해기술이 필요해요. 단어의 의미를 통한 문장별 해석이 아니라 지문 전체내용을 다 읽고 난 후에 무엇을 요구하고 주장하는가를 이해하는데 요구되는 전략이에요. 독해시험 문제 유형들에 따라 문제를 풀기 위해 절대적으로 필요한 여러 기술들을 다음과 같이 내용공략기술들을 포함하고 있어요.

a. 자동 독해

독해지문을 빨리 읽으면서 한 눈에 단어를 바로 인식하는 것이죠. 지문내의 각 문장의 주어와 동사의 의미파악, 핵심어나 반복어휘의 인식 또는 유사어나 반의어를 찾을 때 활용성이 높아요.

b. 질문

지문을 쓴 저자와 심적인 대화를 하듯이 글쓴이의 의도를 파악을 위해 또는 주제나 제목은 무슨뜻인지 등에 의문을 품고 집중해서 지문을 읽어 내려갈 필요가 있어요. 글의 어조나 분위기관련 문제 또는 주제, 요지, 주장 등을 추론하기 위해 필요한 기술이에요.

c. 빠른 정보파악

선택지에 관련이 있는 내용을 찾아 그것을 중점적으로 읽고 내용을 파악하는 기술이에요. 주로 일치와 불일치 문제와 추론사실 여부 문제풀이에 사용되죠.

d. 주제문 파악과 진술하기

지문 속의 주제문을 찾아서 글쓴이가 그 주제에 대하여 무엇을 표현하려고 하는가를 파악하며 읽는 기술이에요. 주장이나 주제를 찾는 문제풀이에 관련이 있어요.

e. 주제 추론

글의 형태와 문장들이 제공하는 단서에 의해 주제를 추론하기 위해 읽는 기술이에요. 빈칸 문장 완성 문제나 지문 아래에 주제문을 요약해 놓은 문제, 주어진 문장이 주제문장의 특성을 가진 삽입 등에 활용될 수 있어요.

f. 요약

지문의 주요개념들이나 문제에 관련된 내용들만 자세히 읽고 보조문장의 상세한 내용들이나 문제와 관련이 없는 내용들은 대충 읽거나 생략하고 읽으며 양과 시간을 줄이는 기술이에요. 일치와 불일치 문제, 글의 흐름과 관계없는 삭제문제, 추론성 문제 풀기에 요구되는 기술이라 할 수 있어요.

g. 글의 구성 파악하기

각 문장들 사이에 관계 및 지문 전체 문장의 구조 관계를 파악하여 읽는 기술이에요. 글의 일관성 여부를 묻는 삽입, 삭제, 배열, 추론의 문제 풀이에 요구되는 기술이죠.

h. 신호어휘 사용하기

first, then, later등의 순서적 어휘나 more-than, as --as 등의 비교급 표현, 그리고 다양한 연결사와 접속사 등을 이용하여 문장의 의미들 간의 연결방식을 파악하는 기술이에요. 배열이나 연결사 관련문제에 활용할 수 있어요.

i. 문맥을 통한 어휘 뜻 추측하기

지문의 단어의 품사, 문장구조(구문), 연결 관계에 관한 지식을 활용하여 모르는 단어의 뜻을 문맥 속에서 추측해내는 기술이에요. 문장을 해석할 때 기본적인 기술이며 유사어와 관련된 어휘문제 또는 빈칸 어휘나 구 완성문제, 연결사 문제, 요약문장의 빈칸을 채우는 문제 또는 글의 흐름에 맞지 않는 단어 고르는 문제 등을 풀기 위해 필요한 독해기술이에요.

j. 추론과 증거 사용

지문에 언급되어 있지 않은 것을 알아내기 위해 행간의 뜻을 읽는 것으로 증거를 사용하는 기술이에요.

지문내용에 관련된 교훈성 주제문이나 속담 등의 문제 풀기에 필요한 기술이죠.

6. 영어지문 독해과정 종류들

영어독해 시험의 해결방식은 문제유형에 적합하게 주어진 지문의 내용을 요약하고 내용을 효과적으로 이해하는 독해 문항분석을 통해 적절한 답안을 고르거나 작성하는 것이라 할 수 있어요. 영어독해과정의 독해문항분석에 적용은 매우 유익해요. 독해과정은 입시영어뿐만 아니라 중고등학교의 내신영어부터 경찰영어, 소방영어, 공무원영어, 토익이나 토플과 같은 영어공인영어까지 모두 아우르는 한국의 모든 영어독해시험의 문항 분석을 위해 알아야 할 주요한 기본내용이 될 수 있어요. 각 독해 과정에 관련한 적절한 예시 문들의 적용적인 첨가, 그리고 각각의 독해과정을 아래와 같이 설명하였어요.

1) 좁은 관점에서의 독해과정

미시적 독해과정은 영어지문을 독해할 때 해결해야할 가장 기본적인 과정으로 2가지 능력이 요구돼요. 첫째는 영어지문의 문장들 속에 어휘들을 의미 있게 묶어서 연결하는 능력이에요. 즉 구와 절의 구분을 통해 어법적 의미로 해석하는 능력을 일컬어요. 둘째는 각각의 문장의 주어와 본동사를 기준으로 그 문장이 표현하고자 하는 중심 개념을 찾는 능력이에요. 예를 들어 길거나 다양한 수식어구를 가진 주어부와 술어부로 구성된 복잡한 문장에서 주어와 동사를 찾아서 문장의 의미를 간략화 시키는 능력을 의미해요.

미시적 과정의 독해력을 요구하는 문제는 어법상 틀린 곳을 고르는 문항과 관련이 있어요. 동사의 수와 시제의 일치, 부정사와 동명사, 분사의 각 용법, 각각 조동사의 원래의 의미와 추측성이 공통적인 의미의 문맥을 통한 구별, 과거분사형태에 따른 수동과 능동의미의 구분, 접속사와 연결되는 어구의 쓰임, 관계대명사와 관계부사의 올바른 쓰임 등의 영문법 사항을 잘 숙지하고 있어야 해요. 이러한 어법 진위 여부를 가리는 문제를 풀기위해서는 어휘력을 바탕으로 단어나 구를 의미단위로 끊어 읽는 기술과 문장 속에서 단어의 위치와 형태를 통한 문법적인 기능을 신속하게 파악하는 어휘공략 기술의 독해전략이 요구돼요.

2) 종합적인 관점에서의 독해과정

통합적 독해과정은 지문의 문장들 간의 관계를 이해하고 추측하는 이해과정을 의미해요. 통합적 과정의 이해력과 관련된 문제는 올바른 지칭어 찾기, 알맞은 연결사 고르기, 추론성 빈칸 채우기 등의 문항 등이 있어요. 따라서 지시대명사와 인칭대명사가 지칭하는 대상어를 확인하는 대용어 파악하기, 연결사 관계를 파악하기 위한 다양한 연결사들의 의미를 숙지하기, 논리적인 유추성을 통한 글의 내용을 파악하여 추론하기 등의 독해능력이 필요해요.

a. 대용어 파악 능력

지문의 문장들 속에 쓰인 대용어가 무엇을 지칭하는지 또는 같은 단어의 반복사용을 피하기 위해 표현된 어휘가 무엇인지를 파악하는 독해능력이에요. 대용어는 반복어휘를 피하거나 문장을 간결하게 하고 글의 연결 관계를 긴밀하게 하는 역할을 해요. 대용어의 구성은 앞 문장에서 언급된 명사, 동사 및 절을 대신하는 대명사, 그리고 명사, 동사 및 다른 형태의 것으로 표현한 대치어, 반복되는 어휘, 어구, 또는 문장을 줄이는 생략 등으로 이루어져요. 대용어의 대상어를 이해하기 위한 독해전략은 문맥적 단서에 의한 추론이죠. 지문의 논리적인 전개방식에 따라 지칭대상을 찾을 수 있어요. 또는 지칭 대상이 지문에 없는 경우에는 문맥적 단서를 이용하여 지문의 내용을 종합적으로 추론해야 해요.

b. 연결사 의미 숙지

문장과 문장, 단락과 단락사이의 연결사는 지문의 흐름을 파악하는데 필수적이죠. 연결사를 통해 원인과 결과, 시간의 순서, 대조, 비교 등을 파악함으로써 지문의 논리적인 흐름과 일관성 있는 내용을 알 수 있어요. 글의 흐름을 통해 어떠한 연결사가 사용되었는지 유추할 수 있어요. 가령, 지문의 전체적인 내용을 파악할 때 문장 내용의 관계에 따라 대조, 예시, 역접, 첨가, 인과, 시간 순서 등을 고려하여 적절한 연결사를 고를 수 있어요. 따라서 아래의 연결사들의 의미를 반드시 숙지하여야 해요.

① 예시 전개 연결사: for example, for instance, such as, namely, that is (to say), let's imagine
② 인과 관계 연결사: so, therefore, thus, accordingly, as a result, subsequently, hence, consequently, in brief, in short, in summary, briefly, in a word, to be brief, in the end.
③ 과인관계 연결사: because, now that, thanks to, owing to, due to
④ 대조(역접)관계 연결사: however, on the contrary, in contrast, by contrast, on the other hand, on the opposite
⑤ 강조 연결사: indeed, in fact, with this in mind (view), truly, to emphasize, particularly
⑥ 비교 연결사: like, likewise, the same-as, similar to, (just) as, similarly
⑦ 추가 연결사: additionally, furthermore, moreover, in addition, further

c. 빈칸 채우기

지문을 읽으면서 빈칸에 들어갈 어휘나, 구, 문장을 추론하는 과정이에요. 빈칸완성 문항은 단편적인 어휘력보다는 전체의 중심내용이나 요지를 파악해야만 풀 수 있는 성향이 강해요. 따라서 빈칸완성 문항은 요지, 주제, 주제를 묻는 문제 항목과도 밀접한 관련이 있어요. 필요한 독해기술은 포괄적 읽기, 훑어읽기, 신호어 사용, 그리고 추론과 증거 등의 사용 등을 포함하고 있어요. 지문의 글의 내용 및 흐름을 정확하게 이해하는 능력과 빈칸 앞 문장과 뒷 문장의 논리적인 관계성을 파악하는 능력이 요구되는 추론적 판단력과 논리적 분석력을 통해서 문제를 풀 수 있어요.

3) 넓은 관점에서의 독해과정

거시적 관점에서의 독해과정은 영어지문의 각 문장들을 하나로 종합하거나 요약하여 조직하는 일을 수행하는 과정으로 글의 논리적으로 배열하는 지식을 요구해요. 거시적 독해과정은 지문의 구조를 이해하는 조직화능력과 지문의 글쓴이가 전달하고자 하는 중심내용을 파악하기 위한 요약화 독해능력이 요구돼요.

a. 조직화 독해능력

조직화는 영어지문의 구성을 이해함으로써 글의 논리적인 흐름을 파악하는 독해능력을 뜻해요. 이에 관련된 독해 문항들은 삭제, 삽입, 배열 등이 있지요. 삭제는 지문의 흐름상 적절하지 못한 문장을 가려내는 것이죠. 지문의 각 문장들이 논리적인 연결을 방해하는 주제와 연관성이 없거나 동떨어진 문장 또는 글의 흐름의 일관성을 벗어나 문장 등을 골라내는 독해능력이에요. 삭제는 주어진 문장을 의미상으로 적절한 문맥이 되게 문장들 사이에 넣은 것이에요.

주어진 문장안의 연결사나 지시대명사 또는 인칭 대명사를 염두에 두면서 문장들 간의 논리적 단절이나 비약이 있는 부분을 찾아서 주어진 문장을 넣어서 글의 흐름을 자연스럽게 하는 독해능력이에요. 배열은 문장들을 논리적인 글의 흐름에 맞게 순서별로 재배치하는 독해 능력이에요. 이러한 조직화에 필요한 독해전략들은 예측하기, 중심내용으로 요약하기, 지문 조를 분석하여 요점을 파악하기 등이 있어요.

b. 요약화 독해능력

요약화는 지문에서 중요한 개념을 선택하는 능력과 구체적인 내용을 요약 할 수 있는 독해능력이에요. 요약화에 관련된 독해문항은 주제, 제목, 목적 등을 파악하기이에요. 지문을 쓴 필자의 동기 또는 의도를 정확히 파악하여 글의 중심내용이나 필자의 주장이 담긴 문장에서 주제를 읽어낼 수가 있어요. 또한 지문의 내용들 중에서 반복되는 핵심 어구를 중심으로 논제를 파악하고 그 논제의 어떤 면이 부각되고 있는지를 살펴보면 요지나 목적 등을 파악할 수가 있어요. 요약화 독해능력에는 지문내용상 중요하지 않거나 무관한 정보를 삭제하기, 핵심적인 어휘들과 논리적으로 유사한 대치어 찾기, 주제문장 고르기, 지문에 없는 주제 문장을 선택지에서 찾기 등을 포함하고 있어요.

지문내용의 종류나 제목을 유추할 수 있는 관련 어휘들은 sorry, regret, disappointed, thank, ask, demand, require, inform, notice등이 있어요. 또한 지문의 목적이나 요지를 유출할 수 있는 문장속의 어휘들은 advertise, advise, insist, apologize, appreciate, complain, consult, demand, encourage, inform, invite, persuade, protest, suggest, warn등이 있어요. 요약화에 필요한 독해전략은 훑어읽기, 추론, 요약, 비판적 읽기, 포괄적 읽기 등이 있어요.

4) 정교한 관점에서의 독해과정

정교화 독해과정은 추측과 추론을 통하여 지문의 내용을 효과적으로 이해하는 것을 의미해요. 관련된 독해 문항은 도표 및 안내문 내용 이해하기, 지문내용에 맞는 교훈성 속담 고르기, 글의 요지 파악하기, 지문을 쓴 필자의 견해 및 감정 또는 글의 어조나 분위기 파악하기 등이 있어요.

a. 지문의 앞과 뒤의 내용을 예측하는 능력

지문내용의 논리성을 파악하기 위해 그 지문의 앞과 뒤에 올 내용을 추론하여 예측하는 능력은 제시되지 않은 지문 앞의 내용을 추측하거나 지문 뒤에 전개될 내용들을 예상하는 문항들의 풀이에 사용돼요. 훑어 읽기, 포괄적 읽기, 질문, 예측 등의 독해기술을 통한 지문의 앞과 뒤에 해당하는 내용을 추론하는 독해의 전략이 요구돼요.

b. 그림, 도표 및 안내문 이해능력

지문에 나타난 그림, 도표, 광고 등의 내용을 묻는 독해문항을 이해하기 위한 독해능력이에요. 비교하려고 하는 정보 등을 통계숫자와 같은 수치와 그래프와 같은 그림으로 표현한 도표 또는 간단한 어구로 정보를 제공하는 광고 안내문이나 비즈니스 게시판 내용이 담긴 실용문이 지문의 주요내용을 이루죠. 선택지는 이러한 도표와 안내문의 내용에 관한 일치와 불일치 문장으로 표현해요. 따라서 아래와 같은 도표 표시에 잘 쓰이는 어휘들과 비교와 증감에 관한 표현과 어휘들을 잘 알고 있으면 문제풀이에 효과적이죠.

① 도표 설명 단어: average, current, slightly, represent, rate, improve, last, item
② 비교급 표현: -times as 원급 as A, both A and B
② 증감을 나타내는 어휘: go up, rise, increase, decrease, remain, stable, drastically, sharply, gradually, steadily

c. 지문내용에 적합한 교훈성 속담과 격언 인지능력

영어 속담과 격언의 내용의 함축된 의미를 정확하게 알고 있는 능력이에요. 선택지의 속담이나 격언을 먼저 읽고 난 뒤에 그들 중에서 지문내용을 교훈적으로 암시하는 관련된 것을 고르는 독해 문항에서 필요한 능력이죠. 다음은 시험에 출제되는 속담들과 격언들을 다음과 같이 정리해 보았어요.

- A bad workman quarrels with his tools. (서투른 목 수 연장 탓한다)
- A bird in the hand is worth two in the bush. (남의 돈 천냥보다 제 돈 한냥)
- Abilities wither under criticism, they blossom under encouragement.
  (칭찬은 능력을 키워주고 비판을 능력을 저하시킨다)
- A burnt child dreads the fire. (자라보고 놀 란 가슴 솥 뚜껑보고 놀란다)
- Add fuel to the fire. (불난 집에 부채질한다)
- Adding insult to injury. (설상가상)
- A drowning man will catch at a straw. (물에 빠진 사람은 지푸라기라도 잡는다)
- A fog can't be dispelled with a fun. (혼자 힘으로 대세를 막을 수 없다)
- A fool and his money are soon parted. (바보는 곧 재산을 잃는다)
- A friend in need is a friend indeed. (어려울 때 친구가 진짜 친구이다)
- After a storm comes a calm. (폭풍 뒤에 고요가 온다 -고진감래)
- A good Jack makes a good Gill. (아내는 남편에게 달려 있다)
- A hungry man is an angry man. (수염이 석자라도 먹어야 산다)
- A leopard cannot change his spots. (세 살 버릇 여든까지 간다)
- A loaf of bread is better than the son of many birds. (금강산도 식후경)
- A little knowledge is dangerous. = A little learning is a dangerous thing.
  (선무당이 사람 잡는다)
- A man is known by the company he keeps. (사람은 그 친구를 보면 알 수 있다)
- All is not gold that glitters. (번쩍이는 것이 다 금은 아니다)
- All work and no play makes Jack a dull boy. (일만 시키고 놀지 못하게 하면 바보된다)

- An early bird catches the worm. (부지런한 새가 벌레를 잡는다)
- A problem shared is a problem halved. (백짓장도 맞들면 낫다)
- A rags to riches story. (개천에서 용 난다)
- A rat in a trap. (독 안에 든 쥐)
- A rolling stone gathers no moss. (직업 등을 자주 바꾸지 마라)
- As a man sows, so he shall reap. (뿌린 대로 거두리라)
- A soft answer turned away wrath. (웃는 얼굴에 침 못 뱉는다)
- A sound mind in a sound body. (건강한 신체에 건전한 정신이 깃든다)
- A squeaky wheel gets the oil. (우는 아이 젖 준다)
- As the twig is bent, so grows the trees. (될 성싶은 나무는 떡잎부터 알아본다)
- A stitch in time saves nine. (유비무환)
- As you sow, so shall you reap. (뿌린대로 거둔다)
- A watched pot never boils. (서둔다고 일이 되는 것은 아니다)
- A willing burden is no burden. (자발적으로 하는 일은 결코 부담이 되지 않는다)
- A word and stone let go can't be called back. (저지러진 물은 돌이킬 수 없다)
- A worm will turn. (지렁이도 밟으면 꿈틀 한다)

- Barking dogs seldom bite. (빈 깡통이 소리만 요란하다)
- Bad luck often brings good luck. (나쁜 일 뒤에 좋은 일이 생긴다)
- Bad news travels fast. (나쁜 소식은 빨리 퍼진다)
- Bad things happen in threes. (나쁜 일은 연달아 온다)
- Beauty is in the eye of the beholder. (아름다움은 보는 이의 눈에 달려있다)
- Beggars must not be choosers. (빌어먹는 놈이 찬 밥 더운 밥 가리랴)
- Between a rock and a hard place. (진퇴양난)
- Better late than never. (늦더라도 안 하는 것보다 낫다)
- Birds of a feather flock together. (유유상종)
- Bitters do good to the stomach. (좋은 약은 입에 쓰다)
- Blood is thicker than water. (피는 물보다 진하다)

• By other's faults wise men correct their own.
(현명한 사람은 남의 결점을 보고 자신의 결점을 고친다)

• Call a spade a spade. (사실대로 말하시오)
• Can't get blood from a turnip. (벼룩의 간을 빼먹는다)
• Charity begins at home. (팔이 안으로 굽는다)
• Come empty return empty. (빈손으로 왔다가 빈손으로 간다)
• Constant dropping wears away the stone. (낙수물이 맷돌을 뚫는다)
• Casting pearls before swine. (돼지 목에 진주목걸이)
• Castle in the air. (공중누각)
• Curiosity killed the cat. (호기심이 신세를 망친다)
• Custom is a second nature. (습관은 제 2의 천성)
• Cut off your nose to spit your face. (누워서 침 뱉기)
• Cut your coat according to your cloth. (분수에 맞게 살다)

• Do in Rome as the Romans do. (로마에서는 로마법을 따라라)
• Doctors cure more than diet. (모든 일에는 전문가가 최고)
• Don't back him into a corner. (개도 나갈 구멍을 보고 쫓아라)
• Don't bite off more than you can chew. (과욕은 금물)
• Don't bite the hand that feeds you. (은혜를 원수로 갚지 마라)
• Don't count your chickens before they are hatched. (김칫국부터 마시지 마라)
• Don't cry before you are hurt. (걱정부터 먼저 하지마라)
• Don't judge a book by its cover. (겉모습만 보고 판단하지 마라)
• Do to others as you would be done by. (남이 네게 해 기를 바라는 대로 다른 사람들에게 하라)
• Don't put all your eggs in one basket. (한 곳에 전부를 투자하지 마라)
• Drop by drop fills the tub. (한 방울 한 방울이 통을 채운다)

• Easier said than done. (행동보다 말이 쉽다, 말은 쉬워도 행동으로 옮기기는 쉽지 않다)

- Easy come, easy go. (쉽게 얻는 것은 쉽게 잃는다)
- Empty vessels make the mot sound. (빈 수레가 요란하다)
- Even Homer sometimes nods. (원숭이도 나무에서 떨어질 때가 있다)
- Everybody's business is nobody's business. (공동의 책임은 누구의 책임도 아니다)
- Every cloud has a silver lining. (먹구름도 뒤쪽은 은빛으로 빛난다, 새옹지마)
- Every dog has his day. (쥐구멍에도 볕들 날이 있다)
- Every Jack has his Jill. (짚신도 짝이 있다)
- Every man has a fool in his sleeve. (털어서 먼지 안 나는 사람 없다)
- Everyone has a skeleton in his closet. (털어서 먼지 안 나는 사람 없다)
- Everyone knows his own business best. (남의 일에 간섭하지 마라)
- Every rose has its thorn. (아름다운 장미에도 날카로운 가시는 있다)
- Everything comes to those who wait. (기다리는 자에게 복이 있나니)
- Example is better than precept. (백문이 불여일견)
- Experience is the best teacher. (경험이 최고의 스승이다)

- Face the music. (울며 겨자 먹기)
- Faith will move mountains. (신념은 산을 움직일 만큼 강하다)
- Fine clothes make the man. (옷이 날개다)
- Fine come, first served. (먼저 온 사람이 임자다)
- Fine feather make a fine bird. (옷이 날개다)

- Go home and kick the dog. (엉뚱한 데 화풀이 한다)
- Good medicine is bitter to the mouth. (좋은 약은 입에 쓰다)

- Habit is second nature. (습관은 제 2의 천성이다)
- Haste makes waste. (서두르면 일을 망친다)
- Heaven helps those who help themselves. (하늘은 스스로 돕는자를 돕는다)
- He got what he bargained for. (자업자득)

- He laughs best who laughs last. (최후에 웃는 자가 진짜 승자다)
- Honesty is the best poller. (정직이 최상의 정책이다)
- Hunger is the best sauce. (시장이 반찬이다)

- Icing on the cake. (금상첨화)
- If at first you don't succeed, try, try again. (칠전팔기)
- If you run after two hares, you will catch neither. (두 마리 토끼를 잡으려다 다 놓친다)
- Ignorance is bliss. (모르는 게 약이다)
- Ill news runs apace. (나쁜 소식은 빨리 퍼뜨린다)
- In unity there is strength. (뭉치면 살고 흩어지면 죽는다)
- It is a piece of cake. (누워서 떡 먹기)
- It is never too late to learn. (배우기에 너무 늦는 적은 없다)
- It is quality, not quantity, that counts. = It is the nature of water to run downhill. (중요한 것은 양보다 질)
- It never rains but it pours. (비가 오면 억수로 퍼붓는 다: 불행은 겹치는 법)
- It's no use crying over spilt milk. (지나간 일을 놓고 후회해야 소용없다)
- It takes two to tango. (두 손뼉이 부딪쳐야 소리가 난다)

- Jack of all trades, and master of none. (재주가 많으면 특별히 잘하는 것이 없다)

- Kindness pays. (친절은 제값을 한다)
- Kill two birds with one stone. (일거양득)
- Knowledge is power. (아는 것이 힘이다)

- Learn to walk before you run. (뛰기 전에 걷는 법을 배워라)
- Lend your money and lose your friend. (돈 잃고 친구 잃는다)
- Let sleeping dogs lie. (잠자는 사자 건드리지 마라 = 긁어 부스럼 만들지 마라))
- Like father, like son. (부전자전)

- Little strokes fall great oaks. (열 번 찍어 안 넘어가는 나무 없다)
- Lock the stable after the horse is stolen. (소 잃고 외양간 고치기)
- Look before you leap. (행동으로 옮기기 전에 잘 생각하라)

- Match make in heaven. (천생연분)
- Make hay while the sun shines. = Strike while the iron is hot. (기회를 놓치지 마라)
- Many a little makes a mickie. = Many drops make a shower. (티끌 모아 태산)
- Many hands make light work. (백짓장도 맞들면 낫다)
- Mend the brain after the horse was stolen. (소 읽고 외양간 고치기)
- Might is right, (힘이 정의다)
- Misery loves company. (동병상련)
- Misfortune never comes single. (불행은 겹쳐 온다)
- Money isn't everything. (돈이 전부는 아니다)
- Money makes the mare go. (돈이 있으면 귀신도 부린다)
- More haster, less speed. (급할수록 천천히 하라)

- Necessity is the mother of invention. (필요는 발명의 어머니이다)
- Never judge by appearances. (겉모습으로 판단하지 마라)
- No cross, no crown. (고생 끝에 낙이 온다)
- No news is good news. (무소식이 희소식이다)
- No pains, no gains. (고생하지 않으면 얻는 것도 없다)
- No smoke without fire. (아니 땐 굴뚝에 연기 나랴)
- No two people think alike. (똑같은 생각을 하는 사람은 없다)
- Nothing ventured, nothing gained. (호랑이 굴에 가야 호랑이 새끼를 잡는다)

- One man's music is another mans' noise. (내게는 약 남에게는 독)
- One man sows and another man reaps. (재주는 곰이 부리고 돈은 되놈이 번다)
- One picture is worth a thousand words. (백문이 불여일견)

- One swallow does not make a summer. (한 면만 보고 전체를 판단하지 말라)
- Opportunity seldom knows twice. (기회는 두 번 오지 않는다)
- Out of sight, out of mind. (안보면 잊혀진다)
- Out of the frying pan into the fire. (갈수록 태산)
- One habits die hard. (제 버릇 개 못준다)
- One cannot eat one's cake and have it. (동시에 두 가지 일은 불가능하다)
- One can't put the clock back. (엎질러진 물)
- One good turn deserves another. (친절을 베풀면 돌아온다)
- One man's meat is another man's poison. (내게는 약 남에게는 독)

- Pie in the sky. (그림의 떡)
- Practice makes perfect. (익히면 숙달된다)
- Prevention is better than cure. (치료보다는 예방이 낫다)
- Pride goes before a fall= Pride will have a fall. (권불 십년 -교만한 자 오래 못 간다)

- Rome was not built in a day. (위대한 일은 금방 성취되지 않는다)

- Slow and steady wins the race. (더디더라도 착실히 하는 편이 결국 이긴다)
- Spare the rod, and spoil the child. (매를 아끼면 자식을 망친다)
- Still waters run deep. (조용한 물이 깊이 흐른다 = 빈 수레가 요란하다)
- Strike while the iron is hot. (기회를 놓치지 마라)

- Talent above talent. (뛰는 놈 위에 나는 놈 있다)
- Talk of the devil and he will [is sure to] appear. (호랑이도 제 말하면 온다)
- The early bird catches the worm. (부지런한 자가 성공한다)
- The pot calls the kettle black. (뭐 묻은 개가 뭐 묻은 개를 욕한다 = 적반하장도 유분수지)
- There is no royal road to learning. (학문에는 왕도가 없다)
- Time and tide waits for no man. (세월은 아무도 기다려주지 않는다)

- Too many cooks spoil the broth. (사공이 많으면 배가 산으로 간다)
- Too much is as bad as too little. (지나친 것은 부족한 것만큼 나쁘다)
- To teach a fish how to swim. (공자 앞에 문자 쓰기)
- Two heads are better than one. (백지장도 맞들면 낫다)

- United, we stand, divided, we fall. (뭉쳐야 산다)

- Walls have ears. (낮말은 새가 듣고, 밤말은 쥐가 듣는다)
- Waste not, want not. (낭비가 없으면 부족함이 없다)
- Water will wear away a stone. (사소한 것이라도 무시하지 마라)
- Well begun is a half done. (시작이 반이다)
- We judge others by ourselves. (자기 기준으로 사물을 판단한다)
- What is done cannot be undone. (일단 이루어진 것은 되돌릴 수 없다 = 엎질러진 물)
- What is learned in the cradle is carried to the grave. (세 살 버릇 여든까지 간다)
- When in Rome, do as the Romans do. (로마에 가면 로마법을 따르라)
- When the cat is away, the mice will play. (호랑이 없는 골에 토끼가 스승이다)
- When the well is dry, we know the worth of the water. (없어야 소중함을 안다)
- Where there is a will, there is a way. (뜻이 있는 곳에 길이 있다)
- Words and feathers the wind carries away. (발 없는 말이 천리를 간다)

- Years bring wisdom. (연륜이 지혜를 가져온다)
- You're never too old to learn. (배우는 데는 나이가 없다)
- You can lead a horse to water, but you can't make him drink. (자기 뜻대로 억지로 되는 일은 없다)
- You can't teach an old dog new tricks. (나이가 있으면 변화는 불가능하다)
- You could sell him the Brooklyn Bridge. = You've cried wolf too many times. (팥으로 메주를 써도 안 믿는다)
- You cannot eat your cake and have it. = You can't have your cake and eat it too. (꿩 먹고 알 먹을 수는 없다)

d. 지문의 어조나 분위기 파악 능력

지문내용에 대해 전체적인 분위기나 필자의 어조, 감정 또는 심리상태나 태도를 파악하는 독해문항이 있어요. 주로 지문의 문장들 속에서 나타나는 형용사와 부사에 유의하면 글을 읽어야 해요. 글의 전체적인 분위기 파악을 위해서는 글에 묘사되는 정격이나 상황을 머릿속에 상상적으로 그려보면 효과적이죠. 또한 필자의 심리를 나타내는 형용사와 부사 등의 어휘들에 중점을 두면서 읽어 나가야 해요.

① 긍정적인 분위기 태도를 표현하는 어휘들:
satisfied, exciting, fantastic, funny, harmonious, lively, moving, optimistic, peaceful, positive, relieved, sympathetic

② 부정적인 분위기나 태도를 표현한 어휘들:
boring, cold, concerned, confused, disappointed, frightened, gloomy, horrible, impatient, irritated, nervous, pessimistic, sorrowful, tragic

③ 필자의 심경을 표현한 어휘들:
annoyed, apologetic, cheerful, depressed, discouraged, envious, excited, frustrated, scared, worried, regretful

e. 지문의 요지를 파악하는 능력

요지는 지문에서 필자가 나타내고자 하는 주장이나 의견을 한 문장으로 알 수 있는 중심내용이에요. 주제 문장은 암시적인 어구의 형태를 가질 수 있는 반면 요지는 Key Word(핵심어)를 통해서 구체적인 형태로 나타내요. 또는 중심 내용을 담고 있는 주제문을 잘 정리하면 바로 요지가 될 수 있어요. 지문의 내용을 비유적으로 요약한 경구, 속담, 격언 등이 요지가 되기도 해요.

5) 상위인지 독해과정

지문을 읽는 독자 자신의 상위 인지력 즉 지식과 기술을 파악하는 의식적인 통제력을 이용하는 독해능력이에요. 질문에 따라서 지문 내용의 일치여부 즉 일치하는 내용 또는 불일치하는 내용을 파악하는 능력을 뜻해요. 선택지의 내용과의 적합성 여부를 파악해야 하기 때문에 지문 내용의 세부사항까지 체크해야 돼요. 특히 구체적인 정보를 요구할 때는 특정내용과 세부사항을 구분하여 주의를 기울이며 읽어야 해요. 이를테면 선택지에 관련된 지문의 내용들을 주의 깊게 읽으며 시간, 인물, 사건 등의 중요한 사실적인 항목 등을 자세하게 검토해야 돼요. 글의 구성관계 파악하기, 시각화 등의 독해기술 또한 요구되죠.

7. 영어독해문제 평가

학교내신영어, 수능영어, 공무원영어, 그리고 국가공인영어(토익, 텝스, 토플) 등 모든 영어 시험에서 독해문제의 평가는 대학입시 영어수학능력시험의 영어능력의 평가이론과 평가 목표를 공통적으로 기반으로 하고 있어요. 영어독해 시험 문제유형을 이해하기 위해서는 어떠한 기준의 독해력 평가를 바탕으로 하는 가를 이해하면 독해력 학습법에 매우 유익할 수 있어요.

1) 영어독해력 평가이론

독해문제 유형들을 파악하기 위해서는 독해시험의 평가에 바탕이 되는 평가이론의 내용들을 이해할 필요가 있어요. 입시영어의 읽기능력 평가이론은 독해 평가이론과 쓰기 평가이론으로 나누어져요. 독해 평가이론의 내용들은 글의 요지 또는 주제 등의 추론적 이해, 문단이나 글의 세부내용 이해, 글의 특성과 의도, 목적 등의 비판적 이해, 주제에 관한 논리적 설명이나 묘사 등이 있어요.

쓰기 평가이론의 내용들은 문법성 판단(평행구조, 시제일치, 수의일치, 능동과 수동, 동사의 종류), 문장순서(사건의 순차적 묘사, 인과 관계의 관련성을 규명하는 전개 방식, 분석에 중점을 둔 어떤 사실이나 개념 규칙화), 문맥과 무관한 문장 찾기, 제시한 문장을 적당한 곳에 넣기(시간적 순서, 논리적 순서), 요약문 완성 등이 있어요.

2) 영어 시험 평가

영어 시험문제 지문내용에 대한 폭 넓고 다양한 이해력을 요구하는 독해능력의 비중이 증가되었어요.

영어 시험능력 평가 목표는 다음과 같아요.

A. 기초언어능력: 초보적인 독해능력 평가

A-1. 어휘력(숙어 포함)
A-2. 문장 구조
A-3. 담화 구조
A-4. 사회언어학적 지식(적절성에 관한 규칙 등)

B. 언어 사용기술: 독해요령 능력 평가

B-1. 사실적 이해
B-2. 추론적 이해
B-3. 종합적 이해: 판단과 감상

C. 수능영어문제 유형들

C-1. 주제 찾기
C-2. 요지파악하기
C-3. 제목 찾기
C-4. 연결사 넣기
C-5. 빈칸 추론
C-6. 문단 요약
C-7. 글의 연결순서
C-8. 흐름과 관계없는 문장 찾기
C-9. 지칭추론
C-10. 의미 추론
C-11. 내용추론
C-12. 앞뒤 내용추론
C-13. 글의 성격 및 어조
C-14. 심경 및 태도
C-15. 실용문
C-16. 문법성 판단

3) 영어독해력의 평가영역

영어 시험에서의 독해력은 다양한 지문의 글을 읽고 이해, 추론, 판단, 감상할 수 있는 능력을 의미해요. 영어독해력의 평가영역에는 어휘력과 문법성 판단력 평가영역과 독해력 평가영역으로 구성돼요.

영어 시험에서 어휘력과 문법성 판단력 평가는 독립적으로 출제되지 않고 독해 영역 내에서 지문과 함께 출제되기 때문에 영어독해력 평가영역에 포함돼요.

<영어독해 평가영역별 영어문제유형들>

영어독해 평가영역	영어문제 유형
* 어휘력과 문법성 판단력	연결사 넣기
	어법상 어색한 표현 고르기
	단락 속에 문장 넣기
	지문의 내용과 무관한 문장 고르기
	글의 순서 배열하기
	문맥에 맞는 어휘 찾기
* 사실적 이해: 지문의 내용을 있는 그대로 이해하는 능력	지문과 일치하는 내용 찾기
	특정한 정보 찾기
	문맥 내의 지시 대상 찾기
	주제나 제목 찾기
	요지가 되는 문장 찾기
* 추론적 이해: 주어진 정보를 활용하여 직접적으로 언급하지 않는 정보의 논리적 추론능력	지칭의 추론
	문맥의 전후 관계 추론
	주제나 요지 추론
	문구 완성을 위한 내용 추론
	함축/중의 추론
* 종합적 이해: 제시된 예들을 전체적으로 이해하는 능력	글을 쓴 목적 판단
	글의 종류, 원전 파악
	글의 어조나 분위기 판단
	필자의 성격 판단
	필자의 심경 판단

8. 영어독해문제 유형별 분석과 풀이 기법

1) 영어 시험종류에 따른 공통문제와 다른 문제 유형들

아래의 표에서 알 수 있듯이 수능영어, 공무원영어, 국가공인영어 등의 모든 영어 시험의 공통적인 문제 유형들은 어휘, 어법, 글의 제목, 목적, 주제, 주장, 요지 찾기/ 내용 일치 및 불일치/ 주어진 또는 적절한 문장의 위치(삽입)/ 내용 추론 / 무관한 문장(삭제)/ 빈칸 완성(단어, 구, 절) 등 8가지에 이르죠. 그리고 수능영어와 공무원영어는 글의 순서(배열), 연결사, 요약문 완성, 지칭추론, 분위기, 어조 및 필자의 심경 등 5종류의 공통된 문제유형들을 가지고 있어요.

<영어 시험의 공통적인 문제유형들>

입시(수능) 영어	공무원(경찰, 소방, 행정) 영어	토익	텝스
공통된 문제유형들			
어휘			
어법			
글의 주제, 주장, 요지, 제목, 목적 찾기			
내용 일치/불일치			
주어진 또는 적절한 문장의 위치(삽입)			
무관한(어색한) 문장(삭제)			
내용 추론			
빈칸 완성(단어, 구, 절)			

<영어 시험종류에 따른 다른 문제 유형들>

각 시험별 다른 문제유형들
앞뒤 내용 추론 (수능영어)
장문 독해(수능영어)
도표나 그래프 분석 (수능영어)
육하원칙 문제(토익)
참/거짓 문제 (토익)

수능영어와 공무원 영어의 공통된 문제유형들
어휘
어법
글의 주제, 주장, 요지, 제목, 목적 찾기
내용 일치/불일치
주어진 또는 적절한 문장의 위치(삽입)
무관한 문장(삭제)
빈칸 완성(단어, 구, 절)
글의 순서(배열)
연결사
요약문 완성
내용 추론
지칭 추론
분위기, 어조 및 필자의 심경

2) 독해문제 유형별 분석과 풀이기법

현장에서의 영어지도는 학생들의 실질적인 영어성적 향상을 위해 시험문제유형별로 적절한 답을 고르기 위한 문제 풀이기법에 거의 치중하고 있어요. 이와 더불어 영어문제별 출제 의도나 학습방향에 대해 알 수 있으면 더 효율적이고 효과적인 영어 시험을 위한 학습법이 될 수 있다는 것이 필자의 주장이에요. 이런 취지에서 다음과 같이 독해문제 유형별로 출제의도와 학습법, 그리고 문제를 푸는 기법들에 대해 자세히 설명하는 방식으로 다음과 같이 문제유형별로 분석해 보았어요.

a. 어휘문제 유형

(1) 출제 의도

주어진 문장 속에 단어의 영영풀이식의 사전적 의미 또는 문맥적 의미를 파악하는 능력을 묻는 문제예요. 어휘력 평가는 2가지의 기준으로 평가해요. 첫째는 단어가 전달하는 정확한 사전적 의미를 알고 있는 지를 적절한 동의어나 반의어의 판단력을 통해 평가해요. 둘째는 한 단어의 문장 속에서 올바른 문맥적 의미가 무엇인지를 파악하는 능력이에요. 이는 여러 뜻을 지닌 다의어가 그 문장에서는 어떠한 뜻을 내포하는지를 판단하는 능력을 평가해요.

(2) 효율적인 학습법

기본적으로 어휘력을 향상시켜야 해요. 가능한 많은 단어들의 대표적인 뜻을 지닌 사전적 의미를 암기해야 돼요. 접두어나 접미어, 동의어나 반의어 등을 함께 정리해서 외우는 것이 좋아요. 또한 단어의 문맥적 의미들에 대한 공부도 병행해야 해요. 단어의 문맥적 의미는 단어장 보다는 가능한 한 많은 지문을 읽으면서 문장 속에서 그 단어의 의미를 유추해 나가는 공부법이 필요해요.

(3) 문제풀이 기법

글 전체의 내용보다는 물어보는 어휘가 있는 문장 내에서 주어진 단어의 사전적 의미를 파악해야 돼요. 또는 그 문장의 앞과 뒤의 문장에 있는 특징 있는 단어들의 유추를 통해 그 단어의 적절한 문맥적 의미를 지닌 단어를 선택지에서 찾아야 해요. 기출 문제들을 많이 풀어보는 것이 제일 효율적인 방법이에요. 왜냐하면 문제에 나오는 어휘들이 기출 문제에서 응용되어 나오는 경우가 많기 때문이죠.

예시 1) 빈칸에 들어갈 단어로 가장 적절한 것은?

The overweight girl eats ________ while she is around her friends but then devour huge portions when she is alone. Few young people are completely free of food-related pressures from peers, whether or not, these pressures are imposed intentionally.

① vulnerably ② greedily ③ moderately ④ spontaneously

예시 1 해설) 빈칸에 들어갈 단어로 가장 적절한 것은?

The overweight girl eats ________ while she is around her friends but then devour huge
과체중의 10대 게걸스럽게 먹다 많은 부분들
portions when she is alone. Few young people are completely free of food-related pressures
극히 소수의 젊은이들만이 완전히 벗어난 음식 관련된 압박들
from peers, whether or not, these pressures are imposed intentionally.
또래들 -이든 아니든 이런 압박들 부과되다 의도적으로

① vulnerably = 취약하게 ② greedily = 욕심 많게
③ moderately = 알맞게, 절제하여 ④ spontaneously = 자발적으로

예시 2) 다음 글의 밑줄 친 부분들 중에서 문맥상 낱말의 쓰임이 적절하지 않은 것은?

Honesty is a fundamental part of strong relationship in our social life. You can use honesty to your advantage by being open with what you feel and giving a ① truthful opinion when asked. This approach can help you escape uncomfortable social situations and make friends with honest people. Follow this simple policy in life — never lie. When you ② develop a reputation for always telling the truth, you will enjoy strong relationships based on trust. It will also be more difficult to manipulate you. Those who lie get into trouble when someone threatens to ③ uncover their lie. Living true to yourself enables you ④ to avoid a lot of headaches. Your relationships will also be free from the poison of lies and secrets. Don't be afraid to be honest with your friends, however painful the truth is. In the long term, lies with good intentions ⑤ comfort people much more than telling the truth.

* manipulate: (사람을) 조종하다

예시 2 해설) 다음 글의 밑줄 친 부분들 중에서 문맥상 낱말의 쓰임이 적절하지 않은 것은?

Honesty is a fundamental part of every strong relationship. You can use honesty to your
정직 근본적인 관계
advantage by being open with what you feel and giving a ① truthful opinion when asked. This
이점 진실한(정직한) 의견
approach can help you escape uncomfortable social situations and make friends with honest
접근법 피하다 불편한 사회적 상황들
people. Follow this simple policy in life — never lie. When you ② develop a reputation for
정책 결코 거짓말 말라 쌓다 평판
always telling the truth, you will enjoy strong relationships based on trust. It will also be more
관계들
difficult to manipulate you. People who lie get into trouble when someone threatens ③ uncover
(누군가가)조종하다 너를 처하게 된다 어려움 위협하다 폭로하다
lot of to their lie. By living true to yourself, you'll ④ avoid a headaches. Your relationships
피하다 골칫거리들
will also be free from the poison of lies and secrets. Don't be afraid to be honest with your
악독 거짓말들 기밀들
friends, however painful the truth is. In the long term, lies with good intentions ⑤ comfort
아무리 고통스러울지라도 장기적으로 거짓말들 좋은 의도들 위안을 주다
people much more than telling the truth.
-> 상처를 주다(hurt)

* manipulate: (사람을) 조종하다

예시 3) 밑줄 친 부분의 의미로 가장 적절한 것을 고르시오.

Medical doctors have long <u>championed</u> the view that cholesterol is a dangerous substance.

① defeated ② tolerated ③ supported ④ overcame

예시 3 해설) 밑줄 친 부분의 의미로 가장 적절한 것을 고르시오.

Medical doctors have long **<u>championed</u>** the view that cholesterol is a dangerous substance.
오랫동안 옹호하다 **관점** **물질**

① defeated: 정복하다, 패배시키다 ② tolerated: 허용하다

<u>③ supported: 옹호하다</u> ④ overcame: 극복하다

*** champion의 다양한 의미**

1. 명사: 전사, 투사, (주의, 주장등을 위해 싸우는)투사, 옹호자, 선수권 보유자(경기의), 챔피언, 우승자, (품평회의)최우수품, 뛰어난 사람(동물)
2. 형용사 & 부사: 우승한, 일류의, 뛰어난, 더없이, 훌륭하게, 뛰어나게
3. 동사: 투사(옹호자)로서 활동하다, (주의, 권리 등을) 옹호하다

b. 어법문제 유형

(1) 출제 의도

지문을 구성하는 각각의 문장에서 단어, 구, 절 등이 어법과 논리에 맞게 문법적으로 정확하게 쓰이고 있는지를 올바르게 판단하는 능력을 평가해요.

(2) 효율적인 학습법

반복적으로 출제되는 문법 부분들(예를 들어 시제의 일치, 조동사 과거형, 현재분사와 과거분사의 구분, 가정법 등) 예문 중심으로 익혀두어야 해요. 처음에는 단원별로 문제들을 풀어봐야 해요. 그 후에 종합적으로 되어 있는 기출 문제들을 풀면서 틀린 부분의 오답리스트를 만들면서 반복적으로 유사한 문제들을 풀어 볼 필요가 있어요.

(3) 문제풀이 기법

지문 전체의 내용을 이해하기보다는 주어진 문법문항이 속해있는 문장의 문법적인 요소들을 세심하게 파악하는 방법을 취해야 해요. 동사 관련문법조항들(시제, 부정사, 동명사, 분사, 조동사, 수동태, 가정법, 도치, 병렬)을 우선적으로 파악해야 돼요. 그 다음에 관계사(관계대명사, 관계부사), 접속사, 형용사, 부사 순으로 잘못된 어법의 사용 부분을 체크해 나가야 해요.

예시 1) 다음 글의 (A), (B), (C)의 두 단어 중에서 어법에 맞는 것을 고르시오.

It was an German named Markus Matthias Sebastian who took the underwater photographs for the first time. In 1859, he waterproofed a simple box camera, attached it to a pole, and (A) (lowered / lowering) it beneath the waves off the coast of eastern Germany. During the 15minute exposure, the camera slowly flooded with seawater, but the picture survived. Underwater photography was born. Near the surface, (B) (where / which) the water is clear and there is enough light, it is quite possible for an amateur photographer to take great shots with a cheap underwater camera. At greater depths — it is dark and cold there — photography is the principal way of exploring a mysterious deepsea world, 90 percent of which has never (C) (seen / been seen) before.

* exposure: 노출

	(A)		(B)		(C)
①	lowered	…	where	…	seen
②	lowered	…	where	…	been seen
③	lowered	…	which	…	seen
④	lowering	…	where	…	seen
⑤	lowering	…	which	…	been seen

예시 1해설) 다음 글의 (A), (B), (C)의 두 단어 중에서 어법에 맞는 것을 고르시오.

It was an German named Markus Matthias Sebastian who took the underwater photographs
촬영했다 수중 사진들
for the first time. In 1859, he waterproofed a simple box camera, attached it to a pole, and
방수 처리했다 부착했다 막대기
(A) (**lowered** / lowering) it beneath the waves off the coast of southern England. During the
내려보냈다 밑으로 파도들 벗어난 해안
10minute exposure, the camera slowly flooded with seawater, but the picture survived.
노출 범람되다
Underwater photography was born. Near the surface (B) (**where** / which) the water is clear
수중 사진 처음 생겨났다 수면 그곳에서
and there is enough light, it is quite possible for an amateur photographer to take great shots
저렴한 수중
dark and cold there — photography is the principal way of exploring a mysterious deepsea
아주 깊은 바다 속에서 주요한 방법 탐험하는
world, 95 percent of which has never (C) (seen / **been seen**) before.
그 곳의 95%는 보여지는

* exposure: 노출

	(A)		(B)		(C)
①	lowered	…	where	…	seen
②	**lowered**	**…**	**where**	**…**	**been seen**
③	lowered	…	which	…	seen
④	lowering	…	where	…	seen
⑤	lowering	…	which	…	been seen

예시 2) 다음 밑줄 친 부분 중에서 문법적으로 틀린 것은?

(1) Alike other energy's (2) forms, natural gas (3) may be used to heat homes, cook food, and even (4) run automobiles.

예시 2 해설) 다음 밑줄 친 부분 중에서 문법적으로 틀린 것은?

(1) Alike other energy's (2) forms, natural gas (3) may be used (사용되어 질 수 있다) to heat homes, cook food, and even (4) run (운행하다) automobiles.

*** alike는 형용사로서 주어에 대한 보어로 사용되는 서술적 용법에만 가능**

We are alike. = 우리는 닮았다.

We are like them. = 우리는 그들과 비슷하다.

c. 글의 주제, 주장, 요지, 제목, 목적 찾기 유형

(1) 출제 의도

지문전체의 내용을 이해한 후 주제나 주장(중심 사상), 제목(중심내용을 하나로 표현으로 제시한 것), 요지(주장하고자 하는 핵심 개념), 목적(글을 쓴 목적)을 올바르게 추론 또는 판단 능력을 평가해요.

(2) 효율적인 학습법

① 지문의 핵심 소재를 통해 글 전체에 일관되게 나타나는 중심내용들(주제 또는 주장)이나 지문전체의 내용을 대표하는 자주 반복되는 단어나 어구가 핵심단어나 핵심어구들을 찾는 것이 매우 중요해요.

② 이러한 핵심어구들은 지문의 요지나 제목을 함축적으로 표현하고 있어요. 따라서 제목은 지문의 주제와 요지를 함축하는 포괄적인 내용을 담고 있어요.

③ 지문이 어떠한 종류의 글(설명문, 논설문, 안내문, 광고문, 연설문)인지를 알려줘요.

④ 어떠한 의도나 목적(주장, 불평, 비판, 지시, 격려, 감사, 초대 등)으로 쓰였고 무엇을 주장하려고 하는지가 핵심어구들을 통해서 파악이 가능해요.

⑤ 모든 영어지문은 주제문장과 이를 뒷받침하는 보조문장들로 구성되어 있어요. 모든 보조문장들은 관련된 하나의 주제문장의 내용이 왜(why) 또는 어떻게(how) 되는지에 대해서 언급하고 있어요.

⑥ 이러한 중심내용과 보조내용들의 구별하여 문장 간의 관련성을 파악하는 학습법을 익혀야 해요. 왜냐하면 주제문장을 찾으면 핵심단어나 핵심어구들과 관련하여 지문의 제목이나 요지 파악이 가능하기 때문이죠.

⑦ 주제문장은 필자의 주장이나 글을 쓴 목적이나 의도의 내용도 담고 있기 때문이에요. 그런데 가끔은 주제문장이 지문 안에 없고 선택지나 주어진 요약문장으로 표현되는 경우도 있음을 유의해야 해요.

(3) 문제풀이 기법

① 지문의 첫 문장과 마지막 문장을 특히 자세히 읽기

② 글의 중심 소재 또는 핵심어(공통적인 개념) 찾기

③ 핵심어는 동의어와 유사어로 반복 사용되거나 비유적이고 상징적인 표현으로 나타냄에 유의

④ 글의 중심내용문장(주제문장)을 찾기. (두괄식: 전반부에 나타남. 미괄식: 후반부에 나타남)

⑤ 일반적으로 첫 문장(도입부분)에서 글의 내용이나 전개 방향 예상 가능해요. 하지만 도입 뒤의 반전을 통해 주제문이 지문의 중간이나 뒤에 있음에 유의.

⑥ 중심내용 문장(주제문장)을 뒷받침 하는 보조문장을 시작할 때 일반적으로 쓰는 표현 어구는 예시(for example, for instance, such as), 나열 또는 추가(first, second, moreover, besides, in addition) 등이 있음.

⑦ 무관한 문장 고르기, 주어진 문장의 위치 찾기 등의 많은 유형.

⑧ 선택지의 내용 중에서 다음은 답이 아님을 유의.

- 지문에 나오지 않는 단어(단어의 유사어는 괜찮다)가 나오는 경우
- 핵심어에서 완전히 벗어난 경우
- 지문의 내용을 간접적으로 관련내용으로 추측성 설명한 경우

예시 1) 다음 글의 주제로 알맞은 것은?

John Matthew as a Storyteller suggests that it is the story in history that provides the nail to hang facts on. Students remember historical facts when they are related to a story. According to a report, a high school in Jacksonville, Florida, is currently experimenting with a study of presentation of historical material. Storytellers present material in dramatic context to the students, and group discussion follows. Students are encouraged to read further. In contrast, another group of students is involved in traditional research/report techniques. The study indicates that the material presented by the storytellers has much more interest and personal influence than that gained via the traditional method.

① why students should learn history

② essential elements of historical dramas

③ advantages of traditional teaching methods

④ benefits of storytelling in teaching history

⑤ importance of having balanced views on history

예시 1 해설) 다음 글의 주제로 알맞은 것은?

John Matthew as a Storyteller suggests that it is the story in history that provides the nail
암시하다 이야기 역사 속의 제공하다 못
to hang facts. Students remember historical facts when they are related to a story. According
사실들을 걸기 위해 관련되어 있다
to a report, a high school in Jacksonville, Florida, is currently experimenting with a study of
최근에 실험하다 연구
presentation of historical material Storytellers present material in dramatic context to the
제시 역사적 자료 나타내다 재료(소재) 극적인 맥락
students, and group discussion follows. Students are encouraged to read further. On the
장려되다 반대로
contrary, another group of students is involved in traditional research/report techniques.
포함되다 전통적인 연구/ 기록 기법들

*** 주제문장 → <u>The study indicates that the material presented by the storytellers has</u>**
지적하다 자료 나타내어진
<u>much more interest and personal influence than that gained via the traditional method.</u>
훨씬 더 흥미 개인적인 영향 얻었다 통해서 전통적인 방법

① the reason why students should learn history(학생들이 역사를 배워야 하는 이유) → 언급이 없다

② essential elements of historical dramas(사극의 필수 요소) → 사극이란 단어가 없다

③ advantages of traditional teaching methods(전통적인 교수법의 장점) → 전통적인 연구는 있어도 전통적인 교수법에 관한 단어가 없다

<u>④ benefits of storytelling in teaching history(역사를 가르칠 때 스토리텔링의 이점)</u>

*** 위 지문의 핵심어구(key words)인 storyteller와 the study in history 주제문장에서 답안 유추 가능**

⑤ importance of having balanced views on history(역사에 대한 균형 잡힌 시각을 가지는 것의 중요성) → 역사에 대한 균형 잡힌 시각에 관한 언급이 없다

예시 2) 다음 글의 요지로 가장 적절한 것은?

Health Experts tend to give people a piece of advice to "take the stairs instead of the elevator" or "walk or bike to work." These can be good strategies. For example, climbing stairs provides a good workout, and people walking or riding a bicycle for transportation most often meet their needs for physical activity. But, many people face barriers in their environment that prevent such choices. Not many people would choose to walk or bike on roadways which lack safe sidewalks or marked bicycle lanes, where vehicles speed by, or where the air is polluted. Few people would choose to walk up stairs in inconvenient and unsafe stairwells in modern buildings. In contrast, people, who live in neighborhoods with safe biking and walking lanes, public parks, and freely available exercise facilities, use them often — their surroundings and circumstances encourage physical activity.

* stairwell: 계단을 포함한 건물의 수직 공간

① 자연환경을 훼손시키면서까지 운동 시설을 만들어서는 안 된다.
② 일상에서의 운동 가능 여부는 주변 여건의 영향을 받는다.
③ 운동을 위한 시간과 공간을 따로 정해 놓을 필요가 있다.
④ 자신의 건강 상태를 고려하여 운동량을 계획해야 한다.
⑤ 짧더라도 규칙적으로 운동하는 것이 건강에 좋다.

예시 2 풀이) 다음 글의 요지로 가장 적절한 것은?

Health Experts tend to give people a piece of advice to "take the stairs instead of the
건강 전문가들 경향이 있다 한 마디의 충고 사용하라 계단을 대신에

elevator" or "walk or bike to work." These are good strategies: climbing stairs provides a good
걷거나 자전거를 타라 일하기 위해 전략들 운동

workout, and people who walk or ride a bicycle for transportation most often meet their needs
교통수단 충족시키다 필요성

for physical activity. However, Many people face barriers in their environment that prevent
육체적 활동 직면하다 장벽들 환경 방해하다

such choices. Few people would choose to walk or bike on roadways that lack safe sidewalks
그러한 선택들 부족하다 안전한 인도들

or marked bicycle lanes, where vehicles speed by, or where the air is polluted. Few would
표시된 자전거 차선들 차량들 과속으로 지나가다 오염되다

choose to walk up stairs in inconvenient and unsafe stairwells inin modern buildings. In
불편한 불안전한 계단들 현대식 건물들

contrast, *** 주제문장** → <u>people living in neighborhoods with safe biking and walking lanes,</u>
대조적으로

<u>public parks, and freely available exercise facilities use them often — their surroundings</u>
자유롭게 이용할 수 있는 운동시설들

<u>and circumstances encourage physical activity.</u>
상황들 장려한다

* stairwell: 계단을 포함한 건물의 수직 공간

① 자연환경을 훼손시키는 운동 시설들을 만들면 안 된다. → 언급이 없다

<u>② 일상에서의 운동 가능 여부는 주변 여건의 영향을 받는다</u>.

*** their surroundings, circumstances freely available exercise facilities 등이 핵심어구들이다.**

③ 운동 시간과 운동할 수 있는 공간을 따로 정해 놓을 필요가 있다. → 언급이 없다

④ 자신의 건강 상태를 고려하여 운동량을 계획해야 한다. → 언급이 없다

⑤ 짧지만 규칙적인 운동이 건강에 좋다. → 언급이 없다

예시 3) 다음 글에서 필자의 주장으로 가장 적절한 것은?

Growing as a person may take you to new places and make you face new challenges. Although these can be stressful, feeling stress is a natural and necessary part of recognizing a weakness and trying out a new behaviour. It is often comfortable and easy to stay the way we are. Giving up old comforts and breaking bad habits are very hard. It is small wonder, then, that people do not like changing. However, it needs to be remembered that efforts to change lead often to important improvement and growth in our lives.

① 주어진 여건에 만족하라
② 자신의 장점을 인식하라
③ 부단히 변화를 시도하라
④ 신체의 건강을 유지하라

예시 3 해설) 다음 글에서 필자의 주장으로 가장 적절한 것은?

Growing as a person may take you to new places/and make you face new challenges.
직면하다 새로운 도전들(어려움들)
Although these can be stressful, feeling stress (is) a natural and necessary part of recognizing
당연하고 필수적인 인정(인식)하는
a weakness and trying out a new behaviour. It is often comfortable and easy to stay the
약점 시도해보다 행위
way we are. Giving up old comforts and breaking bad habits is very hard. It is small wonder,
포기하는 것 오래된 편안함 버리는 것 습관들 어려운 당연하다
then, that people do not like changing. However, it needs to be remembered that efforts to
변화 노력들
change lead frequently to important improvement and growth in our lives.
변화하려는 이끈다 자주 향상 성장

*** 변화의 노력이 우리 삶의 중요한 성장과 발전을 이끌 수 있다며 끊임없는 변화의 중요성 강조 내용**
*** Key word: efforts to change, improvement and growth in our lives**

① 주어진 여건에 만족하라 ② 자신의 장점을 인식하라
③ 부단히 변화를 시도하라 ④ 신체의 건강을 유지하라

예시 4) 다음 글의 제목으로 가장 적절한 것은?

In the territory of West Germany over 2 million dwellings were destroyed 18% of the pre-war stock after the Second World War. Besides, it is estimated that two to three million dwellings were damaged. In many cities the figures were even higher, such as in Detroit, where out of 600,000 dwelling more than 280,000 were destroyed and further 70,000 damaged. As a result, a large percentage of the population lived in poor housing conditions, often barracks at the periphery of the city. The enormous housing shortage was aggravated by the influx of more than 7 million refugees, residents of the northern parts of the former Reich. Thus, West Germany as well as East Germany was confronted with a tremendous housing shortage and new construction became one of the major tasks of the country. The main instrument to cope with this shortage was a program of social housing which started in the late 1950s.

① The Terror of the Second World War ② The Poverty of East Germany
③ Old Houses's Damage ④ The Crisis of Affordable Housing

예시 4 해설) 다음 글의 제목으로 가장 적절한 것은?

In the territory of West Germany over 2 million dwellings were destroyed 18% of the pre-war
영토 주거지들 파괴되다 전쟁이전의
stock after the Second World War. Besides it is estimated that two to three million dwellings
가구수 게다가 추정되다 주택수
were damaged. In many cities the figures (were) even higher, such as in Hamburg, where out
피해를 입었다 수치들 이를테면
of 600,000 dwelling more than 280,000 were destroyed and further 70,000 damaged. As
a result, a large percentage of the population lived in poor housing conditions, often barracks
결과들로서 열악한 주택 조건들(상황들) 막사, 병영
at the periphery of the city. The enormous housing shortage was aggravated by the influx of
주위(*suberb = 교외지역) 막대한 주택 부족 악화되다 유입
more than 7 million refugees, residents of the eastern parts of the former Reich. Thus, West
난민들 주민들
Germany as well as East Germany was confronted with a tremendous housing shortage and
직면하다 엄청난 주택 부족
new construction became one of the major tasks of the country. The main instrument to cope
주요 업무들 주요 수단 대처하다
with this shortage was a program of social housing which started in the late 1940s.
사회 주택

→ 위 글은 2차 세계대전 이후의 서독의 극심한 주택문제와 이에 대한 해결책의 설명이다.
*** Key words: Dwellings, Housing, Shortage**

① The Terror of the Second World War → 제 2차 세계전쟁의 테러에 대한 언급이 없다

② The Poverty of East Germany → 동독의 간난에 대한 언급이 없다

③ Old Houses's Damage → 오래된 주택들의 손상은 제목으로는 너무 지엽적이다.

<u>④ The Crisis of Affordable Housing</u>
위기 사용가능한 주택

예시 5) 다음 글의 목적으로 가장 적절한 것은?

The formality of eating at a restaurant belonging to a fast-food chain depends on the fierce regularity of its product, its simple but carefully observed rituals, and its environment. Supplying a hamburger that adheres to perfect standards of shape, weight, temperature, and consistency, together with selections from a pre-set list of trimmings, to a customer with fiendishly precise expectations is an enormously complex feat. The technology involved in performing it has been learned through the expenditure of huge sums on research, and after decades of experience-not to mention the vast political and economic ramifications involved in maintaining the supplies of cheap beef and cheap buns. But these costs and complexities are, with tremendous care, hidden from view. We know of course that, say, a Big Mac is a cultural construct: the careful control expended upon it is one of the things we are buying. But McDonald's manages-it must do so if it is to succeed in being ordinary-to provide a "casual" eating experience. Convenient, innocent simplicity is what the technology, the ruthless politics, and the elaborate organization serve to the customer.

① to criticize the cunning strategies fast food chains use

② to inform what fast food chains do to meet customers' expectation

③ to inform us of a variety of fast food restaurants

④ to persuade readers not to be addicted to the fast food

예시 5 해설) 다음 글의 목적으로 가장 적절한 것은?

The formality of eating at a restaurant belonging to a fast-food chain depends on the fierce
격식 -에 속해 있는 엄격한

regularity of its product, its simple but carefully observed rituals, and its environment. Supplying
규칙성 지켜지는 절차들

a hamburger that adheres to perfect standards of shape, weight, temperature, and consistency,
고수하다 완전한 표준(기준)들 일관성

together with selections from a pre-set list of trimmings, to a customer with fiendishly precise
선택들 미리 정해진 곁들어진 음식 지독하게 정확한

expectations is an enormously complex feat. The technology involved in performing it has
기대감들 엄청나게 복잡한 일 관련된

been learned through the expenditure of huge sums on research, and after decades of
지출(비용) 큰 합계 수십년

experience-not to mention the vast political and economic ramifications involved in maintaining
게다가 막대한 결과(영향)들 유지하는

the supplies of cheap beef and cheap buns. But these costs and complexities are, with
복잡성들

tremendous care, hidden from view. We know of course that, say, a Big Mac is a cultural
엄청난 주의 숨겨진 시야

construct: the careful control expended upon it is one of the things we are buying. But
구성체 신중한 관리 투입되는

McDonald's manages-it must do so if it is to succeed in being ordinary-to provide a "casual"
정상적인(일반적인) 편하게

eating experience. Convenient, innocent simplicity is what the technology, the ruthless politics,
편리한 솔직한 단순성 냉혹한 정치력

and the elaborate organization serve to the customer.
정교한 조직

*** 패스트푸드 음식점들이 고객의 기대에 부응하기 위해서 매우 복잡하고 힘든 일을 한다는 것을 주장.**

*** Key words: the fierce regularity, precise expectations, innocent simplicity**

① to criticize the (cunning strategies)(언급이 없다) fast food chains use
비판하다 교활한 전략들

<u>② to inform what fast food chains do to meet customers' expectation</u>
충족시키다 기대감

③ to inform us of a variety of fast food restaurants(언급이 없다)

④ to persuade readers(설득한다는 언급이 없다) not to be addicted to the fast food

d. 내용 일치/불일치 유형

(1) 출제 의도

지문내의 세부적인 내용과 선택지의 내용의 일치여부를 묻는 문제로 지문에 제시된 정보들을 정확하게 파악하는 능력을 평가해요.

(2) 효율적인 학습법

① 지문 전체내용을 이해하기 보다는 선택지 내용들과 관련한 여러 가지 세부적인 내용들을 올바르게 이해하는 학습법이 필요해요.

② 특히 외모, 직업, 성격 등을 표현한 인물묘사나 나이, 연도, 기간 등과 같은 수치적인 표현들, 그리고 always, often, hardly, seldom, never 등의 빈도 부사 및 not -necessarily, always, not -at all 등의 부분부정문과 전체부정문 등을 유의해서 읽어야 해요.

③ 선택지에 주어진 내용들은 반드시 지문에 언급된 사실적 내용을 근거로 해야 돼요. 선택지 예문의 순서가 지문의 관련된 내용들의 전개 순서가 일치되는 경우가 많기 때문에 선택지 내용을 먼저 읽는 것이 중요해요.

(3) 문제풀이 기법

① 문제를 끝까지 읽어 일치와 불일치 여부에 대해서 헷갈리지 않기: 불일치라는 글자 위에 X를 치기.

② 선택지부터 먼저 읽고 지문내용 파악하기

③ 지문내용에 언급된 사실에 집중. 배경지식이나 사실내용의 유추나 비역에 의한 주관적인 해석은 절대 배제

④ 지문 다 읽기 전에 일치 또는 불일치 찾았으면 나머지 부분 읽을 필요 없음

⑤ 유의해야 할 표현들

- 부정 표현: barely, rarely, seldom, hardly, scarcely, little, never, no longer, too-to 동사원형 등
- 상관접속사 표현: Not only A but (also) B, either A or B, neither A nor B, not A but B

예시 1) 다음 글의 Sophia Kelly에 관한 내용들 중에서 일치하지 않는 것은?

Sophia Kelly was named the first black woman astronaut in 1990. On November 15, 1993, she boarded the space shuttle Endeavor as a science mission specialist on the historic tenday flight. Kelly left the National Aeronautic and Space Administration(NASA) in 1995. She was a professor of Environmental Studies at Dartmouth College from 1996 to 2003. Kelly was born in Decatur, Alabama, and moved to New York with her family when she was five years old. She graduated from Colombia University in 1978 with a degree in chemical engineering and AfroAmerican studies. Kelly received her medical degree from Cornell Medical School in 1983.

① 1993년에 우주 왕복선에 탑승했다.
② 1995년에 NASA를 떠났다.
③ Dartmouth 대학의 환경학과 교수였다.
④ 다섯 살 때 가족과 함께 New York으로 이주했다.
⑤ Stanford 대학에서 의학 학위를 받았다.

예시 1 해설) 다음 글의 Sophia Kelly에 관한 내용들 중에서 일치하지 않는 것은?

Sophia Kelly was named the first black woman astronaut in 1990. On November 15, **1993**,
임명되었다 우주비행사
she **boarded the space shuttle Endeavor** as a science mission specialist on the historic ten
탑승했다 ① 임무 전문가 역사적인
day flight. Kelly **left the National Aeronautic and Space Administration(NASA) in 1993**. She
열흘간의 비행 떠났다 ②
was **a professor of Environmental Studies at Dartmouth College** from 1996 to 2003. Kelly
③
was born in Decatur, Alabama, and Moved to **New York with her family when she was five**
④
years old. She graduated from Colombia University in 1978 with a degree in chemical
학위 화학
engineering and AfroAmerican studies. Kelly received her **medical degree from from**
공학 의학 학위 ⑤
Cornell Medical School in 1983.

① 1993년에 우주 왕복선에 탑승했다.

② 1995년에 NASA를 떠났다.

③ Dartmouth 대학의 환경학과 교수였다.

④ 다섯 살 때 가족과 함께 New York으로 이주했다.

⑤ Stanford 대학에서 의학 학위를 받았다. → Cornell Medical School에서 의학 학위를 받음

예시 2) 다음 글의 내용과 일치하는 것을 고르시오.

Mankind has been producing wealth for several centuries. In spite of all the poverty on the face of the planet, the long-term reality is that we, as a species, have been getting better at it. If we hadn't, the planet would not now be able to support nearly 7 billion population. We wouldn't live as long as we do. For better or worse, we shouldn't have more overweight people than undernourished people on earth -as we do. We have accomplished all this, if we want to call it an achievement, by doing more than inventing plows, chariots, steam engines and Big Macs. We did it by collectively inventing a succession of what we have been calling wealth systems. In fact, these are among the most important inventions in our history.

① We consider Morality more important than wealth.

② We should be in good shape in the modern society to be healthy.

③ Despite our continuous efforts, we hardly solve the issue of the poverty.

④ We can manage to support our population on earth by way of wealth systems.

예시 2 해설) 다음 글의 내용과 일치하는 것을 고르시오.

Mankind has been producing wealth for several centuries. In spite of all the poverty on the
부 수천 년 동안 불구하고 빈곤

face of the planet, the long-term reality is that we, as a species, have been getting better at
직면하여 장기적인 현실 종(개체)으로써 더 능숙해지다

it. If we hadn't, the planet would not now be able to support nearly 7 billion population. We
우리가 능숙하지 않았다면 70억 인구 우리가

wouldn't live as long as we do. For better or worse, we shouldn't have more overweight people
지금 사는 만큼 좋든 싫든 과체중인

than undernourished people on earth -as we do. We've accomplished all this, if we want to
영양상태가 부족한

call it an achievement, by doing more than inventing plows, chariots, steam engines and Big
업적 더 이상의 발명하는 쟁기, 마차 증기 기관

Macs. We did it by collectively inventing a succession of what we have been calling wealth
종합적으로 연속적인 우리가 일컬어 온 부

systems. In fact, **these are among the most important inventions in history.**
체계 ④의 내용에 해당

① We consider Morality more important than wealth.→ 언급이 없다
도덕

② We should be in good shape in the modern society to be healthy. → 언급이 없다
건강한(좋은) 몸매 현대 사회

③ Despite continuous efforts, we hardly solve the issue of the poverty. → 언급이 없다
계속적인 노력 거의 해결을 못하다 빈곤문제를

④ We can manage to support our population on earth by way of wealth systems.
그럭저럭 부양하다

e. 삽입(주어진 또는 적절한 문장의 위치) 유형

(1) 출제 의도

지문내용이 일관성 있는 전개될 수 있도록 주어진 문장을 지문 속의 알맞은 위치에 넣을 수 있는 올바른 판단력을 평가하는 문제예요.

(2) 효율적인 학습법

① 지문 속에 주어진 지시대명사나 인칭대명사가 가리키는 말을 찾아야 해요.
② 주어진 문장의 접속어구와 논리적으로 연결된다고 여겨지는 삽입할 위치를 찾아야 해요.
③ 주어진 문장을 넣은 후에 앞뒤의 문장과 같이 다시 한 번 해석하여 답안을 재확인해야 되요.

(3) 문제풀이 기법

- 주어진 문장에서 단서나 힌트 찾기
- 앞과 뒤의 문장의 선후 관계를 보여주는 지시어, 지시 대명사, 인칭 대명사 등을 꼼꼼히 살피기

① 관사: a(an)명사는 the 명사 또는 this 명사

a notebook → the notebook, a tradition ⟶ the tradition,

a new shared tradition → this new tradition → the tradition → it

② 대명사(인칭 대명사, 지시 대명사, 부정 대명사)

- 지시 대명사: this, these, that, those, such

  many books → such books, many things → these(those) things

- 부정 대명사: one, ones, some, the other, all, any, none

  two things → one, the other

  three things → one, another, the other

  some -other.

- 인칭 대명사: I, we, you, she, he, they

  full name(Tom Jones) → first name(Tom) or last name(Jones)
- 의문대명사: who, whom, what, which

③ 연결어(예시, 첨가, 나열, 대조, 원인과 결과, 요약 등의 의미를 지닌 연결사)

지역, 문화, 국가에 따른 구별, 또는 시간의 흐름이나 시대별을 나타내는 시제의 부사어구(before, after, then, finally, 등)에 주목하기

④ 글 전개의 통일성과 응집성을 나타내는 주어의 일관성에 유의하기

예시 1) 글의 흐름으로 보아, 아래의 첫 주어진 문장이 들어가기에 가장 적절한 곳을 고르시오.

A camping trip where each person attempted to get the maximum rewards from the other campers in

exchange for the use of his or her talents and skills would quickly end in disaster and unhappiness.

The philosopher James Cooper provides an example of a camping trip as a metaphor for the ideal social life. (①) On a camping trip, he claims, it can not be imaginable that someone would say something like, "I am able to cook the great dinner, but you can't eat it if you don't pay me for my wonderful cooking skills." (②) Rather, one guy can cook dinner, another can set up the tent, another can purify the water, and so forth, each in accordance with his or her abilities. (③) All these goods and services are shared and a spirit of community makes all participants happier. (④) Then, the experience would be ruined if people were to behave in such a way. (⑤) So, we would have a better life in a more equal and cooperative society.

* metaphor: 비유

예시 1 해설) 글의 흐름으로 보아, 아래의 첫 주어진 문장이 들어가기에 가장 적절한 곳을 고르시오.

A camping trip where each person attempted to get the maximum rewards from the other
시도하다 얻다 최대한의 보상들
campers in exchange for the use of his or her talents and skills would quickly end in disaster
댓가로 재능들 기술들 끝나버리다 재난
and unhappiness.
불행

The philosopher James Cooper provides an example of a camping trip as a metaphor for
철학자 제공하다 사례 비유로서
the ideal social life. (①) On a camping trip, he claims, it can not be imaginable that someone
이상적인 사회생활
would say something like, "I am able to cook the dinner, but you can't eat it if you don't pay
돈을 지불하지 않는다면
me for my wonderful cooking skills." (②) Rather, one person can cook dinner, another can
훌륭한 요리 솜씨들 오히려
set up the tent, another can purify the water and so forth, each in accordance with his or her
정화하다 기타 등등 맞추어서
abilities. (③) All these goods are shared and a spirit of community makes all participants
happier. <u>(④)</u> Moreover, *** the experience** would be ruined if people were to behave *** in such**
망쳐질 것이다 처신하다 그런
a way. (⑤) So, we would have a better life in a more equal and cooperative society.
방식으로 더 평등하고 협력적인

* metaphor: 비유

*** the experience와 such a way의 지시어의 의미를 파악해보면 답안 (4)가 적절해요.**

(4) 뒤의 문장인 the experience would be ruined if people were to behave in such a way. 에서 **the experience**는 주어진 문장의 내용인 "각자 자신의 재능을 사용하는 대가로 캠핑하는 다른 사람들로부터 최대의 보상을 얻으려고 하는 캠핑여행은 곧 재앙과 불행으로 끝날 것이다"를 의미한다는 것을 알 수 있어요.

그리고 **such a way(그런 방식)**은 주어진 문장의 부분인 "각자 자신의 재능을 사영하는 대가로 캠핑하는 다른 사람들로부터 최대의 보상을 얻으려고 하는 것"임을 유추할 수 있어요.

예시 2) 글의 흐름상 다음 문장이 들어가기에 가장 적절한 곳은?

"With apparent effort, the young man lifted it just to the shoulder level."

A smart lawyer represented a bus company that was sued by a young man who claimed that his arm was so severely hurt in a car accident that he could not lift it above his head any longer. The lawyer's cross examination of the young man was carried out very calmly and effectively. ① "You say your arm was injured in the accident?" said the lawyer. "Yes, sir," the young man said. ② "Now you can't lift your arm high?" "No, sir!" ③ The lawyer asked him very kindly, "Would you mind just showing the jury how high you can lift your arm since the accident?" ④ "And how high could you raise it before the accident?" Up went the man's arm straight over his head.

예시 2 해설) 글의 흐름상 다음 문장이 들어가기에 가장 적절한 곳은?

"With apparent effort, the young man lifted it just to the shoulder level."
들어올렸다 명백한 노력으로(있는 힘껏) 어깨 높이까지

A smart lawyer represented a bus company that was sued by a young man who claimed
변호하였다 버스 회사 고소당한 주장했다

that his arm was so severely in a car accident that he could not lift it above his head any longer.
너무 심하게 부상당해서 더 이상 올릴 수 없다 머리 위로

The lawyer's cross examination of the young man was carried out very calmly and effectively.
반대 심문 시행되었다 차분하게 효과적으로

① "You say your arm was injured in the accident?" said the lawyer. "Yes, sir," the young man

said. ② "Now you can't lift your arm high?" "No, sir!" ③ The lawyer asked him very kindly,

"Would you mind just showing the jury *how high you can lift your arm since the accident?"
괜찮으시다면 단지 보여주다 배심원들 그 사고 이후로

<u>④</u> "And how high could you raise it before the accident?" Up went the man's arm straight
올리다 곧바로

over his head.
머리 위로

* 앞의 지문은 변호사와 고소한 젊은이가 법정에서 대화로 전개되고 있어요. 따라서 주어진 문장의 "그는 있는 힘껏 팔을 어깨 높이까지 들어올렸다"는 언급은 ④ 앞의 "사고이후로 얼마나 높이 손을 들어 올릴 수 있습니까?" 문장의 질문에 대한 대답이 됨을 유추할 수 있어요.

f. 배열(글의 순서) 유형: 글의 순서 배열

(1) 출제 의도

주어진 문장의 이해여부와 지문의 글의 전개가 시간적, 사건적, 순서 등 논리적으로 배열하는 글의 구성력을 평가하는 문제예요.

(2) 효율적인 학습법

① 대조, 결과, 예시 등을 알려주는 접속어구를 통해 각 문장들 간의 관계를 주의 깊게 파악해야 돼요.

② 문장전체 또는 일부의 내용을 가리키는 지시대명사나 인칭대명사 또는 관계사 등의 지시어의 여부를 유심히 살펴야 해요.

③ 마지막으로 오는 문장이 결론성 또는 완결성을 가진 문장인지를 확인해야 돼요.

④ 주어진 문장의 주요어가 이어질 문장에 반복하여 언급되고 있는지의 체크도 필요해요.

(3) 문제풀이 기법(삽입과 문제풀이 방법이 유사)

① 주어진 문장이 주제문장인지 보조문장인지 구별하기

② 주어진 각각의 단락의 연결사, 지시사, 정관사 등을 잘 파악해서 배열문장 정하기

- 일반적인 진술에서 구체적인 진술의 흐름에 유의해서 연결어를 통한 배열
- 관사: a(an)명사는 the 명사 또는 this 명사
  a notebook → the notebook, a tradition → the tradition,
  a new shared tradition → this new tradition → the tradition → it
- 지시 대명사: many books → such books, many things → these(those) things
  two things → one, the other

three things → one, another, the other

• 인칭 대명사: full name(Tom Jones) → first name(Tom) or last name(Jones)

③ 연결어(예시, 첨가, 나열, 대조, 원인과 결과, 요약 등의 의미를 지닌 연결사), 지역, 문화, 국가에 따른 구별, 또는 시간의 흐름이나 시대별을 나타내는 시제의 부사어구(before, after, then, finally, also)에 유의 깊게 주목하기

④ 주어진 문장 뒤에 오는 문장의 선택이 어려우면 선택지 문장들 간의 순서부터 정하는 방법 고려

⑥ 첫 번째, 두 번째 단락의 배열이 확정되면 정답 선택을 위해 정확도에 집중

예시 1) 주어진 글 다음에 적합한 글의 순서를 고르시오.

Let's suppose that you are busy working on a project one day and you don't have any time to buy lunch. Suddenly, your best friend turns up with your favorite hamburger. (A) The key difference between these two cases is the level of trust. You can trust your best friend so much that you won't worry about him knowing you too well, but you certainly would not give the same level of trust to a stranger. (B) He tells you that he knows you are busy and he wants to help you out by buying you the hamburger. In this case, you are most likely to appreciate your friend's help. (C) However, if a stranger shows up with the same hamburger and offers it to you, you won't appreciate it. Instead, you would be confused. You may think "Who are you, and how do you know what kind of hamburger which I like to eat?"

① (A) - (C) - (B) ② (B) - (A) - (C) ③ (B) - (C) - (A)
④ (C) - (A) - (B) ⑤ (C) - (B) - (A)

예시 1 해설) 주어진 글 다음에 적합한 글의 순서를 고르시오.

Let's Suppose that you are busy working on a project one day and you don't have any time
가정해 보자 어느 날
to buy lunch. Suddenly, your best friend turns up with your favorite sandwich. (A) The key
갑자기 나타나다 주요한
difference between these two cases is the level of trust. You trust your best friend so much
차이점 수준 신뢰
that you won't worry about him knowing you too well, but you certainly would not give the
확실히
same level of trust to a stranger. (B) He tells you that he knows you are busy and he wants
낯선 사람
to help you out by buying you the hamburger. In this case, you are most likely to appreciate
이러한 경우에는 가능성이 높다 고마워하다
your friend's help. (C) However, if a stranger shows up with the same hamburger and offers
it to you, you won't appreciate it. Instead, you would be confused. You may think "Who are
대신에 혼란스러워하다
you, and how do you know what kind of hamburger which I like to eat?"

* (B)의 he는 주어진 문장의 your best friend를 지칭함을 문맥을 통해 알 수 있기에 (B)가 먼저 옴을 알 수 있어요. (A) 문장의 the key difference(그 주요 차이점)라는 단어에서 the best friend와 비교되는 the stranger의 동일한 행동을 언급한 (C)가 (A)뒤에 이어짐을 유추할 수 있어요.

① (A) - (C) - (B) ② (B) - (A) - (C) ③ (B) - (C) - (A)
④ (C) - (A) - (B) ⑤ (C) - (B) - (A)

예시 2) 아래 글의 주어진 문장이 이어질 문장들의 배열순서로 가장 적절한 것은?

The Filipino culture has been affected by Western and Asian cultures both, giving the Philippines a unique cultural identity.

(A) Thus, the country has been considered somewhat as a melting pot of Asia with multiple ethnicities and cultural elements (B) More recently, the Philippines was a U.S. territory for about 50 years, and still reflects American influence, including English which, along with Tagalog, is an official language and pop culture. (C) The country was also under Spanish rule and Mexican governance for centuries, so Hispanic traditions are present in Filipino dance, religion, and foods.

① (A) - (B) - (C)　② (A) - (C) - (B)　③ (B) - (C) - (A)　④ (C) - (A) - (B)

예시 2 해설) 아래 글의 주어진 문장이 이어질 문장들의 배열순서로 가장 적절한 것은?

The Filipino culture has been affected by both Western and Asian cultures, giving the Philippines
영향을 받아 왔다
a unique cultural identity.
독특한 문화적 정체성

(A) ***Thus,*** the country has been considered somewhat as a melting pot of Asia with multiple
그리하여 / 여겨지다 / 어느 정도는 / 용광로 / 다양한
ethnicities and cultural elements (B) ***More recentlly***, the Philippines was a U.S. territory for
인종들 / 문화적 요소들 / 더욱 최근에는
about 50 years, and still reflects American influence, including English which, along with Tagalog,
반영하다 / 더불어
is an official language and pop culture. (C) The country was also under Spanish rule and Mexican
governance for centuries, so Hispanic traditions are present in Filipino dance, religion, and
통치 / 수 세기 동안 / 나타난다
foods.

* And thus와 more recently의 부사구 활용으로 답을 유추할 수 있어요.

주어진 문장에서 서양 국가들과 아시아 국가들에 의해 영향을 받아온 필리핀이 And thus(그리하여)로 시작하며 다양한 인종들과 문화적 요소를 가진 아시아의 용광로라 표현한 (A)문장으로 자연스럽게 이어짐을 알 수 있죠.

More recently와 같은 문두 부사 요소들을 잘 활용해야 되요. 스페인 지배와 멕시코 통치를 수세기 동안을 겪었다는 (C)의 뒤에 더욱 최근(more recently)에는 50년간 미국의 통치를 받았다는 (B)의 내용이 이어짐을 알 수 있어요.

① (A) - (B) - (C)　② (A) - (C) - (B)　③ (B) - (C) - (A)　④ (C) - (A) - (B)

g. 삭제(무관한 또는 글의 흐름에 맞지 않는 문장) 유형

(1) 출제 의도

지문의 내용과 관련이 없는 즉 지문 글의 전체의 흐름에 알맞지 않은 문장을 고르는 능력을 평가하는 문제예요.

(2) 효율적인 학습법

① 지문의 중심내용(주제나 요지)을 뒷받침하는 내용으로 부적절한 내용이 무관한 문장이에요.

② 중심내용을 Why(왜) 또는 How(어떻게)의 두 방식으로 설명하는 보조문장들의 내용에서 벗어나거나 다른 견해를 나타내는 문장이 무관한 문장이 되죠. 무관한 문장을 삭제한 후에 앞뒤의 문장을 읽어봄으로써 논리적으로 연결이 되는지 살펴보아야 해요.

(3) 문제풀이 기법

- 어떤 개념의 정의나 사실적 설명
- 글의 의도(주제)에서 벗어나는 내용
- 지나치게 비약적인 내용
- 글의 순서를 배열하는 단서는 관사, 대명사, 접속사가 주로 쓰임

예시 1) 아래의 지문에서 전체 흐름과 관계가 없는 문장은?

In 2007, 85% of surveyed British shoppers said that they considered online customer ratings and reviews significant when planning a purchase. Although an online comment — whether it is positive or negative — is not so powerful as a direct interpersonal exchange, it can be very crucial for a business. ① Many people depend on online recommendations. ② Young people rely heavily on them and are very likely to be influenced by the Internet when they decide what movie to see or what album to purchase. ③ These individuals frequently have widereaching social networks and communicate regularly with dozens of others — with the potential to reach thousands. ④ Experts suggest that young people tend to stop wasting their money on unnecessary things and start saving it. ⑤ It has been reported that young people aged 7 to 25 influence about 50% of all spending in the U.S.A.

예시 1 해설) 아래의 지문에서 전체 흐름과 관계가 없는 문장은?

In 2007, 85% of surveyed British shoppers said that they considered online customer ratings
조사에 응한 쇼핑객들 여겼다 고객 평점
and reviews significant when planning a purchase. Although an online comment— positive
후기들 중요하다고 계획할 때 구매 진술(평가) 긍정적인
or negative — is not so powerful as a direct interpersonal exchange, it can be very important
부정적인 강력하지 않다 직접적인 사람들 간에 의견교환만큼
for a business. ① Many people depend on online recommendations. ②And young people
추천들
count heavily on them and are very likely to be influenced by the Internet when deciding what
매우 의존하다 가능성이 높다 영향 받는
movie to see or what album to purchase. ③ These individuals often have widereaching social
이러한 개인들 광범위한
networks and communicate regularly with dozens of others — with the potential to reach
규칙적으로 수십 명의 다른 사람들 잠재력 다다를
thousands. ④ **<u>Experts suggest that young people tend to stop wasting their money on</u>**
전문가들 암시하다
<u>unnecessary things and start saving it</u>. ⑤ It has been reported that young people aged 7 to 25 influence about 50% of all spending in the U.S.A.

* 앞의 지문은 영국인들이 shopping(물건을 구매)하려고 할 때 인터넷 온라인에 의한 진술이나 평가에 크게 영향을 받는다는 내용이에요. 그런데 ④는 젊은이들이 불필요한 물건 구매를 지양하고 돈을 저축해야 한다는 전문가의 의견으로 지문의 중심내용과 맞지가 않아요.

예시 2) 문맥의 흐름상 어색한 문장을 고르시오.

Through human-computer activities, graphical signs and symbols, nonverbal sounds, or animation sequences can be used in the place of words as the means for clear communication between computers and people. (1) Such nonverbal signs may function as language when they are the principal medium for the expression of thought. (2) Therefore, the selection and arrangement of those signs may be evaluated in terms of the same criteria as Aristotle specified for effective word choice and suitable style.

(3) Thus, the use of spoken language as a system of signs is distinguished from other nonverbal signs. (4) For instance, the criteria will be how well nonverbal signs make a contribution to the effective expression of thought and appropriateness to character.

예시 2 해설) 문맥의 흐름상 어색한 문장을 고르시오.

Through human-computer activities, graphical signs and symbols, nonverbal sounds, or
비언어적인
animation sequences can be used in the place of words as the means for explicit communication
동영상 장면들 대신에 언어들 수단 명백한 의사소통
between computers and people. ① Such nonverbal signs may function as language when
기능하다
they are the principal medium for the expression of thought. ② Therefore, the selection and
주요한 매개체 표현 사고 따라서 선택
arrangement of those signs may be evaluated in terms of the same criteria as Aristotle specified
정리(배열) 평가 되다 -에 의거해서 기준 구체화하다
for effective word choice and suitable style. **③ Thus, the use of spoken language as a**
효과적인 적합한 그러므로 구어체
system of signs is distinguished from other nonverbal signs. ④ For example, the criteria
구별되다 기준
will be how well nonverbal signs make a contribution to the effective expression of thought
얼마나 잘 기여하다 효과적인 표현 사고
an appropriateness to character.
적절성 성격(특성)

* 이 지문은 비언어적인 것이 언어적인 것을 대신한다는 사실을 설명하고 있어요.
하지만 ③은 비언어적인 신호와 구별되는 구어체의 사용에 대해 언급하고 있으므로 문맥상 적합지 않아요.

h. 연결사 고르기 유형

(1) 출제 의도

지문 글의 흐름을 일관성 있게 논리적으로 이어주는 적절한 연결사를 추론할 수 있는 능력을 평가하는 문제예요.

(2) 효율적인 학습법

다음의 주요 연결사들의 의미를 올바르게 숙지해야 되요.

*** 빈도수가 높은 연결사들**

① 예시 연결사: for example (instance), such as, namely, that is (to say), by way of illustration, as an example, in particular

② 인과 연결사: so, therefore, thus, accordingly, as a result, subsequently, hence, consequently, in brief, in short, in summary, briefly, in a word, to be brief, in the end

③ 과인 연결사: because, because of, now that, thanks to, owing to, due to

④ 대조 연결사: however, on the contrary, in contrast, by contrast, on the other hand, on the opposite

⑤ 강조 연결사: indeed, in fact, with this in mind (view), truly, to emphasize, particularly

⑥ 비교 연결사: like, likewise, the same-as, similar to, (just) as, similarly

⑦ 추가 연결사: additionally, furthermore, moreover, in addition, further

⑧ 결과(결론) 연결사: therefore, thus, accordingly, in conclusion, consequently, so, hence, as a result, as a consequence, eventually

⑨ 조건 연결사: if, suppose, supposing, provided, providing, in case, unless in case of, in the even of, otherwise

⑩ 목적 연결사: so that, in order that, with a view to, for the purpose of, so as to, in order to

⑪ 강조 연결사: above all, first of all, most of all, in the first place, indeed, in fact, in truth, actually, as a matter of fact, certainly

⑫ 양보 연결사: though, although, even though, even if, as, while, nevertheless, nonetheless, in spite of, despite, with all, for all, in the face of, in the teeth of

⑬ 시간, 순서 연결사: first, firstly, first of all, in the first place, above all, to begin with

⑭ 환언 연결사: in other words, that is, that is to say, so to speak, let us say, to put it in another way, namely

⑮ 요약 연결사: in a word, in brief, in short, in summary, to sum up, in a nutshell, in sum

⑯ 기타 연결사: surprisingly, alternatively, except, including, considering, by all means, worst of all, according to, as a whole, on the whole, at any rate, regardless of, irrespective of, without regard(respect) to, as to, about, regarding, concerning, respecting, with regard(respect) to, in regard of, on(the) one hand, on the other hand, apart from, aside from

(3) 문제풀이 기법

① 글 전체의 내용을 파악하며 연결사가 들어갈 빈칸을 중심으로 앞과 뒤의 문장내용간의 관계가 역접, 비교, 인과, 열거, 예시들 중에서 어떤 것인지를 파악하여 적절한 연결사를 찾아야 해요.

② 고른 연결사를 넣어서 앞뒤 문장과 함께 다시 한 번 해석하여 오답의 가능성을 피해야 해요.

예시 1) 아래 글의 빈칸에 들어갈 적합한 단어들로 잘 짝지은 것은?

Social scientists tend distinguish between what are known as treatment-effects and selection-effects. The Marine Corps, (A) ________, is largely a treatment-effects institution. It doesn't have an huge admissions office grading applicants along five separate dimensions of toughness and intelligence. It's confident that the experience of undergoing Marine Corps basic training will convert you into a formidable soldier. A modelling agency, (B) __________, is a selection-effects institution. You don't turn to be beautiful by signing up with an agency. You get signed up by an agency because you're beautiful.

	(A)	(B)		(A)	(B)
①	therefore	in addition	②	for instance	by contrast
③	that is	on the other hand	④	however	therefore

예시 1 해설) 아래 글의 빈칸에 들어갈 적합한 단어들로 잘 짝지은 것은?

Social scientists tend to distinguish between what are known as treatment-effects and
사회 과학자들 구별하는 경향이 있다 처리 효과들
selection-effects. The Marine Corps, (A) ________, is largely a treatment-effect institution. It
선택 효과들 기관
doesn't have an huge admissions office grading applicants along four separate dimensions of
거대한 입대 사무소 심사하는 지원자들 -에 따라 분리된 단계(측면)들
toughness and intelligence. It's confident that the experience of undergoing Marine Corps
강인함 지능 확신하는 경험하는
basic training will turn you into a formidable soldier. A modelling agency, (B) __________, is a
강력한 모델 에이전시
selection-effects institution. You don't turn to be beautiful by signing up with an agency. You
선택 효과 기관 계약(등록)하다
get signed up by an agency because you're beautiful.

* 첫 문장에서 처리 효과와 선택 효과를 설명한 후 해병대와 모델 에이전시의 예를 들어 설명하고 있어요. 따라서 첫 빈칸에는 예시의 접속어인 for instance가 적합해요. 해병대의 예시와는 대조적으로 선택 효과 기관인 모델 에이전시에 대한 설명을 시작하는 두 번째 빈칸에는 대조의 접속어인 by contrast가 적합해요.

(A)	(B)
① therefore(그러므로)	in addition(첨가적으로)
② for instance(예를 들어)	**by contrast(대조적으로)**
③ that is(즉, 소위)	on the other hand(다른 한편으로는)
④ however(그러나)	therefore(그러므로)

i. 빈칸완성(어휘, 구, 절) 유형

(1) 출제 의도

지문 전체의 내용을 이해한 후에 글의 흐름을 이어줄 적절한 표현(단어, 어구, 절, 연결사)으로 빈칸을 완성하는 능력을 평가하는 문제에요.

(2) 효율적인 학습법

① 빈칸완성이 가장 난이도가 높은 유형이죠. 문제를 풀기 위한 정해진 기법들이 정해져 있지 않아요.
지문내용에 따라서 어휘력과 논리적이고 유추적인 능력을 요구하기 때문이에요.

② 지문이 무엇에 관한 내용(주제)인지를 파악해야 돼요. 빈칸이 포함된 문장은 주제문인 경우가 많기 때문이죠.

③ 빈칸의 어휘나 어구를 완성할 때는 빈칸이 있는 문장의 앞과 뒤의 문장에서 답안의 힌트가 될 수 있는 단어나 어구를 유심히 살펴보아야 해요. 특히 주제나 요지에 적합한 선택지의 어휘나 어구가 답이 될 수 있어요.

④ 빈칸완성 문제는 크게 2 종류의 형태로 나타나요.
첫째는 선택지에 있는 빈칸에 들어갈 말이나 내용이 지문에 명확히 제시되어 있어요.
둘째는 선택지에 있는 빈칸에 들어갈 말이나 내용이 지문에 명확히 나타나지 않기에 추론 필요해요.

⑤ 빈칸의 위치에 따른 문제 유형

• 글의 전반부에 빈칸 유형

: 빈칸이 제시된 문장이 글 전체의 주제문일 가능성 높음.
빈칸의 다음 문장들은 주제문을 보충설명하거나 부연 설명하는 보조문장들
빈칸 뒤의 보조문장들의 내용들의 분석(요약이나 정리)을 통해 빈칸내용 추론
글 도중에 역접이나 반전의 내용이 있을 수 있기에 첫 문장만 보지 말고 마지막 문장까지 봐야 함.

• 글의 중반부에 빈칸 유형

: 부연 설명되는 개념이나 정보를 빈칸에서 정리하는 형태
빈칸이 포함된 문장이나 앞뒤의 문장에 있는 연결사를 유의 깊게 보며 글의 논리적 관계 파악 하며 빈칸의 내용을 추론.

• 글의 후반부에 빈칸 유형

: 글 전체의 내용을 요약하는 주제문 또는 전반부에 제시된 주제문을 반복하거나 보충함으로써 결론을 나타내는 글 전개. 빈칸 앞부분의 중제문장을 압축하거나 요약해서 빈칸의 내용을 추론

⑥ 빈칸완성을 위한 문맥추론 방법들

• 예시를 이용해 주장하는 글

: 지문의 필자가 자신의 요지나 주장을 명확하게 전달하기 위해 사용하는 글의 전개방식
필자의 주장을 포괄적으로 설명하거나 정의를 내린 다음 시를 통해 세부적이고 자세히 설명하는 방식

• 대조를 이용한 필자의 주장과 의견을 표현한 글

: 어떤 의견이나 생각의 차이점을 설명하는 글의 전개 방식. 대조는 차이점에 중점을 둠.

• 원인과 결과에 의한 전개 글

: 원인과 결과에 의한 글의 전개 방식은 역사적 사건, 과학적 실험이나 현상 설명을 위해 사용되는 경우가 많음. 원인의 내용과 결과의 내용 파악이 중요.

- 비교를 통한 필자의 주장, 의견 또는 사실을 표현한 글
  : 비교는 두 개 이상의 대상들에 대해서 차이점과 유사점을 나타내는 표현 방법. 유사점은 비유를, 차이점은 비교를 사용해요. 기준이 되는 어느 하나를 중심으로 다른 것들을 견주어서 명확하게 제시하는 글의 전개 방식.
- 양보를 통한 전개 글
  : 주어 문장과 대조 또는 상반된 내용(=임에도 불구하고, --이기는 하나, 비록 --일지라도)으로 글을 전개해 나가는 방식. if는 문맥에 따라 조건과 양보의 뜻을 지님을 주의 요망.
- 조건을 통한 전개 글
  : 지문의 필자가 주장, 예증, 요지, 의견 등을 조건 방식으로 문장 간의 논리적 의미를 부여하는 글의 전개 방식.
- 반복이나 요약에 의한 필자의 주장을 표현한 글
  : 지문 글의 앞부분의 언급한 내용을 환언(새로운 형태로 바꾸어 쓰기), 요약(간추려 쓰기)하는 방법. 뒤에 나올 내용이 필자가 "전달하고자 하는 주장이나 의견"으로 글을 전개하는 방식.

(3) 문제풀이 기법

- 지문에 반복적으로 등장하는 단어나, 구, 또는 글의 내용 전반을 포괄할 수 있는 단어나 구를 파악하며 읽기
- 발견된 단어나 어구에 상응하는 단어를 선택지 통해 확인해 적절한 답을 선택
- 빈칸에 해당 단어를 직접 넣어 해석을 재확인 (글 전반의 내용이나 글의 맥락에 적절한지를 다시 확인)
- 빈칸이 있는 문장의 지문에서의 비중(역할) 확인. 특히 주제문 여부 점검
- 추론의 근거가 되는 부분을 찾아 밑줄을 그어보기
- 모아진 단서들을 모두 포괄하는 선택지를 정답으로 선택
- 고른 선택지 내용이 지문의 맥락과 어긋나지 않는지 확인

예시 1: 빈칸 단어) 다음 빈칸에 가장 적절한 단어를 고르시오.

Because much daily academic work tend to be boring and repetitive, we need to be well motivated to continue doing it. A mathematician sharpens her pencils, works on a proof, tries a few approaches, gets nowhere, and finishes for the day. A writer sits down at his desk, produces a few hundred words, decides they are no good, throws them in the garbage bin, and hopes for better inspiration next day. To produce something worthwhile — if it ever happens — may require years of such ____________ labor. The Nobel Prize-winning scientist James Frank mentioned that about eighttenth of his time in science was wasted, adding sadly that "nearly all scientific research leads nowhere." What kept all of these people going when things went badly was their passion for their subject. Without such passion, they would have achieved nothing.

* proof: (수학) 증명

① cooperative ② productive ③ fruitless ④ dangerous ⑤ irregular

예시 1: 빈칸 단어 해설) 다음 빈칸에 가장 적절한 단어를 고르시오.

Because much daily academic work is boring and repetitive, we need to be well motivated
많은 매일의 학문적인 연구 지루한 반복적인 동기부여가 필요하다

to continue to keep doing it. A mathematician sharpens her pencils, works on a proof, tries
증명을 시도하다

a few approaches, gets nowhere, and finishes for the day. A writer sits down at his desk,
해결접근 방식들

produces a few hundred words, decides they are no good, throws them in the garbage bin,
던져버린다 쓰레기통에

and hopes for better inspiration next day. To produce something worthwhile — if it ever
더 나은 영감 가치가 있는 아주 가끔

happens — may require years of such ____________labor. The Nobel Prizewinning scientist
일어난다 할지라도 요구하다 수년의 기간들

James Frank mentioned that about eight-tenth of his time in science was wasted, adding
5분의 4 헛되었다

sadly that "nearly all scientific research leads nowhere." What kept all of these people going
거의 모든 과학 연구가 성과를 내지 못하다

when things went badly was their passion for their subject. Without such passion, they would
상황이 악화되다 주제 그러한 열정 없이는
have achieved nothing.
아무것도 성취하지 못할 것이다

* proof: (수학) 증명

* 빈칸의 다음 문장 "The Nobel Prizewinning scientist James Frank mentioned that about eight-tenths of his time in science was wasted, adding sadly that"nearly all scientific research leads nowhere. (과학에 들인 그의 시간 중 10분의 8이 헛되었다는"는 문맥에 비추어서 가치 있는 무엇인가를(something worthwhile)을 만들어 내기 위해(to produce), 그러한(such) 결실이 없는(fruitless)의 노동(labor)이 요구될 수도 있다(may require)"의 의미를 유추해 낼 수 있어요.

① cooperative : 협동하는
② productive: 생산적인
③ fruitless: 결실 없는
④ dangerous: 위험스러운
⑤ irregular: 불규칙한

예시 2: 빈칸 구) 밑줄 친 부분에 가장 적절한 것을 고르시오.

Most historians have wondered for a long time whether China's famous terracotta warriors were modeled after the real soldiers who guarded the country's first emperor. As it turns out, studying the ears of the statues may prove that each sculpture was based on an individual soldier. Experts from China and Great Britain recently took some pictures of the ears of 30 statues. They did this because ears are like fingerprints -any two humans do not have the same ones. Then the team of researchers compared the statues' ears to one another and found that each set is unique. This enables them to think that the thousands of clay soldiers ___________ .

① were modeled after actual soldiers
② are amazingly true to life
③ have different clothing, faces, and hair
④ are part of an elaborate underground tomb

예시 2: 빈칸 구 해설) 밑줄 친 부분에 가장 적절한 것을 고르시오.

Most historians have wondered for a long time whether China's famous terracotta warriors
궁금해 해 오고 있다 오랫동안 점토 병마용들
were modeled after the actual soldiers who guarded the country's first emperor. As it turns
-만들어지다 실제 군인들 모양으로 경호했다 첫 황제 증명하다
out, studying the ears of the statues may prove that each sculpture was based on an individual
동상들 증명하다 조각상들 바탕으로 하다
soldier. Experts from China and Great Britain recently took some pictures of the ears of 30
전문가들 최근에 사진들을 찍었다
statues. They did this because ears are like fingerprints -any two humans do not have the
지문들
same ones. The team of researchers then compared the statues' ears to one another and
비교했다 서로서로
found that each set is unique. This makes them think that the thousands of clay soldiers
___________.

* 첫 문장의 "whether China's famous terracotta warriors were modeled) after the real soldiers"에서 ① 을 추론할 수 있어요.

① <u>**were modeled after actual soldiers**</u>

② are amazingly true to life

③ have different clothing, faces, and hair

④ are part of an elaborate underground tomb
정교한 지하 무덤

예시 3: 빈칸 절) 다음 빈칸에 들어가기에 가장 적절한 것은?

You had better watch your language around the cradle. Babies as young as 6 months can hear and remember good words or bad words which researchers have discovered "___________," says Michael Cabin of Hopkins University. He claimed that a new research shows that reading to children at such an early age, even if they don't seem to understand, can start the process of learning language. "As you are sitting there reading, the child is learning something about sound patterns of words," he said. "That is important because they learn how words are formed and it helps them to segment sound patterns out of speech." The conclusion is based on experiments in which infants listened repeatedly to three recorded stories. Three weeks later, the babies' recognition of words from those stories was compared against words that were not in the stories. Michael said it was clear that the infants recognized the story words.

① Babies can read and write
② Babies memorize sentences
③ Children create languages
④ Little ears are listening

예시 3: 빈칸 절 해설) 다음 빈칸에 들어가기에 가장 적절한 것은?

You had better watch your language around the cradle. Babies as young as 8 months can
말을 가려서 하는 게 낫다 요람 주변에서(아기들 옆에서)

hear and remember good words or bad words which researchers have discovered "________,"

says Michael Cabin of Hopkins University. He claimed that a new research shows that reading
주장했다 책을 읽어주는 것

to children at such an early age, even if they don't seem to understand, can start the process
시작되다 과정

of learning language. "As you are sitting there reading, the child is learning something about
언어 학습

sound patterns of words," he said. "That is important because they learn how words are formed

and it helps them to segment sound patterns out of speech." The conclusion is based on
결론

experiments in which infants listened repeatedly to three recorded stories. Three weeks later, the babies' recognition of words from those stories was compared against words that were not in the stories. Michael said it was clear that the infants recognized the story words.

실험들 / 반복해서 / 세 개의 녹음된 / 인식 / 이야기들 / 비교되었다

* 지문의 전반적인 내용은 아기들도 말을 들을 수 있고 기억할 수 있다는 것이에요.
따라서 '어린 아이들도 듣는다'를 의미하는 Little ears are listening이 빈칸에 가장 적합해요.

① Babies can read and write ② Babies memorize sentences

③ Children create languages **④ Little ears are listening**

j. 분위기, 어조 및 필자의 심경 유형

(1) 출제 의도

지문내용에 담긴 분위기나 필자의 어조나 심경을 올바르게 판단하는 능력을 평가하는 문제예요.

(2) 효율적인 학습법

① 필자의 심경이나 지문 글의 분위기를 파악할 때는 지문에 사용된 묘사적인 단어(주로 형용사와 부사)들에 주목하며 읽어야 해요.

② 필자의 어조나 태도, 글의 분위기에 자주 사용되는 단어들의 뜻을 명확하게 익혀놓아야 해요.

(3) 문제풀이 기법

① 지문에 등장하는 사건의 흐름과 배경 또는 등장인물의 감정 상태나 변화를 표현하는 형용사나 부사가 포함된 어구들을 주의 깊게 체크하며 읽을 필요.

② 또한 시간 공간적 배경과 등장인물의 내면의 감정이 깃든 목소리에 주목.

③ 사건이나 상황의 반전의 변화에 유의.

④ 독자의 주관적인 해석을 피하고 필자의 견해에 집중할 필요.

- 지문의 어조에 관련된 형용사 표현들:

emotional(감정적인), sentimental(감성적인), worried(걱정하는),
concerned(우려하는), indifferent(무관심한), apathetic(무관심한),
uninterested(무관심한), sarcastic(냉소적인), cynical(냉소적인),
critical(비판적인), skeptical(회의적인), pessimistic(비관적인),
optimistic(낙천적인), hesitating(주저하는), affirmative(긍정의),
positive(긍정적인), supportive(지지하는), neutral(중립적인),
determined(단호한), persuasive(설득적인), informative(유익한),
defensive(방어적인), aggressive(공격적인), satiric(풍자적인),
ironical(역설적인), encouraging & inspiring(고무적인),
dissenting(반대하는), awed(외경심이 일어나는), cautionary(경계의),
benevolent(자애로운), advisory(조언하는), conservative(보수적인),
articulate(명료한), persuasive(설득적인), descriptive(묘사적인),
passionate(열정적인), progressive(진보적인), admiring(감탄하는)

- 글의 분위기에 관련된 형용사 표현들:

ashamed(창피한), delighted(기쁜), depressed(침울한),
embarrassed(당혹스러운), gloomy(우울한), humorous(익살스러운),
indecisive(우유부단한), irritated(짜증나는), light-hearted(마음이 가벼운),
miserable(비참한), pleasant(유쾌한), proud(자랑스러운),
puzzled(당황한), scared(겁먹은), serious(진지한),
tragic(비극의)

- 필자의 심경 및 태도를 알 수 있는 형용사 표현들

감명 받은: impressed, touched, moved
객관적인: objective
겁먹은: coward, fearful, scared, horrified, terrific, panic, frightened
걱정하는: worried, concerned, uneasy, anxious, disturbed, restless
겸손한: modest, humble
경솔한: careless, rash, reckless, indiscreet
경멸하는: contemptuous, scornful, ignored
고대하는: expecting, anticipating
고마워하는: grateful, thankful, appreciative

고집스러운: stubborn, intransigent, unbending
근면한: diligent, industrious
근엄한: solemn
긍정적인: positive, affirmative
기뻐하는: delighted, pleased, glad
기운 차는, 고무된: inspired, vigorous, stimulated, animated, high-spirited, heartened
낙관적인: optimistic
놀라는: astounded, astonished, alarmed
당황한: perplexed, bewildered, puzzled, confused, embarrassed
독립적인: independednt, liberal
두려워하는: fearful, afraid
마지못해 하는: unwilling, reluctant
만족하는: satisfied, gratified, contented
몰두하는: absorbed, immersed
무관심한: indifferent, cold, unconcerned
반감을 가지는: antipathetic
뻔뻔스러운: rude, impertinent, impudent
부정적인: negative, denied,
비참한: miserable, disastrous depressed
비관적인: pessimistic
사과하는: sorry, apologetic, deprecative
사려 깊은, 차분한: calm, thoughtful, considerate
솔직한: candid, honest,
수동적인: passive, timid, inactive
수줍어하는: shy, reserved, coy
수치스러운: ashamed
순종적인: submissive, meek, compliant, docile
슬퍼하는: sad, sorrowful, grieved, mournful
신나는: excited, pleasant, festal
실망하는: disappointed, discouraged, disheartened, frustrated, hopeless, desperate
안도하는: relieved
앙심 깊은: revengeful, retaliatory
역겨워하는: sick of, disgusted
외로운: lonely, alone, lonesome

의지가 강한: strong-willed
의존적인: dependent, depended, relied
인간적인: humane, human
자랑스러운: proud, boastful
적극적인: active, energetic, aggressive
재미있어 하는: amused, fun, funny, interesting
조심스러운: careful, discreet, cautious
존경하는: respectful, honorable
주관적인: subjective
지루해 하는: bored, fed up, monotonous
진심어린: sincere, earnest
진지한: serious, earnest
질투하는, 부러워하는: jealous, envied
처량한: desolate
초조해 하는: nervous, tense, edgy, uptight, uneasy
쾌활한: lively, cheerful, dynamic
탐욕스러운: greedy, avaricious
피곤한: tired, exhausted, fatigued
헌신적인: devoted, selfless, committed
확신하는: convincing, confident
화가 나는, 짜증나는: angry, resentful, enraged, upset, annoyed, hot-tempered, infuriated, inflamed, outraged, incensed, furious
후회하는: sorry, regretful
흥미로워하는: interesting, intrigued
희망에 찬: hopeful

예시 1) 다음 글에서 'Tony'의 심경을 가장 잘 나타낸 것은?

One day Tony caught a taxi to work. Getting into the back seat, Tony saw a brand new cell phone

sitting right next to him. he asked the driver, "Where did you drop the last person off?" and showed him the phone. He pointed at a woman walking up the street. They drove up to her and Tony rolled down the window yelling out to her. The woman was very thankful and by the look on her face he could tell how grateful she was. Her smile made him smile and feel really good inside. When she got the phone back, Tony heard someone walking past her say, "Today's your lucky day!"

① angry ② bored ③ scared ④ pleased ⑤ regretful

예시 1 풀이) 다음 글에서 'Tony'의 심경을 가장 잘 나타낸 것은?

One day Tony caught a taxi to work. Getting into the back seat, Tony saw a brand new
타다 뒷좌석 새로 출시된
cell phone sitting right next to him. He asked the driver, "Where did you drop the last person
휴대폰 내려주다 마지막 사람
off?" and showed him the phone. He pointed at a woman walking up the street. They drove
가리켰다
up to her and Tony rolled down the window yelling out to her. She was very thankful and by
내렸다 소리치다
the look on her face he could tellhow grateful she was. Her smile made him smile and feel
얼마나 감사해하는지
really good inside. When she got the phone back, Tony heard someone walking past her say,

"Today's your lucky day!"

* thankful, how grateful, smile and feel really good, lucky day등의 단어들을 통해서 Tony는 기뻐함을 알 수 있어요.

① angry (화난) ② bored (지루한) ③ scared (두려운)

<u>④ pleased (기쁜)</u> ⑤ regretful (후회스러운)

예시 2) Serena의 심경의 변화틀 가장 잘 나타낸 것을 고르시오.

Serena saw her three-year-old daughter, Mary, leaning out of the kitchen window of a fourth -floor apartment. She had climbed onto a short table, and soon was climbing out onto the window sill. Serena called to Mary to go back inside. But the little girl did not understand the dangerous situation and only waved to her mother. Then Mary lost her balance and her feet slipped off the window sill. She managed to hold on for a while with her hands, but she began to be afraid. Her mother screamed for help, and now Mary started to cry desperately. And then she could hold on no longer. After she fell down, four long stories and landed safe and sound in the arms of two strong men who had run out into the street, and been ready to catch her. Serena cannot believe how close they came to losing her daughter.

① worried → desperate ② scared → relieved
③ confused → clear ④ uncomfortable → relaxed

예시 2 풀이) Serena의 심경의 변화를 가장 잘 나타낸 것을 고르시오.

Serena saw her three-year-old daughter, Mary, leaning out of the kitchen window of a
기대다(내밀다)

fourth-floor apartment. She had climbed onto a short table, and soon was climbing out onto
기어오르다 밖으로

the window sill. Serena called to Mary to go back inside. But the little girl did not understand
창문턱

the dangerous situation and only waved to her mother. Then Mary lost her balance and her
손을 흔들었다 잃었다 균형을

feet slipped off the window sill. She managed to hold on for a while with her hands, but she
미끄러졌다 밖으로 가까스로 잡다 잠시동안

began to be afraid. Her mother screamed for help, and now Mary started to cry desperately.
비명을 질렀다 필사적으로

And then she could hold on no longer. After she fell down four stories and landed safe and
4층 아래로 떨어졌다 무사히

sound in the arms of two strongmen who had run out into the street, and been ready to

catch her. Serena cannot believe how close they came to losing their daughter.
그들이 딸을 잃을 뻔 한 것이 얼마나 가까웠는가(= 거의 딸을 잃을 뻔 했다)

* Serena의 딸이 4층 아파트 창문에서 떨어져서 남자들의 팔에 안겨 안전하게 구출된 스토리

① worried(걱정스러운) → desperate(필사적인)

② scared(두려운) → relieved(안도하는)

③ confused(혼란스러운) → clear(명백한)

④ uncomfortable(불안한) → relaxed (긴장이 풀린, 느긋한)

k. 지칭추론 유형

(1) 출제 의도

지문 전체의 내용에서 지칭어(대명사, 약어, 특정 고유명사, 명사구)가 가리키는 의미를 구체적으로 판단할 수 있는 능력을 평가하는 문제예요.

(2) 효율적인 학습법

지칭추론 문제는 2가지의 유형이 있어요

첫째는 대명사, 명사구, 영어 등의 지칭어를 추론하는 유형이에요.

둘째는 지문 안에서 지시어구가 가리키는 것을 추론하는 유형이죠. 두 가지 유형에 따라 적절한 답안을 찾는 학습이 이루어져야 해요.

(3) 문제풀이 기법

- 지문에서 중요한 단서로 여겨지는 부분을 체크하고 그 내용들의 공통점들을 유추해 보기.
- 너무 부분적인 내용에 집착해서 단정적으로 답안을 고르지 않도록 유의하기.
- 대명사인 경우에는 대명사의 단수인지 복수인지를 확인하여 해당되는 명사를 찾기.

예시 1) 밑줄 친 부분들 중에서 가리키는 대상이 나머지 넷과 다른 것을 고르시오.

Jessica attempted to do a pirouette in front of her mother but fell to the floor. Her mother helped ① <u>her</u> off the floor. She told her that she should keep trying if she wanted to succeed. However, Jessica was almost in tears. ② <u>She</u> had been practicing very hard for the past week but she did not seem to improve. Jessica's mother said that ③ <u>she</u> herself had tried a lot of times before succeeding at Jessica's age. She had fallen so often that she sprained her ankle and had to rest for six months before she was allowed to dance again. Jessica was surprised. Her mother used to be a famous ballerina and to Jessica, ④ <u>her</u> mother had never fallen or made a mistake in any of her performances. Listening to her mother had ⑤ <u>her</u> realize that she had to make more efforts than what she had been doing so far.

* pirouette: 피루엣(한쪽 발로 서서 빠르게 도는 발레 동작)

예시 1 풀이) 밑줄 친 부분들 중에서 가리키는 대상이 나머지 넷과 다른 것을 고르시오.

Jessica attempted to do a pirouette in front of her mother but fell to the floor. Her mother
애썼다 / 넘어졌다

helped ① <u>her</u> off the floor. She told her that she should keep trying if she wanted to succeed.
바닥에서 일어나다 / 계속 노력하다

However, Jessica was almost in tears. ② <u>She</u> had been practicing very hard for the past week
거의 눈물이 날 지경이었다

but she did not seem to improve. Jessica's mother said that **<u>③ she herself</u>** had tried a lot of

times before succeeding at Jessica's age. She had fallen so often that she sprained her ankle
삐었다 / 발목

and had to rest for six months. before she was allowed to dance again. Serene was surprised.
쉬다 / 허락되었다

Her mother used to a famous ballerina and to Jessica, ④ <u>her</u> mother had never fallen or made

a mistake in any of her performances. Listening to her mother had ⑤ <u>her</u> realize that she had
공연들 / 그녀에게 깨닫게 했다

to make more efforts than what she had been doing so far.
더 많은 노력을 기울이다 / 지금까지

* pirouette: 피루엣(한쪽 발로 서서 빠르게 도는 발레 동작)

* ①, ②, ④, ⑤가 가리키는 그녀는 Jessica.
③의 그녀가 지칭하는 사람은 Jessica's mother.

예시 2) 밑줄 친 it이 의미하는 것을 고르시오.

A new research suggests that ,from the moment of birth, a baby has a great deal to say to his parents, and they to him. It is said that babies possess special innate ability. However, several decades ago, experts described the newborn as a primitive creature who could react only by reflex, a helpless victim of its environment without capacity to influence <u>it</u>. Most people thought that all a new infant required were nourishment, clean diapers, and a warm cradle.

① reflex ② capacity ③ environment ④ helpless victim

예시 2 풀이) 밑줄 친 it이 의미하는 것을 고르시오.

A new research suggests that, from the moment of birth, a baby has a great deal to say to
큰 거래가 있다(하고 싶은 말이 많다)
his parents, and they to him. It is said that babies possess special innate ability. However,
부모들도 아기에게 하고 싶은 말이 많다 소유하다 특별한 내적인 능력
several decades ago, experts described the newborn as a primitive creature who reacted
수십 년 전에 전문가들 묘사했다 태어난 아이 원시적인 창조물 반응했다
only by reflex, a helpless victim of its environment without capacity to influence **<u>it</u>**. Most
반사적으로 무기력한 희생자 환경 능력없이 영향을 끼치다
people thought that all a new infant required were nourishment, clean diapers, and a warm
유아 요구되는 영양분 기저귀
cradle.
요람

* 밑줄 친 it의 앞에 제시된 환경의 무기력한 희생자(a helpless victim of its environment)라는 설명을 통해 환경(environment)에 영향을 끼칠 능력이 없음을 알 수 있어요.

① reflex(반사) ② capacity(능력, 용량)

<u>③ environment(환경)</u> ④ helpless victim (무기력한 희생자)

I. 요약문 완성 유형

(1) 출제 의도

주어진 지문의 전체 내용을 한 문장으로 간단하게 요약해 놓은 빈칸에 적절한 어휘를 골라 넣는 문제예요. 긴 글의 내용을 짧은 문장으로 압축하고 요약하는 능력을 평가하는 문제이지요.

(2) 효율적인 학습법

- 요약문 완성문제는 두 가지의 유형이 있어요. 하나는 토론식의 대화문의 내용들을 요약하는 유형이에요. 다른 하나는 시사성을 가진 주제에 대한 논설문 형식의 글의 내용을 요약하는 유형이죠.
- 전체 내용이 전달하고자 하는 교훈이나 중심내용을 문장으로 올바르게 표현할 수 있는 연습이 필요해요.

(3) 문제풀이 기법

- 글 전체에 함축된 의미를 파악
- 글에서 핵심어나 핵심 개념을 찾기
- 선택지 중에서 핵심어와 유사한 단어를 찾기
- 선택지에 제시된 어구를 주어진 요약문장의 빈칸에 넣어 글의 흐름이 자연스러운지 확인하기

예시 1) 다음 글의 내용을 한 문장으로 요약하기 위해 빈칸 (A), (B)에 들어갈 말로 가장 적절한 것은?

Crows are a remarkably clever family of birds. They are able to solve many more complex problems than other birds, such as chickens. After hatching, chickens peck for their own food much faster than crows, which depend on the parent bird to bring food to them in the nest. Yet, as adults, chickens have very limited hunting skills while crows are much more flexible in hunting for food. Crows also end up with bigger and more complex brains. Their extended period between hatching and flight from the nest enables them to develop intelligence.

* peck: (모이를) 쪼아 먹다

Crows are more ____(A)____ than chickens because crows have a longer period of ____(B)____.

	(A)		(B)
①	intelligent	……	dependency
②	intelligent	……	competition
③	selfish	……	competition
④	passive	……	dependency
⑤	passive	……	hunting

예시 1 풀이) 다음 글의 내용을 한 문장으로 요약하기 위해 빈칸 (A), (B)에 들어갈 말로 가장 적절한 것은?

Crows are a remarkably clever family of birds. They are able to solve many more complex
까마귀들 주목할 만하게 영리한 조류 해결할 수 있다 많은 더 복잡한

problems than other birds, such as chickens. After hatching, chickens peck for their own
문제들 이를테면 부화한 후에 쪼아 먹는다

food much faster than which depend on the parent bird to bring food to them in the nest.
훨씬 빨리 의존하다 부모새 둥지

Yet, as adults, chickens have very limited, hunting skills while crows are much more flexible
그러나 다 자랐을때 제한된 반면에 훨씬 더 유연한

in hunting for food. Crows also end up with bigger and more complex brains. Their extended
마침내 -되다 연장된

period between hatching and flight from the nest enables them to develop intelligence.
기간 부화 둥지를 떠나는 것 능하게 하다 발달시키다 지능

* peck: (모이를) 쪼아 먹다

Crows are more ___(A)___ than chickens because crows have a longer period of ___(B)___.

* 까마귀들은 닭보다 더 지능이 뛰어나다(똑똑하다) 왜냐하면 까마귀들은 더 긴 의존의 기간을 가지기 때문이에요.

(A)		(B)
① intelligent	……	**dependency**
② intelligent	……	competition
③ selfish	……	competition
④ passive	……	dependency
⑤ passive	……	hunting

m. 도표 및 그래프 분석 유형

(1) 출제 의도

실용문의 일종인 도표나 그래프를 보고 내용의 표현이 올바른지를 판단하는 능력을 평가하는 문제이다.

(2) 효율적인 학습법

① 도표와 그래프가 보여주는 내용은 함축적이며 축약된 부분이 많으므로 자세히 살펴야해요.

② 도표나 그래프의 다양한 형식을 가능한 한 많이 접해서 각 형식이 표현하는 수치나 단위들에 대해서 빠르게 그 의미들을 이해할 수 있어야 해요.

(3) 문제풀이 기법

- 무엇에 관한 그래프나 도표인지를 파악하기
- 밑줄친 부분 전후의 의미나 상황을 설명하는 부분을 찾아내야 한다. 도표나 그래프에서 보여주는 수치에 관한 설명부분을 의도하는 의미와 이해하는 의미를 구분해서 파악.
- 그래프나 도표의 내용과 선택지의 내용을 하나하나씩 비교하여 진위여부 밝히기

• 그래프(도표)에 관련된 표현들 익혀두기

① 증가하다, 상승하다: augment, double, go up, grow, increase, multiply, rise, swell

② 감소하다, 줄어들다: decline, decrease, descend, drop, fall, go down, recede, reduce

③ 증감의 변화나 추이: continuously(계속해서), greatly(상당히), gradually(점차적으로), rapidly(빠르게), sharply(급격히), slightly(약간), steadily(꾸준히), explosively(폭발적으로), stably(안정되게)

④ 분수: a half(2분의 1), one-third(3분의 1), two-thirds(3분의 2), a quarter(fourth)(4분의 1), three-fourths(4분의 3), a fifth(5분의 1), four-fifths(5분의 4), one-tenth(10분의 1)

⑤ 배수: half(반), twice(2배), three times(3배), four times(4배), ten times(10배)

⑥ 비교: more than(-이상), no more than(단지), not more than = at most(기껏해야), less than(-이하), little less than(-와 거의 같은 정도로), not less than = at least(적어도), no less than(-만큼이나) = as much(many) as, the same X as Y, little better than(-와 마찬가지로), an equal number of = as many(같은 수의), an equal amount of=as much(같은 양의)

⑦ 기타표현: X outnumber Y(X가 Y보다 수가 더 많다), account for(차지하다), average(평균), approximately(대략), all but= almost(거의), buck(달러), charge(요금), compared with(-와 비교하여), compared to(-와 비유하여), current(최근의), inversely(거꾸로), life expectancy(평균수명), noticeably(두드러지게), markedly(현저하게), per capita(1 인당), rate(비율, 등급을 매기다), respectably(각각의)

예시 1) 아래의 도표 내용과 일치하지 않는 것은?

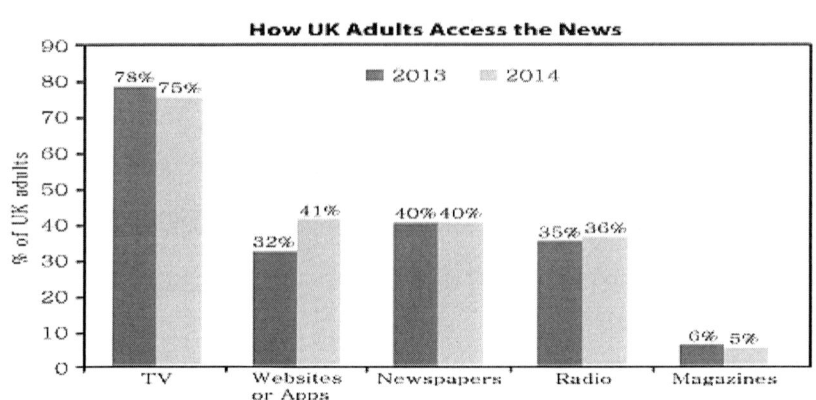

The below graph shows how UK adults accessed the news in 2013 and in 2014. ① In both years, TV was the most popular way to access the news. ② Making using of websites or apps was the 4th most popular way in 2013, but rose to the second most popular way in 2014. ③ On the other hand, listening to the radio was the 3rd most popular way in 2013, but fell to the 4th most popular way in 2014. ④ The percentage of UK adults who use magazines in 2014 was higher than that in 2013. ⑤ The percentage of UK adults who use newspapers in 2014 remained the same as that in 2013.

예시 1) 아래의 도표 내용과 일치하지 않는 것은?

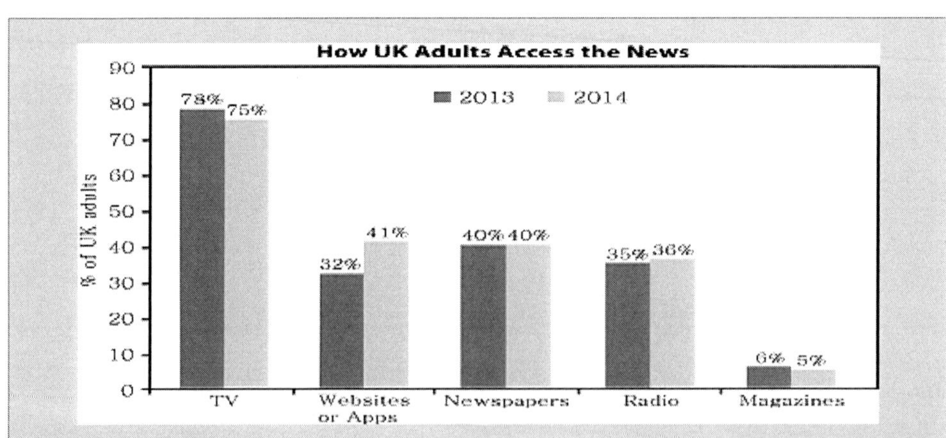

The below graph shows how UK adults accessed the news in 2013 and in 2014. ① In both
접근했다
years, TV was the most popular way to access the news. ② Making Using of websites or apps
활용하는 것이 싸이트들 앱들

was the 4th most popular way in 2013, but rose to the second most popular way in 2014.
가장 인기 있는 올랐다

③ On the other hand, listening to the radio was 3rd most popular way in 2013, but fell to the
반면에 떨어졌다

4th most popular way in 2014. **<u>④ The percentage of UK adults who use magazines in 2014</u>**
네 번째

<u>was higher than that in 2013</u>. ⑤ The percentage of UK adults who use newspapers in 2014

remained the same as that in 2013.
남아있다 동일하게

* 그래프를 보면 ④의 내용은 2014년에 잡지를 이용한 영국 성인의 비율이 2013년보다 higher(높은 것)이 아니라 더 lower(낮았다) 것을 알 수 있어요.

n. 앞 뒤 내용(전후 관계) 추론 유형

(1) 출제 의도

지문의 전체내용을 이해한 후 지문 앞의 단락 또는 지문 뒤의 단락의 구성내용이 무엇인지를 올바르게 이해하는 능력을 평가하는 문제예요.

(2) 효율적인 학습법

앞 단락의 내용 추론을 위해서는 지문의 첫 문장에 주목하며 전체 요지를 파악해야 되요.

(3) 문제풀이 기법

① 첫 문장에서 앞글의 내용과 관련이 있을 핵심 어구를 찾은 다음에는 그 핵심어구의 구체적 내용을 밝혀주는 단서적인 내용을 찾아보기.

② 뒤 단락의 내용을 파익을 위해서 지문의 마지막 문장에서 뒤에 올 단락의 내용과 관련이 있을 핵심 어구를 찾기.

③ 핵심 어구를 중심으로 선택지의 주어진 글에서 핵심 어구에 대한 구체적인 설명 또는 해결되지 않은 문제점 위주로 찾아보기.

예시 1) 다음 글의 바로 앞에 올 내용으로 가장 알맞은 것은?

The Roosevelt president in the U.S.A. called it “an act of piracy” and warned war. On the French front, the Germans had just used poison gas, another alarming new weapon, and there were reports of Germany atrocities in Belgium. However, most Americans do not want the war: like Wilson, they hoped negotiations could solve this problematic situation. “There is such a thing,” Wilson said a few days after the sinking of Lusitania, “as a man being too proud to fight. There is such a thing as a nation being so right that it does not need to convince others by force.

① 긴박한 프랑스 전선 상황 ② 대량 살상 무기의 개발
③ 독일의 해상 도발 행위 ④ 미국의 외교 정책 방향

예시 1 풀이) 다음 글의 바로 앞에 올 내용으로 가장 알맞은 것은?

this problematic situation. The Roosevelt President in the U.S.A called it “an act of piracy”

and warned war. On the French front, the Germans had just used poison gas, another alarming
경고했다 프랑스 전선 독가스

new weapon, and there were reports of Germany atrocities in Belgium. However, most Americans
보고들 잔혹행위들

do not want the war: like Wilson, they hoped negotiations could solve this problematic situation.
협상들 이 문제적인 상황

“There is such a thing,” Wilson said a few days after the sinking of Lusitania, “as a man being
그런 경우가 있다 침몰

too proud to fight. There is such a thing as a nation being so right that it does not need to
너무 자신만만해서 싸우지 않는 너무 정의로워서

convince others by force.
설득하다 무력으로

* 지문의 첫 문장의 it은 지문 앞의 문장의 내용을 가리킴을 유추할 수 있다. Roosevelt 대통령이 그것을 해적질이라 불렀고 이후의 내용도 독일의 잔혹한 행위로 표현하는 것으로부터 it은 독일의 해상도발행위임을 알 수 있어요.

① 긴박한 프랑스 전선 상황 ② 대량 살상 무기의 개발
③ 독일의 해상 도발 행위 ④ 미국의 외교 정책 방향

o. 속담 또는 격언 추론 유형

(1) 출제 의도

지문의 내용이 교훈성이 있는 우화 또는 사건이 구성되어 있어요. 지문 전체의 내용에서 전달하고자 하는 중심내용을 이해하고 이를 하나의 속담이나 격언으로 표현하는 능력을 평가하는 문제예요

(2) 효율적인 학습법

다양한 속담과 격언들이 시사하는 교훈적 내용들을 숙지해야 되요.

(3) 문제풀이 기법

주제문이 명백하게 드러나 있지 않기 때문에 비유적으로 또는 상징적으로 암시하는 내용들을 추론해서 선택지에 주어진 속담이나 격언의 교훈성 있는 의미와의 관련성 찾기.

예시 1) 다음 글의 요지를 잘 표현한 속담 또는 격언은?

The benefits of exercise has more something beneficial than physical health enhancement. Many people want to work for mental and spiritual well-being rather than for staying fit. Can being physically active make us happy? Can it help us deal with life stress? Can it lead to a more spiritual and religious life? For many people, the answer is YES. Exercise, such as jogging or walking, increases blood flow to the brain. A study of people over 60 found that walking 45 minutes a day at 6 km/h improved the participants' thinking skills. They started at 20 minutes of walking and gradually increased exercise time and speed. The result was that the participants with this walking program were found mentally sharper than those not with this walking program.

① Practice makes perfect.
② A sound mind in a sound body.
③ Experience is the best teacher.
④ Time and tide wait for no man.

예시 1 풀이) 글의 요지를 잘 표현한 속담 또는 격언은?

Exercise has more something beatifical than physical health enhancement. Many people
가진다 더 유익한 무엇인가를 육체적 건강 증진

want to work for mental and spiritual well-being rather than for staying fit. Can being physically
정신적인 영적인 행복 건강을 유지하는

active make us happy? Can it help us deal with life stress? Can it lead to a more spiritual and
신체적 활동을 하는 것 다루다 생활 스트레스 영적이고

religious life? For manypeople, the answer is YES. Exercise, such as jogging or walking, increases
종교적인 증가시키다

blood flow to the brain. A study of people over 60 found that walking 45 minutes a day at
혈액의 흐름 뇌로

6 km/h improved the participants' thinking skills. They started at 20 minutes of walking and
향상시켰다 참여자들의 생각하는 기술들(사고력)

gradually increased exercise time and speed. The result was that the participants with this
점차적으로

walking program were found mentally sharper than those not with walking program.
정신적으로 더 예리해진

* 첫 문장의 'Exercise has more something beatifical than physical health enhancement'에서 운동의 혜택이 신체 건강이상의 유익한 그 무엇을 가진다고 진술하고 있어요. 그 뒤의 문장들은 신체 건강이 어떻게 정신적으로도 도움이 된다는 내용으로 전개되고 있기에 관련 있는 격언은 'A sound mind in a sound body.'임을 유추할 수 있어요.

① Practice makes perfect. (연습이 완벽함을 만든다)

② A sound mind in a sound body. (건강한 신체에 건전한 정신이 깃든다)

③ Experience is the best teacher. (경험이 최고의 스승이다)

④ Time and tide wait for no man. (세월은 인간을 기다려주지 않는다)

p. 장문독해 유형

(1) 출제 의도

300단어 이상의 복합 문단을 가진 긴 지문을 읽고 이 글이 전달하고자 하는 중심사상이 무엇인지를 올바르게 판단하는 능력을 평가하는 문제예요.

(2) 효율적인 학습법:

- 긴 지문을 끊어읽기와 직독직해에 의해 빨리 읽는기술이 중요해요.
- 한 지문에 대해서 제목추론, 내용일치 파악, 문단 완성과 같은 여러 문제유형들이 출제되기에 각 유형별 학습법을 익혀야 해요

(3) 문제풀이 기법

- 내용일치 문제의 선택지를 먼저 읽으면 대략적인 글의 내용 파악에 도움
- 긴 글의 흐름을 알기 위해 각 단락의 핵심단어나 핵심 어구를 체크하고 요지를 파악하기.
- 문제 관련부분은 다시 한 번 읽으며 세부적인 내용 파악하기
- 배열 문제는 단락의 연결사, 지시대명사 또는 인칭 대명사 등의 지시어 등을 주의 깊게 보기

예시) 다음 지문을 읽고 각 질문에 답하시오.

(A)

When Robert Edward took freshly washed clothes to his former master Jorge Perez's house, his eight-year-old daughter Jane went along. When they arrived at the nice house, the Edwards walked to the rear entrance used for blacks. In 1886 there was sharp segregation between the races in Greenville, South Carolina. While (a) her mother went inside the house, Jane wandered over to a children's playhouse and looked inside. Two white girls about her age sat among many toys.

* segregation: (인종 · 성별 등에 따른) 분리[차별] 정책

(B)

Feeling shameful, Jane handed a doll back to the white child and rejoined her mother. On the walk back to their farm, (b) she wondered why white people had all kinds of nice things and why, above all, they could read while black people could not. (c) She determined to learn to read. At home the little girl asked her father to let her go to school, but he told her calmly, "There is not any school."

(C)

"Hello, Jane! Do you want to come in?" one of them called out. Jane happily went into the playhouse. The white girl gave a doll to the black girl, saying "You can watch the baby while I have tea with my friend." While Jane walked the doll around the room, her eyes fell upon a book: (d) she picked it up in awe. Her parents had a Bible in their cabin, but no one could read it. Unexpectedly the white girl grabbed the book. "Put it down!" she yelled. "You don't know how to read."

* awe: 경외감

(D)

One day, however, a black woman in nice clothes changed that. Jill Allen came to the Edward cabin, explaining that (e) she would open a new school in Greenville for black children. "The school will begin after the cottonpicking season," she said. Jane's parents nodded in agreement. Mrs. Edward also nodded toward her daughter. Young Jane was very excited. "I'm going to read? Miss Allen?" She smiled at Jane.

1. 주어진 글 (A)의 다음에 이어질 내용을 순서에 맞게 배열한 것은?

① (B) - (D) - (C)   ② (C) -(B) - (D)   ③ (C) - (D) - (B)
④ (D) - (B) - (C)   ⑤ (D) -(C) - (B)

2. 밑줄 친 (a)~(e)이 가리키는 대상 중에서 나머지 넷과 다른 것은?

① (a) ② (b)   ③ (c)   ④ (d)   ⑤ (e)

3. 윗글의 Jane에 관한 내용으로 적절하지 않은 것은?

① 어머니를 따라 Jorge Perez의 집에 갔다.
② 많은 인형 사이에 앉아 있는 백인 소녀 두 명을 봤다.
③ 아버지에게 학교에 다닐 수 있도록 요청했다.
④ 책을 내려놓으라고 외치는 소리를 들었다.
⑤ Jill Allen이 학교에 가는 것을 부모님이 반대했다.

예시 풀이) 다음 지문을 읽고 각 질문에 답하시오.

(A)

When Robert Edward took freshly washed clothes to his former master Gorge Perez's house,
가져갔다 신선하게 세탁한 옷들 전 주인
his eight-year-old daughter Jane went along. When they arrived at the nice house, the Edwards
따라갔다
walked to the rear entrance used for blacks. In 1886 there was sharp segregation between
뒤쪽 출입구 흑인들 심한 인종분리정책
the races in Greenville, South Carolina. While (a) her mother went inside the house, Jane
wandered over to a children's playhouse and looked inside. Two white girls about her age sat
돌아다녔다 그녀의 나이 또래인
among many dolls.
인형들

* segregation: (인종·성별 등에 따른) 분리[차별] 정책

(B)

Feeling shameful, Jane handed the doll back to the white child and rejoined her mother. On
창피함을 돌려주었다 그 인형을 돌아갔다
the walk back to their farm, (b) she wondered why white people had all kinds of nice things
and why, above all, they could read while black people could not. (c) She determined to learn
무엇보다도
to read. At home the little girl asked her father to let her go to school, but he told her calmly,
차분히
"There is not any school."

(C)

"Hello, Jane! Do you want to come in?" one of them called out. Jane happily went into the
playhouse. The white child gave a doll to the black girl, saying "You can watch the baby while
건네주었다
I have tea with my friend." While Jane walked the doll around the room, her eyes fell upon
a book; (d) she picked it up in awe. Her parents had a Bible in their cabin, but no one could
경외감으로 오두막
read it. Unexpectedly the white girl grabbed the book. "Put it down!" she yelled. "You don't
기대하지도 않게
know how to read."

* awe: 경외감

(D)

One day, however, a black woman in nice clothes changed that. Jill Allen came to the Edward
도시인들이 입는 옷을 입은
cabin, explaining that (e) she would open a new school in Greenville for black children. "The
school will begin after the cotton-picking season," she said. Jane's parents nodded in agreement.
목화를 따는 시기 고개를 끄덕였다 동의하며
Mrs. Edward also nodded toward her daughter. Young Jane was very excited. "I'm going to
read? Miss Allen?" She smiled at Jane.

1. 주어진 글 (A)의 다음에 이어질 내용을 순서에 맞게 배열한 것은?

① (B) - (D) - (C)　　**② (C) -(B) - (D)**　　③ (C) - (D) - (B)

④ (D) - (B) - (C)　　⑤ (D) -(C) - (B)

2. 밑줄 친 (a)~(e)이 가리키는 대상 중에서 나머지 넷과 다른 것은?

① (a)　　② (b)　　③ (c)　　④ (d)　　**⑤ (e)**

* (e)는 Jill Allen이고 나머지는 모두 Jane을 지칭해요.

3. 윗글의 Jane에 관한 내용으로 적절하지 않은 것은?

① 어머니를 따라 Jorge Perez의 집에 갔다.

② 많은 인형 사이에 앉아 있는 백인 소녀 두 명을 봤다.

③ 아버지에게 학교에 다닐 수 있도록 요청했다.

④ 책을 내려놓으라고 외치는 소리를 들었다.

⑤ Jill Allen이 학교에 가는 것을 부모님이 반대했다.

→ 반대한 것이 아니라 마리의 부모님은 동의했다(Jane's parents nodded in agreement.)